DESIGN
FOR HOW PEOPLE
LEARN

인간의 학습 유형에 맞춘 정보 설계

DESIGN
FOR HOW PEOPLE
LEARN

비주얼 씽킹 & 러닝 디자인 2/e

줄리 더크슨 지음
한정민 옮김

i!i
에이콘

추천의 글

컨트롤 데이터 사의 인공지능 부서에서 일하던 시절, 동료 한 명은 적응학습^{adaptive} learning 프로그램과 학습 시뮬레이션을 위해 왜 크레이 메가 컴퓨터와 같은 대용량 시스템을 사용하는지 의아해했다. 그는 대용량 시스템이 기상예측과 군사적 목적의 정찰 등에 사용되는 것은 납득했지만, 교육용으로 쓰이는 이유는 납득하지 못했다.

기상예측은 엄청난 양의 데이터를 사용해 미래의 기상을 신속하게 예측해야 하고, 정찰기는 여러 비행기에서 취합한 시각적 데이터를 비교해 어디서 움직임이 있었는지 포착해야 한다. 그런데 교육에는 왜 대용량 시스템이 필요한 것일까?

사람들은 교육용 프로그램이 그리 복잡하지 않다고 생각한다. 학습자에게 객관식 문제를 보여주고 답을 채점하는 정도로 생각하기 때문이다.

나는 그 동료에게 기상예측과 정찰에는 왜 대용량 컴퓨터가 필요하다고 생각하는지 물었다. 그는 수많은 데이터를 수집하고 정리해서 신속하게 분석한 후 결과를 시각적으로 보여줘야 하기 때문이라고 답했다. 이것은 학습자들을 위한 교육 프로그램에도 동일하게 해당되는 이야기다. 그에게 인간의 두뇌가 얼마나 많은 데이터를 저장하고 얼마만큼 복잡한 분석을 해낼 수 있다고 생각하는지 물었다. 대용량 컴퓨터와 비교하면 어떨까? 사람들은 각자 지식과 추리를 지능이라는 체계 안에 쌓아왔고 이러한 사람들을 다루는 것은 결코 쉽지 않은 일이다. 뛰어난 교육자와 멘토의 역할을 하려면 상당히 복잡한 시스템이 필요한 것이다.

10~100테라바이트 정도의 메모리를 가진 현재의 컴퓨터도 자동으로 처리할 수 없는 각종 사고 능력 등은 인간의 두뇌가 대단히 복잡함을 말해준다. 인간 두뇌의 놀라운 능력은 예측 불가할 뿐만 아니라 합리적이면서도 감성적이고 통찰력이 있으며 선택할 줄 안다. 많은 용량의 데이터를 기억할 수 있으나 그 기억을 상실할 수도 있으며 각자의 능력은 서로 다르다.

효과적인 학습을 설계하는 데는 많은 숙제가 있다. 인간은 여러모로 배움의 동물이라는 사실이 다행이 아닐 수 없다. 우리는 배움에 대한 열의가 있으며 지식이 곧 힘이란 것을 알고 있다. 기술은 지식을 행동으로 옮길 수 있게 해주고 우리는 기술을 습득하고자 하며 기술을 보유하고 싶어 한다. 하지만 지식을 기술로 발전시키는 것은 그리 쉬운 일이 아니다. 교육에 필요한 시스템의 역할을 컴퓨터가 객관식 문제를 던지는 정도로만 생각한다는 자체가 지식을 기술로 발전시키는 과정의 어려움을 이해하지 못하는 것으로 볼 수 있다.

강사가 가르치는 것이든, 온라인 교육이든 교육이 전달되는 형태에 관계없이 효과적인 학습을 구상하려면 사람들이 어떻게 학습하는지에 관한 지식이 필요하다. 지금껏 많은 교육이 지식이 아닌 관습에서 비롯한 패러다임을 통해 만들어지고 시행됐다. 비효과적이고 고리타분하며 쓸모없는 교육 과정을 낳는 결과를 초래한 것이다.

인간의 두뇌는 학습의 경험을 준비하는 데 완벽한 지침이 되지 못한다. 도움이 되는 고려사항을 줄 수는 있으나 실질적인 내용은 얻을 수 없다. 쿡 북 같이 따라 할 수 있는 지침을 기대하며 널리 통용되는 원칙을 찾고자 하지만, 그러한 원칙도 대부분 제한적으로 적용된다. 두뇌와 학습에 대한 조사 결과가 경험과 상충된다면 경험을 따르자. 교육을 설계하는 노하우를 쌓으려면 수년이 걸린다. 거기에는 목표와 헌신, 관찰 등의 노력이 필요하다. 이러한 노력을 통해 얻은 경험은 쉽게 얻을 수 없는 다양한 지식의 기반이 된다.

다양한 부류의 학습자들을 위한 교육 설계에 많은 경험이 있는 줄리 더크슨은 왜 기존의 학습에 대한 접근 방식이 비효과적인지 설명한다. 저자는 이 책에서 종종 간과되거나 생략되기도 하는 연습의 중요성에 대해 강조하며 단순 반복을 넘어서 장기적으로 쌓아나갈 수 있는 지식을 교육하는 효과적인 방법을 설명했다. 사실 글은 실제 사례를 대체하기에는 부족하고 실제로 수행해보는 과정을 통해 많은 것을 배울 수 있다.

기존의 학습 설계는 내용을 완벽하고도 정확하게 준비하는 것에 초점을 맞춘다. 그리고 이를 명확히 전달하고, 정확히 평가하려고 한다. 학습의 경험을 의미 있고 기억에 남으며 동기를 부여받을 수 있게 만들려는 시도는 논쟁의 여지도 없다. 고리타분하고 비효과적인 교육이 많다는 사실이 놀랍지 않은 이유다.

이렇게 유쾌하면서 통찰력 있고 명확하게 설명된 지침이 있다니 기쁠 따름이다. 이 책이 교육 설계자들로 하여금 학생들에게 강의를 통해 일방적으로 설명하고 시험을 치르던 기존 교육 방식의 틀에서 벗어나게 만드는 계기가 되길 바란다. 우리는 모두 그러한 교육 방식의 희생양이긴 하지만, 그렇다고 해서 앞으로도 동일한 교육 방식을 고집할 필요는 없다. 이제는 좀 더 스마트해질 때다.

마이클 앨런 박사
앨런 인터랙션^{Allen Interactions} 사 CEO
앨런 러닝 테크놀로지스^{Allen Learning Technologies} 사 CEO

지은이 소개

줄리 더크슨 Julie Dirksen

사람들의 학습을 돕는 방법을 디자인한다. 대기업, 비영리 단체, IT 스타트업, 고등
교육기관 등 다양한 기관을 대상으로 학습 경험을 디자인해왔다. 인터넷이 실존하
기 전 컴퓨터 기반 교육이라 불리던 때부터 이러닝 솔루션을 설계했으며 교수 설
계 박사 학위를 보유하고 있다. 전 세계 다양한 교수 설계 워크샵에서 교수 설계 관
련 강의를 진행하며 대학교에서 프로젝트 관리, 교수 설계, 인지 심리 관련 수업을
맡고 있다. 행동 경제학이 학습에 어떻게 적용되는지, 두뇌에서 글루코스가 어떻게
통제되는지 등의 주제에 관심이 많으며 새로운 것을 배우는 것을 즐긴다. 웹사이트
designforhowpeoplelearn.com 또는 트위터 @usablelearning에서 만나볼 수 있다.

감사의 글

많은 분에게 감사의 말씀을 전하고 싶다.

예리한 검토와 조언으로 이 책의 수준을 한 단계 끌어 올리는 데 큰 도움을 준 많은 분이 있다. 브라이언 두사블론Brian Dusablon, 크리스 애터튼Chris Atherton, 커니 말라메드Connie Malamed, 데이브 퍼거슨Dave Ferguson, 데이빗 켈리David Kelly, 데비 기여르드Debbie Gjerde, 제인 보자르쓰Jane Bozarth, 자넷 레인 에프론Janet Laane Effron, 제이슨 윌렌스키Jason Willensky, 제레미 베크만Jeremy Beckman, 제시가 스니블리Jessica Snively, 주디 캇츠Judy Katz, 마크 브리츠Mark Britz, 사라 길버트Sarah Gilbert, 시몬 보스톡Simon Bostock, 스티브 하워드Steve Howard, 트레이스 해밀턴 패리시Tracy Hamilton Parish, 트리나 리머Trina Rimmer, 트리스 얼Trish Uhl에게 감사의 마음을 전한다.

책 한 권이 출간되기까지 많은 사람의 노력이 필요하다는 것을 깨닫게 해준 피치핏Peachpit/뉴라이더스New Riders 분들의 헌신적인 참여에 감사를 드린다. 특히 마가렛 앤더슨Margaret Anderson, 니키 맥도널드Nikki McDonald, 스카웃 페스타Scout Festa, 스테피 드류스Steffi Drewes(2판), 웬디 샤프Wendy Sharp, 수산 리머맨Susan Rimerman, 베키 윈터Becky Winter, 웬디 카츠Wendy Katz,(1판)에게 감사를 전한다.

많은 조언과 아이디어, 흥미로운 대화를 통해 도움을 준 아론 실버스Aaron Silvers, 앨리스 로세트Allison Rossett, 앤디 페트로스키Andy Petroski, 캐미 빈Cammy Bean, 칼라 토거슨Carla Torgerson, 캐시 무어Cathy Moore, 채드 유델Chad Udell, 찰스 팔머Charles Palmer, 클라크 퀸Clark Quinn, 크레이그 위긴스Craig Wiggins, 댄 태처Dan Thatcher, 데이빗 바엘David Bael, 에드몬드 매닝Edmond Manning, 엘렌 와그너Ellen Wagner, 에단 에드워드Ethan Edwards, 프란시스 웨이드Francis Wade, 저스틴 브루시노Justin Brusino, 칼 패스트Karl Fast, 칼 캡Karl Kapp, 케빈 톤Kevin Thorn, 코린 파가노Koreen Pagano, 로라 네드비드Laura Nedved, 레스터 셴Lester Shen, 라일 터너Lyle Turner, 마리아 하베할스 앤더슨Maria Haverhals Andersen, 맷 테일러Matt Taylor, 메건 보위Megan Bowe, 나딘 퍼Nadine Pauw, 류벤 토즈맨Reuben Tozman, 릭 레이머Rick Raymer, 스티브 플라워스Steve Flowers, 스티비 로코Stevie Rocco, 톰 컬맨Tom Kuhlmann, 웬디 위크햄Wendy Wickham, 윌 탈하이머Will Thalheimer, 젠 포크스Zen Faulkes에게 감사를 전한다. 또한 지식을 쌓는 데 큰 도움이 된 에

이미 조 킴^{Amy Jo Kim}, 댄 록튼^{Dan Lockton}, 더스틴 디토마소^{Dustin DiTommaso}, 세바스찬 디터딩^{Sebastian Deterding}, 스티븐 앤더슨^{Stephen Anderson}, 그리고 인디애나 주립대학의 IST 프로그램의 마티 시걸^{Marty Siege}에게 감사한 마음을 전한다.

내가 사랑하는 친구들과 친척인 마가렛 핸리^{Margaret Hanley}, 로리 베이커^{Lori Baker}, 리사 보이드^{Lisa Boyd}, 사만다 베일리^{Samantha Bailey}, 캐슬린 설리반^{Kathleen Sullivan}, 테시아 코스말스키^{Tesia Kosmalski}, 미셸 매킨지^{Michele McKenzie}, 레베카 데이비스^{Rebecca Davis}, 앤젤라 이튼^{Angela Eaton}, 앤 우즈^{Ann Woods}와 내가 존경하는 이모 산드라 슈어^{Sandra Schurr}와 레노어 드퓨^{Lenore Dupuis}에게도 감사드린다.

회사를 그만두고 책 집필을 위해 프리랜서로 전향하겠다고 했을 때 지지해 주시던(염려와 함께) 부모님과 가족(에릭^{Eric}, 테시^{Tessie}, 조나단^{Jonathan})에게, 나의 결정의 결과가 나쁘지 않았던 것 같다는 말을 전하고 싶다.

마지막으로 나의 생각과 관점을 바꾸는 데 큰 역할을 한 마이클 앨렌^{Michael Allen}과 캐시 시에라^{Kathy Sierra}에게 그분들의 아이디어와 영감이 없었다면 이 서적이 존재할 수 없었을 것이란 말을 꼭 전하고 싶다.

옮긴이 소개

한정민(jasmine.j.han@gmail.com)

한국의 입시 문화와 미국의 교육을 모두 경험했다. 유학생 친구들로부터 자극을 받아 유학을 결정했고, 미국 동부 펜실베이니아의 카네기멜론 대학교에서 인간컴퓨터공학HCl, Human-Computer Interaction, 정보시스템, 디자인을 공부했다. 사람에 대한 이해를 바탕으로 기술을 활용해, 유용하고 편리하며 시각적으로 즐거운 가치 있는 서비스를 만들어내는 데 관심이 많다. 현재는 국내 대기업에서 모바일 관련 해외 사업 발굴과 신규 서비스 기획, 마케팅 등의 업무를 맡아 진행하고 있다.

옮긴이의 말

우리나라는 어느 나라보다 교육열이 대단하기로 유명하다. 대학 입시를 위해 늦은 밤까지 학원을 다니며 과외 학습을 받는 것은 물론이고 요즈음은 유명 유치원에 입학시키기 위해 어린아이들까지도 과외를 받고 시험을 치른다고 한다. 대치동 학원가 때문에 대치동 집값이 비싸다니, 교육에 대한 우리나라 학부모들의 열성이란 정말 대단하다고밖에 할 수 없겠다.

대치동의 유명하다는 학원들을 비롯해 나름대로 우리나라 사교육의 다양한 형태를 몸소 경험하며 학창 시절을 보낸 나로서는 이 책을 번역하며 그때 그 시절이 많이 떠올랐다.

선생님의 나긋나긋한 목소리 덕분에 그리도 졸리기만 했던 고등학교 지리 수업. 그에 반해 100명이 넘는 수강생 앞에서도 모든 학생들을 집중시키고 머리에 쏙쏙 들어오게끔 강의하시던 물리 선생님, 크지 않은 체구에서 풍겨 나오는 알 수 없는 카리스마로 학생들을 사로잡고 경쟁으로 자존심을 자극해 스스로 공부하게끔 만드시던 수학 선생님, 외국 생활의 경험에서 비롯된 여러 가지 이야기들을 들려주며 연관 학습이 가능하도록 도와주시고 본문을 암기시켜 기억에 남게끔 해주시던 영어 선생님. 이처럼 지금껏 만났던 수많은 선생님은 각자 자기만의 노하우를 가지고 계셨는데, 어떤 수업은 왜 학습 효과가 크고 어떤 수업은 왜 그렇게 지겨울 수밖에 없었는지를 우리 뇌와 인지에 대해 설명한 이 책을 통해 이해할 수 있었다.

뿐만 아니라, 이러한 이해는 교육을 넘어 사람을 대상으로 하는 여러 형태의 소프트웨어 설계에도 기본이 된다. 인간컴퓨터공학Human-Computer Interactions을 전공하고 하드웨어, 소프트웨어 등의 인터페이스 UX 관련 공부를 해온 역자로서 이 서적을 번역하며 교육학뿐 아니라 모바일이나 웹 서비스를 영역에 있는 기획자들에게도 큰 도움이 될 것이라 생각했다.

어떠한 산업에 있던지 사람을 상대로 그들의 이해를 필요로 하는 콘텐츠를 기획한다면 사람이 어떻게 정보를 학습하는가에 대한 이해를 바탕으로 정보를 구성하고 각 정보에 적합하고 효과적인 전달 방식을 설계한다면 학습자들에게 훨씬 친절한 커뮤니케이션이 가능하리라 기대해본다.

목차

에이콘출판의 기틀을 마련하신 故 정완재 선생님 (1935-2004)

들어가며

지금까지 경험한 가장 좋았던 교육과정이 무엇이었는지 생각해보자. 어떤 것인지 기억이 나는가?

나는 이 질문을 주변에 수십 번 묻고 매번 다른 대답을 들었다. 종종 어떤 주제를 열정적으로 학습했는지에 대해 답변하는 사람도 있었지만, 일반적으로 다음과 같이 대답했다.

하지만 "저는 제 교과서가 좋았어요."라거나 "정말 좋은 파워포인트 자료가 있었어요."와 같이 수단에 대한 답변을 들어본 적은 없다.

훌륭한 학습은 콘텐츠 그 자체보다 콘텐츠의 교육이 어떻게 이뤄지는지와 더 깊은 연관이 있다. 동일한 주제의 강의도 교육 내용의 전달 방식에 따라 효과가 매우 달라지는 것처럼 말이다.

> 지겨운 교과서 + 뛰어난 강사 = 완벽함!
>
> 지겨운 교과서 + 중급 강사 = 별로.

그렇다면 무엇이 이러한 차이를 만들며 위 두 경험이 어떻게 다른 것일까? 강사가 다른 경우라면 가르치는 사람의 성격이나 카리스마, 전달 방식 등으로 인해 차이가 생길 수 있으나, 이러닝 수업과 같이 강사가 없는 경우도 존재한다. 그렇다면 훌륭한 이러닝 학습은 인터넷을 통해 교과서를 읽는 것과 어떻게 다른 것일까?

더 나아가, 기억에 남는 수업과 학습 후 내용을 바로 망각하게 되는 수업은 어떻게 다른 것일까? 아무리 명강의라 할지라도 강의를 들은 사람과 듣지 않은 사람 간에 별다른 차이가 없다면 그 강의는 전혀 효과가 없다고 볼 수 있다. 간혹 학습의 목적이 배움의 과정 그 자체인 경우가 있으나, 이 책에서는 그러한 학습을 다루지는 않을 것이다. 다양한 상황 및 사례를 다루겠지만, 필자가 성인 대상의 교육을 전문으로 하다 보니 성인을 대상으로 한 현장 교육 내용이 주를 이룰 것임을 미리 밝힌다.

훌륭한 학습 설계 목표는 실생활에 요구되는 유용한 능력과 기량을 새로 습득하도록 하거나, 발전시키는 것이라고 생각한다. 교육 대상자가 초보에서 전문가로 발전해 나아가야 한다면 그들을 어떻게 도와야 할까?

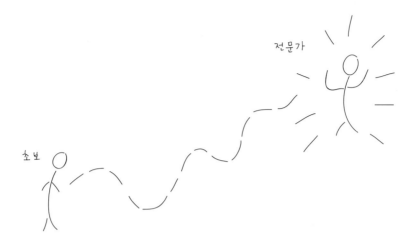

전문가

초보

이 책에서는 양질의 학습 경험을 설계하는 데 중요한 사항을 다뤄본다.

1장: 어디서 시작할 것인가?

학습이 긴 여정이라면 학습자의 현재 위치와 목적지 사이에는 어느 정도의 격차가 있는가? 그 격차는 지식일 수도 있고 능력이나 동기, 습관, 환경일 수도 있다.

2장: 학습자는 누구인가

학습자는 교육을 설계하는 여러분과 다른 관점을 갖고 있음으로 교육의 효과를 높이려면 먼저 그들을 이해해야 한다.

3장: 목표가 무엇인가

방향성이 명확해야 좋은 설계를 할 수 있지만, 방향성을 구체화하는 것은 생각보다 쉽지 않다. 정확한 방향과 목적을 결정하는 법을 배워보자.

4장: 우리는 어떻게 기억하는가

뇌가 어떻게 특정 정보에 초점을 맞추고 저장하는지 배워보자.

5장: 학습자를 어떻게 집중시키는가

학습의 첫 단계는 학습자의 관심을 집중시키는 것이다. 그들이 방해 요인을 제거하고 학습에 집중하게 만드는 전략을 배워보자.

6장: 지식을 위한 설계

교육의 가장 일반적인 목적은 바로 지식의 전달이다. 지식 전달이 가장 효과적으로 이뤄지게 하는 방법을 배워보자.

7장: 기량 향상을 목적으로 한 설계

기량을 향상시키려면 연습이 필요하다. 학습자가 기량을 연마해 나갈 수 있도록 돕는 방법을 배워보자.

8장: 동기부여를 위한 설계

"알고 있어요. 하지만…"이라는 말을 자주 하는 학습자는 지식이 아닌 동기로 인한 격차를 느끼고 있을 가능성이 높다. 학습자가 배우는 것에 그치지 않고 실천해보게 만드는 방법을 배워보자.

9장: 습관을 위한 설계

지식이나 기량의 터득, 동기부여가 아닌 습관에서 비롯한 격차가 발생하는 경우도 있다.

10장: 사회적이자 비공식적 학습

틀에 맞춰진 공식적인 학습이 정답이 아닌 경우는 언제인가? 사회적, 비공식적인 학습 방안을 알아보자.

11장: 환경을 위한 설계

학습자를 변화시키기보다는 환경을 변화시키는 것이 나을 때도 있다.

12장: 평가 설계하기

학습 경험을 설계한 후 효과를 어떻게 측정할 것인가? 교육 내용을 평가할 방법을 알아보자.

어디서 시작할 것인가?

(이 장에서는 사람들이 얼마나 아는지가 전부는 아니며,
덮어 버리기 식의 문제 해결을 해서는 안 된다는 것을 배워본다.)

학습자의 여정

다음 질문이 사실일까? 거짓일까?

- 사람들에게 흡연의 해로움을 알려주면 흡연을 멈출 것이다.
- 경영 서적을 읽고 나면 훌륭한 경영자가 될 것이다.
- 웹디자인에 대한 명강의를 들으면 훌륭한 웹디자이너가 될 것이다.
- 정석을 가르치면 사람들은 잘못된 방법을 택하지 않을 것이다.

위 질문 중 옳다고 생각하는 것이 있는가?

물론 없을 것이라 본다. 사람을 변화시키는 데에는 수많은 복잡한 요인이 서로 영향을 미치기 때문이다.

학습의 과정은 여정과 같다. 그 여정은 학습자의 현 위치에서 시작해 어떤 의미에서든 성공했을 때 종료되는 것이며, 여정의 종착점은 그저 더 많이 아는 것이 아니라 더 많은 것을 할 수 있도록 변화되는 것이다.

학습의 목표가 단지 많이 알게 되는 것이 아니라면 무엇이 중요한가? 성공적인 학습을 위한 과정에 무엇이 포함돼야 할까?

격차는 어디서 오는가?

학습자의 현 상황과 도달해야 하는 위치 사이에는 격차가 있다. 물론 그 격차에는 지식도 포함되겠지만, 앞서 언급했듯이 지식이 전부는 아니다.

격차를 파악할 수 있다면 학습자를 위한 더 나은 학습 과정을 설계할 수 있다.

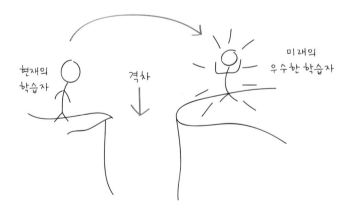

아래 예시를 통해 각 시나리오에 존재하는 격차를 한 번 생각해보자.

- **앨리슨:** 웹 디자인 회사에서 프로젝트 매니저로 근무하는 앨리슨은 최근 한 대학 디자인 학과의 프로젝트 관리 관련 강의를 맡기로 했다. 학생들은 대부분 18~19세의 크리에이티브 디자인 학부 2학년생으로, 이 수업이 필수과목이기에 수강한다.
- **마커스:** 마커스는 신기술을 활용한 데이터베이스 설계에 관한 2일간의 워크숍에서 교육을 진행한다. 처음 교육을 진행했을 때 교육 내용이 너무 기초적인 수준이었기에 두 번째로 진행하는 이번 강의는 교육 내용을 수정하려고 한다.
- **킴:** 킴은 최근 중소기업을 인수한 외국계 대기업의 이러닝 교육 과정을 기획하고 있다. 두 기업은 각 회사에서 사용하던 기존 시스템을 대체할 새로운 구매 시스템을 도입할 계획이며, 피인수된 중소기업의 직원들은 대기업의 프로세스 또한 익혀야 한다.

각 사례에서 교육 전후 학습자의 능력과 행동에는 어떠한 차이가 있어야 할까?

앨리슨의 사례에서 존재하는 격차는 그저 지식에 그칠 수 있다. 프로젝트 관리에 대해 아무 지식이 없던 학생이 수업을 통해 새로운 지식을 습득하게 되는 것이다.

하지만 지식만으로는 훌륭한 프로젝트 관리자가 될 수 없다. 그리고 이 사실은 앨리슨의 사례에만 국한되는 것이 아니다. 지식과 정보 그리고 그사이의 격차에 대해 살펴보고 학습자가 경험할 수 있는 격차의 유형이 또 있을지 살펴보자.

지식의 격차

업무를 진행하거나 좋은 성과를 만들어 내기 위해 정보는 필수적이다. 정보를 갖고 있어서 해결되는 것이 아니라 그 정보를 도구로써 **잘** 할 때 성과가 만들어진다.

학습자에게 그들의 여정에 필요한 적절한 정보와 도구를 제공해 줘야 한다.

학습자는 또한 그 정보를 어떻게 **활용**할지 알아야 한다. 언제, 어떻게 사용할지 모르는 지식을 가지고 있다는 것은 명품 텐트를 갖고 있으나 칠 줄 모른다거나, 고가의 카메라 사용법을 몰라 초점이 안 맞는 사진만을 찍는 것과 마찬가지다.

학습자에게 부족한 것이 **단지** 정보뿐이라면 지금과 같은 정보화 시대에 살고 있는 우리의 역할은 매우 단순해진다. 정보를 전달하는 쉽고 간편한 방법이 다양하게 존재하기 때문이다.

정보화 시대의 또 다른 이점은 학습자가 모든 정보를 처음부터 한꺼번에 암기하지 않아도 된다는 것이다. 초기에는 항상 인지해야 할 중요한 정보를 전달하는 데 집중하고, 우선순위가 낮은 기타 부가 정보는 학습자가 필요로 할 때 제공하는 방식으로 설계하면 된다. 필요한 시점에 정보를 얻게 되면 그들은 그 정보의 중요성을 더 실감할 것이다.

이 책을 통해 학습자에게 정보를 제공하는 여러 방법을 살펴보자.

과연 지식의 격차가 맞는가?

흔히, 격차는 정보에서 비롯되며 **학습자에게 충분한 정보가 있었다면 그들이 성과를 낼 수 있을 것**이라고 생각하기 마련이다.

필자는 최근에 영업사원에게 제품 제안서를 작성하는 법을 가르치기 위한 프로젝트를 진행한 바 있다. 영업사원들은 다음과 같은 작업을 할 수 있어야 한다.

- 고객의 니즈에 부합하는 제품 찾기
- 여러 옵션을 적절히 선택해 고객에 맞춰 커스터마이징하기

영업사원을 위한 기존 교육 자료라고는 고작 제품 기능이 열거된 슬라이드 4장이라고 가정해보자. 여러분이 학습하는 입장이라면 이러한 자료가 도움이 될 것이라 생각하는가?

물론 아니다. 학습자에게 정보를 충분히 전달해야 하는 것은 맞지만, 학습자가 설령 슬라이드에 열거된 내용을 완벽히 암기하더라도 실전에서 정보를 제대로 활용하기는 쉽지 않다.

| 충분한 정보 | 연습 | 기량 | 태도 | 유능한 영업사원 |

기량의 격차

여정의 시작점과 종착점을 모두 파악하고 필요한 장비도 모두 갖췄다고 가정해보자. 그렇다고 해서 3,200km가 넘는 애팔래치아 산맥을 오를 준비가 된 것일까?

아닐 확률이 높다.

가벼운 오후의 등산 정도면 모를까, 그 이상은 무리다. 그럼 애팔래치아를 등반하려면 어떤 준비가 더 필요한 것일까? 장비를 더 구비해야 할까? 코스를 자세히 짜면 될까?

이 역시 아니다. 수일이 걸릴 대장정을 준비하는 방법은 하이킹을 여러 차례 해보는 것뿐이다. 연습과 훈련이 필요한 것이다.

유산소 운동 기구나 스테퍼 등에서 운동을 하는 것이 하이킹에 도움이 될 수 있겠지만, 고난도 하이킹에 성공하려면 난이도에 관계없이 직접적인 하이킹 경험을 많이 축적해야 한다. 설령 애팔래치아 지도를 외웠다 할지라도 실제 산을 타는 데 필요한 훈련이나 기량은 습득하지 못하기 때문이다.

어느 종류의 학습자이든 간에 종종 유사한 상황에 놓이게 된다. 책이나 수업을 통해 지식을 얻어도 이를 실제로 적용해보고 기량을 터득할 기회는 갖지 못한다.

기량 vs. 지식

기량을 터득하는 것과 지식을 얻는 것에는 엄연한 차이가 있다. 기량과 지식을 구분하려면 다음과 같은 질문을 던져보자.

훈련이나 연습 없이 능숙해질 수 있는 것인가?

대답이 '아니요'라면 기량에 해당하므로 학습자는 기량을 갈고닦기 위한 연습이 필요하다.

다음과 같은 질문을 통해 기량인지 여부를 확인해보면 구분하는 데 도움이 될 것이다.

행동	기량?	
	예	아니요
MS워드 파일 저장하기	예	아니요
배구하기	예	아니요
성과 평가하기	예	아니요
근무시간표 기록하기	예	아니요
성난 고객 진정시키기	예	아니요
데이터베이스 구축하기	예	아니요
브로슈어 디자인하기	예	아니요
마카로니 데우기	예	아니요
누락된 주문 해결하기	예	아니요
웹사이트 장바구니 모듈 개발하기		

MS워드 파일을 저장하거나 근무시간표를 기록하거나 마카로니를 데우는 작업은 기량이라고 볼 수 없지만, 그 밖의 작업은 잘하려면 연습이 필요하다. 상황에 맞춰 판단하고 적응해나가는 복잡한 기술이 필요한 경우도 있다.

등산 초보가 애팔래치아 산맥을 오르기 힘들 듯이 학습자가 연습 없이 새로운 기량을 익힐 수 없으므로 여러분이 설계하는 교육의 여정에는 이러한 연습 과정이 포함돼야 한다.

동기의 격차

학습자가 무슨 일을 해야 하는지 인지하면서도 실행으로 옮기지 않는 것은 동기의 격차로 인해 발생한다. 동기의 격차가 발생하는 데는 여러 원인이 있으며, 방법이나 결과 혹은 목적지가 마음에 들지 않아서 일 수 있다.

종종 목적지가 정말 황당한 경우도 있다.

혹은 변화에 대한 불안이나 염려 때문일 수 있다.

이따금, 사람들은 방해로 인해 방향성을 잃거나 산만해지기도 한다.

아니면, 단순히 노력하기 싫은 사람도 있다.

성공으로 이어지는 큰 그림을 보지 못해 실패하는 사람도 있다.

최근 필자와 대화를 나눈 한 동료는 학습자의 동기는 교육자나 학습 설계자의 책임이 아닌 학습자 본인의 마음가짐 문제이며 학습 설계자가 관여할 수 있는 부분이 아니라고 주장했다. 학습자를 동기부여 시키기 위해 억지로 강요할 수 없다는 부분은 동의한다. 하지만 학습을 디자인하는 학습 설계자로서 우리는 학습자의 동기부여를 돕는 방법이 있다. 우리가 학습을 어떻게 디자인하는지에 따라 학습자의 행동은 달라질 것이다.

일례로, 최근 한 연구(Song 2009)에서 동일한 업무를 두 가지 다른 글꼴로 적어 사람들에게 제시한 후, 어느 것이 실행하기 더 어려워 보이는지 의견을 물었다.

피실험자는 가독성이 높은 글꼴로 적힌 목록이 실행하기 더 수월해 보인다고 답변했으며, 가독성이 낮은 글꼴로 적힌 목록은 실행이 어려워 보인다고 답했다.

Lie on your back with knees bent and feet resting on a flat surface.

Cross arms over your chest or clasp them behind your head.

Tuck your chin against your chest.

Tighten your abdominal muscles and curl up.

Lie on your back with knees bent and feet resting on a flat surface.

Cross arms over your chest or clasp them behind your head.

Tuck your chin against your chest.

Tighten your abdominal muscles and curl up.

이렇듯 글꼴도 학습자의 동기에 미묘한 영향을 미치는 요인이 될 수 있다. 역설적으로 가독성이 낮은 글꼴이 독자로 하여금 기억하기 더 쉽게 만든다는 연구 결과도 있다.

학습 경험을 설계하는 과정에서 학습자의 동기부여에 영향을 미칠 수 있는 요인은 다양하다. 예를 들어 문제가 발생할 모든 경우의 수를 제시하다 보면 학습자는 어려운 상황에 대처하기 위한 준비는 할 수 있겠지만, 시작부터 동기가 저하되고 괜한 노력을 들여 시도할 필요도 없다는 생각이 들 수 있다.

폐기 학습: 특수한 동기의 격차

학습자가 새롭게 학습하는 내용 중 기존 지식과 상반되는 것이 있는지 고려해야 한다. 학습자가 이미 자신에게 익숙한 방식을 바꾸도록 요구받으면 기존 습관에 의거해 실수를 저지르게 된다. 무의식적으로 하던 행동을 바꾸려면 의식적인 노력이 필요한데, 이 과정을 '폐기 학습'이라 일컫는다. 새로운 기술을 연마하는 것보다 상대적으로 어렵다 보니 학습자는 정서적으로 불편함을 느낄 수 있다.

일례로 타이거 우즈가 본인의 골프 스윙을 수정한 후, 그 스윙에 익숙해지고 성과로 나타나기까지 상당한 시간이 소요됐다. 이러한 일련의 과정이 어려운 이유는 새로운 기법을 익히는 것뿐 아니라 기존의 기법을 제거하는 과정도 함께 이뤄져야 하기 때문이다.

기술을 연마할 때 우리의 뇌는 그 기술에 대한 기억을 만들어간다. 우리는 뇌에 기록된 정보에 어떻게 접근하고 어떻게 사용할지 그리고 정보를 활용해 실생활에 어떻게 적용시킬지 시간이 지남에 따라 점진적으로 익숙해지게 된다. 학습이 중요한 이유는 여기에 있으며, 학습한 것을 기억하고 적용시키지 못한다면 자전거를 수천 번 타더라도 처음 탈 때처럼 힘들 것이다.

이렇게 우리 몸과 뇌에 기록되고 익숙해지는 것이 바로 학습의 혜택이자 어려움이기도 하다. 학습자가 기존에 익숙한 습관을 변경하거나 새로운 방식을 익히려면 의식적인 노력이 필요하다. 그들은 이미 익숙한 기존의 방식으로 무의식적으로 일을 처리해왔기 때문이다.

> **자동 처리:** 우리가 무의식적으로 무언가 자동으로 처리한다는 것은 의식적 관여가 불필요한 두뇌의 특정 영역에서 해당 임무를 처리한다는 의미다.

새로운 임무를 수행할 때 두뇌의 많은 자원이 소모된다. 예를 들어, 자전거 타는 법을 처음 배울 때 균형을 잡고 넘어지지 않기 위해 온 신경을 곤두세우는 것처럼 말이다.

자전거 타기에 능숙해지면 "어, 기울어진다! 어떻게 하지, 어떻게 하지!"라며 끊임없

이 신경을 쓰는 대신, 몸이 스스로 좌측, 우측으로 움직여가며 균형을 맞추므로 주위에 장애물이 있는지 여부와 같이 중요한 외부 요인에 신경을 쓸 수 있게 된다.

이 예제에서 학습에 대한 상당한 이해를 얻을 수 있다.

이번 장 처음에 나온 킴에 대한 예제를 돌아보자.

시나리오: 새로운 프로세스 학습하기

킴은 최근 중소기업을 인수한 외국계 대기업의 이러닝 교육 과정을 기획하고 있다. 두 기업은 각 회사에서 사용하던 기존 시스템을 대체할 새로운 구매 시스템을 도입할 계획이며, 피인수된 중소기업의 직원들은 대기업의 프로세스 또한 익혀야 한다.

새로운 시스템을 익히는 것이 두 업체 중 어느 업체 직원에게 더 어려울까? 기존의 프로세스에 익숙한 쪽일까, 아니면 새로 배워야 하는 쪽일까?

― 다음으로 넘어가기 전에 답이 무엇인지 잠시 생각해보자 ―

두 그룹 구성원 모두 새 시스템을 사용하는 법을 배워야 하는 것은 마찬가지다. 하지만 중소기업 직원들은 기존 프로세스를 대체할 새로 프로세스 또한 익혀야 한다는 추가적인 부담을 안고 있으며, 이들이 기존에 학습한 정보와 프로세스는 새로운 방식을

익히는 데 방해요소가 된다. ■

외국인이 자신의 모국어가 아닌 여러분의 모국어를 사용해 대화할 때, 문장 구조가 다소 어색한 경우를 기억하는가? 이것을 언어 간섭$^{L1\ Interference}$ 또는 모국어 간섭이라 한다. 모국어에 대한 기존 지식이 새로 학습한 언어를 구사하는 능력에 영향을 미치는 것을 의미한다.

학습자에게 이미 익숙한 방식에 변화를 주고자 할 때, 학습자의 동기와 관련한 유의해야 할 점이 몇 가지 있다.

우선 변화는 과정이며 단기간에 이루어지지 않는다는 점을 인지해야 하며, 새로운 방식에 대한 설명을 한 번 듣는다고 습관을 바꿀 수 있으리라 기대하면 안 된다. 시간과 반복적인 노력을 통해서만 기존의 습관을 버리고 새로운 방식을 익힐 수 있다.

또한, 이러한 과정을 거치며 예전의 습관이 계속 나타나거나 학습자가 짜증이 날 수 있음도 감안해야 한다. 그렇다고 해서 실패한 것은 아니며 변화에 성공하기 위한 필수 불가결한 과정이다.

습관의 격차

지식과 기량은 물론, 동기부여가 됐음에도 격차가 존재하는 경우도 있다. 예를 들어 새로 승진한 팀장이 피드백의 중요성을 이해하고 피드백을 효과적으로 전달하는 방법을 학습했다 하더라도, 실제 피드백이 필요한 시점에 적절히 전달하지 못하는 경우를 생각해볼 수 있다. 이는 습관화가 아직 미흡한 상태이기 때문일 가능성이 높다.

인간의 삶은 습관으로 이루어진다. 아침에 기상하면 애완견을 정원에 내보내고, 커피를 내리고, 이를 닦는 등 30분간의 여러 행동은 자동적으로 매일 이뤄진다.

습관에 기인한 격차는 기존의 학습 방식을 통해 충분한 해결이 어렵다. 다음과 같은 말을 해본 적 있는가?

이제는 정말 치실을 더 자주 사용해야겠어.

"음", "그지"를 자꾸 사용하는 말버릇을 고쳐야 되는데, 그지?

이메일을 자주 체크해서 누락된 메일이 없도록 해야겠어!

이런 말을 해본 경험이 있다면, "세 살 버릇 여든까지 간다"는 속담처럼 새로운 습관을 익히는 것이나 오래된 옛 습관을 버리는 것 둘 모두 어렵다는 것을 잘 알 것이다. 습관을 교정하기 위해서는 다른 접근이 필요하며 이 책의 후반부에서 이에 대해 다룰 것이다.

환경의 격차

여러분의 학습자가 올바른 방향성을 수립했고 훈련을 통해 준비를 마치고 시작할 준비가 됐다고 가정해보자. 이제 그들은 더 이상 어려움 없이 성공적으로 학습을 완주할 수 있을까?

하지만 학습의 여정 자체가 성공하기 어렵게 세워져 있는 경우도 있다.

조직에서 환경의 격차는 여러 형태로 나타날 수 있다. 예를 들어, 누군가의 일 처리 방식을 교정한다고 가정해보자. 조직 내에 존재하는 프로세스가 이를 지원하는가?

근무 현장에 학습자가 도움을 받을 만한 참고자료나 지원 부서가 존재하는가?

필요한 준비물이나 자료, 시스템이 모두 갖춰져 있는가?

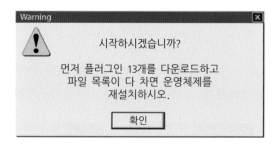

그들은 변화에 대해 충분한 보상을 받는가?

변화가 지속적으로 강조되는가?

커뮤니케이션의 격차

성과가 좋지 않은 것이 지식의 부족에 기인하기보다는 잘못된 방향성이나 지시로 인한 경우도 있다.

이는 학습에 관련한 문제가 아닌 커뮤니케이션으로 인한 것이며, 다양한 원인으로 인해 발생할 수 있다. 방향성을 제시해야 하는 사람이 목표를 바로 인지하지 못한 경우도 있다.

아니면 방향성은 명확하지만 이를 타인에게 명료하게 전달하는 능력이 부재해 발생하는 경우도 있다.

방향을 제시하지만, 본인이 한 말과 상반되는 주장을 펴거나 실은 다른 뜻을 품고 있는 경우도 있다.

예를 들어, 앨리슨의 학생 한 명이 자신의 삼촌을 위해 웹사이트를 개발하며 새로 학습한 프로젝트 관리 능력을 발휘해 봤으나 프로젝트가 잘 진행되지 않았다고 간주해 보자.

개발은 계획된 일정보다 몇 주 지연됐으며 그래픽 작업을 맡은 디자이너는 작업을 마무리하는 데 어려움을 겪고 있고, 사진첩 모듈은 완전히 엉망이다.

앨리슨의 학생이 프로젝트 관리에 관해 제대로 학습하지 못한 결과일까? 수업에서 배웠지만, 아직 미숙한 초보라 실수한 것일까?

실제로는 삼촌이 장기 출장 계획을 미리 알리지 않고, 자주 변덕을 부리며 사진첩 기능 개발이 필요함을 미리 요청하지 않는 등, 여러 가지로 골머리를 썩이는 고객 노릇을 하고 있는 것일 수 있다.

이런 상황이 학습에서 비롯한 문제라고 볼 수 있을까? 절대 아니다. 이와 같이 학습에서 비롯된 문제가 아닌 커뮤니케이션에서 발생한 문제인 경우에도 잘못된 학습으로 인한 이슈처럼 오인되는 상황이 종종 발생할 수 있다.

이런 상황에서 최선의 방책은 이슈가 되는 문제를 문서화하고 조직 내 복잡한 정치적 이슈를 해결하고 학습자에게 최대한 불똥이 튀지 않도록 방어하는 것이다.

격차 파악하고 완화하기

학습 여정을 계획할 때는 이 여정의 큰 그림에 대한 전반적인 질문을 스스로에게 던져봐야 한다.

지식

- 효과적인 학습을 위해 학습자에게 필요한 정보는 무엇인가?
- 그 정보는 여정의 어느 시점에 필요한가?
- 어떤 형태로 제공돼야 하는가?

기량

- 학습자의 기량을 향상시키기 위한 훈련에 필요한 것은 무엇인가?
- 훈련을 위한 기회는 언제 제공되는 것이 옳은가?

동기부여

- 변화에 대한 학습자의 태도는 어떠한가?
- 변화를 받아들일 수 있는가?

습관

- 필요한 행동 습관이 있는가?
- 새로이 학습하기 위해 폐기돼야 하는 습관이 있는가?

환경

- 학습자가 교육을 성공적으로 마치는 데 방해가 되는 주변 요소는 무엇인가?
- 성공적으로 마치는 데 도움이 될 만한 것은 무엇인가?

커뮤니케이션

- 목표는 명확히 제시됐는가?

예제

다음 제시된 시나리오를 통해 격차를 파악해보자.

시나리오 1: 마리아나

마리아나는 IT 지원팀에 새로 부임한 팀장이다. 그녀는 훌륭한 IT 지원팀원으로서 역할을 해왔고, 이번에 승진해 5명의 팀원을 관리하게 됐다.

HR팀에서 그녀를 신임 관리자 교육에 보냈고 마리아나는 계약직 직원을 관리하기 위해 필요한 문서 작업과 적절한 피드백을 적시에 전달하는 코칭 방법에 대해 배웠다.

팀장으로서 마리아나의 첫 주는 그다지 순조롭지 않았다. 다른 팀장들은 별 어려움 없이 일을 처리하고 있는 반면, 마리아나는 정해진 기간 내 업무를 처리하지 못해 업무가 쌓여가고 있었으나, 자신이 무엇을 잘못하고 있는지도 파악이 되지 않았다. 승진하더니 상사 노릇한다는 불평을 들을까 봐 눈치 보며 팀원들이 지각하더라도 직접적인 훈계를 꺼렸다. 교육을 통해 학습한 코칭 방법을 팀원에게 적용하려는 시도도 했으나 수월치 않은 경우가 다반사였다. 게다가 업무 부담까지 증가하자 코칭의 전 단계를 모두 적용하기도 어려웠으며 효과 또한 의심쩍었다.

마리아나의 상사는 그녀가 어려움을 겪고 있다는 것을 알고 관리자 교육을 더 시키려고 한다.

마리아나가 겪고 있는 어려움은 무엇에서 비롯한 격차로 인한 것인가?

- 지식
- 기량
- 동기와 태도
- 습관
- 환경
- 커뮤니케이션

– 다음으로 넘어가기 전에 답이 무엇인지 잠시 생각해보자 –

이 경우는 지식의 격차가 아님이 분명하다. 마리아나는 무엇을 해야 하는지 인지하고 있으나 업무를 효율적으로 처리하는 능력을 발전시키려면 아직 많은 훈련과 지도가 필요하다. 이렇게 인지하고 있는 것을 실행하지 못하는 원인은 태도(자신감)와 동기 사이에 격차가 존재하기 때문이다. 추가적인 교육보다는 상사로부터의 상세한 조언이 더 실질적인 도움이 될 뿐만 아니라, 문서 작업의 속도를 높여줄 환경적인 요인이 존재할 수 있다. ▪

시나리오 2: 마커스

이번 장 처음에 언급된 마커스를 기억하는가? 그의 상황을 자세히 들여다보자.

마커스는 신기술을 활용한 데이터베이스 설계에 관한 2일간의 워크숍에서 교육을 진행한다. 처음 교육을 진행했을 때 교육 내용이 너무 기초적인 수준이었기에 두 번째로 진행하는 이번 강의는 교육 내용을 수정하려고 한다. 처음 진행한 교육은 쉽지 않은 경험이었다.

첫 워크숍의 강의를 준비하던 때에는 데이터베이스 정규화 등 기본 개념을 기억하기 위해 오래된 교과서를 꺼내 복습하는 데 많은 시간을 할애했다.

하지만 정작 강의를 시작하고 보니 수강생은 대부분 노련한 개발자들이었으며 새로운 테크닉과 기법을 배우기 위해 수업을 듣는 것이었다. 특정 기능과 구현 방식에 대한 불평을 늘어놓으며 질문하는 수강생에게 마커스는 충분히 설명할 수 없어 말문이 막히기도 했다.

마커스가 고려해야 하는 수강생과의 격차는 무엇에서 비롯하는 것인가?

- 지식
- 기량
- 동기와 태도
- 습관
- 환경
- 커뮤니케이션

– 다음으로 넘어가기 전에 답이 무엇인지 잠시 생각해보자 –

마커스는 처음 교육을 진행할 당시 데이터베이스 설계 방법을 교육하는 것에 중점을 뒀으나 이는 수강생들에게 필요한 정보가 아니었다. 그들은 신규 시스템의 기능에 있어 지식의 격차를 경험하고 있었으며 익숙하지 않은 방식을 받아들여야 하는 데서 비롯한 태도/동기의 격차가 존재했다. 마커스가 세부 기능을 설명하는 데 초점을 맞추고 기능을 활용하는 방법을 가르친다면 두 번째 강의는 훨씬 좋은 성과를 보일 것이다. ▪

시나리오 3: 앨리슨

이번 장 앞에 언급된 앨리슨의 사례도 다시 살펴보자.

웹 디자인 회사에서 프로젝트 매니저로 근무하는 앨리슨은 최근 한 대학 디자인 학과의 프로젝트 관리 관련 강의를 맡기로 했다. 학생들은 대부분 18~19세의 크리에이티브 디자인 학부 2학년생으로, 이 수업이 필수과목이기에 수강한다.

앨리슨은 학생들의 어떤 격차에 대해 고려해야 할까?

- 지식
- 기량
- 동기와 태도
- 습관
- 환경
- 커뮤니케이션

– 다음으로 넘어가기 전에 답이 무엇인지 잠시 생각해보자 –

커뮤니케이션으로 인한 격차를 제외한 다른 모든 이슈를 생각해봐야 한다. 학생들은 실무 경험은 물론, 프로젝트 관리에 대한 이론도 부족할 것이다. 학습 내용을 적용하는 능력을 터득해야 하며 이를 가능하게 만드는 주위 환경 또한 갖춰져야 한다. 학생들의 대부분이 미술학과와 디자인학과의 학생이며, 이 수업이 필수과목이라는 사실 또한 고려하며 학생들에게 어떻게 동기부여를 시켜주고 적극적인 참여를 이끌어낼지 고민해야 한다. ■

격차 파악이 중요한 이유

몇 년 전의 일이다. 내가 몸담고 있던 회사에 한 의뢰인이 찾아와 "우리 회사는 직원의 이직률이 너무 높습니다. 이를 낮추기 위해 회사의 역사에 대한 교육을 만들었으면 합니다."라고 말했다.

그래서 우리는 직원들의 이직률이 높은 이유는 회사의 역사에 대한 이해가 부족해서가 아니며, 다른 원인을 파악해보는 것을 제안했으나 결국 그 의뢰인과는 계약이 성사되지 않았다.

3장에서 학습의 올바른 목표를 설정하는 법을 살펴볼 예정이다. 하지만 목표 설정에 앞서 해소해야 할 격차와 해결해야 할 문제를 먼저 파악해야 한다.

격차의 근원을 제대로 파악하지 않고 고안한 해결책은 간극을 실제 좁혀줄 수 있을지 알 수 없다. 예를 들어, 끊긴 길을 건너겠다고 임시로 가교를 세우거나 그랜드 캐니언을 건너기 위해 밧줄로 5m 길이의 다리를 만들려는 시도와 같은 것이다.

기억에 남는 의뢰인 중에는 중학생을 대상으로 마약과 음주 예방에 관한 교육을 시행하는 기관이 있었다. 그 의뢰인은 기존 커리큘럼에 대해 설명하며, 대부분의 마약 예방 교육은 주로 정보전달에 중점을 두고 있음을 설명했다("이게 마약입니다. 마약은 해로워요.").

청소년이 마약에 발을 들이게 되는 것은 마약에 대한 지식이 부족하거나 마약의 유해성에 대해 설명해준 사람이 없어서가 아님에도 불구하고 말이다.

그래서 그 고객은 마약과 음주를 권하는 친구들 사이의 난처한 상황에 어떻게 대처해야 하는지 교육하는 데에 초점을 맞추도록 교육 내용을 수정했다. 그 결과, 학생들은 역할극을 통해 여러 상황에서 어떻게 대처하는 것이 옳은지 학습할 수 있었다. 곤란한 상황을 대처하는 방법을 알고 있음과 알지 못함의 격차를 해소하는 데에 교육 내용의 초점이 맞춰지다 보니 교육의 효과가 높아졌다.

이렇듯 주어진 상황에서 격차가 어디에 존재하며 어떠한 형태를 띄고 심각성이 어느 정도인지 명확히 파악해야 효과적인 교육을 설계할 수 있다.

요약

- 성공적인 학습이란 학습자가 많은 지식을 습득하는 것을 넘어 습득한 지식을 여러 곳에 활용할 수 있게 되는 것이다.
- 학습자가 당면한 주된 격차가 지식에 있더라도, 지식과 정보는 궁극적으로 학습자의 기량을 배양하는 데 필요한 요소일 뿐인 경우가 많다.

- 기량의 격차를 구분하려면 "연습 없이 능숙해지는 것이 가능한가?"라는 질문을 던져보자. 대답이 "아니요."라면 학습자가 연습을 통해 기량을 발전시킬 기회를 제공하자.
- 학습자의 동기와 태도를 고려해야 한다. 그들이 필요한 지식을 이미 갖고 있다면 일을 성공적으로 수행하지 못하는 다른 이유는 어디에 있을까?
- 학습자가 기존 지식과 습관에 익숙해진 상태라면 폐기 학습이 수월하지 않을 수 있다. 이것은 교정의 과정에서 피할 수 없는 부분임을 인지해야 한다.
- 학습자를 지지하는 환경 또한 필요하다. 그들이 학습한 지식을 적용하는 과정에서 방해물을 마주치면 성공적으로 완주하기 어려워진다.
- 학습의 문제가 아닌 커뮤니케이션이나 방향, 목적지, 리더십이 문제인 경우도 있다. 이런 문제의 근원을 미리 파악하면 잘못된 방향으로 가는 착오를 미연에 방지할 수 있다.
- 문제가 제대로 파악되면 더욱 효과적인 해결책(교육)을 설계할 수 있다. 해결책을 찾기 전에 문제를 먼저 명확히 파악하는 습관을 갖도록 하자.

참고자료

- Ellickson, Phyllis, Daniel McCaffrey, Bonnie Ghosh-Dastidar, and Doug Longshore. 2003. "New Inroads in Preventing Adolescent Drug Use: Results from a Large-Scale Trial of Project ALERT in Middle Schools." American Journal of Public Health. 93(11): 1830–6.
- Song, Hyunjin and Norbert Schwarz. 2009. "If It's Difficult to Pronounce, It Must Be Risky." Psychological Science 20 (2): DOI: 10.1111/j.1467-9280.2009.02267.

학습 대상자는
누구인가?

(학습자는 우리와 다르다는 사실과 함께
체계적인 옷장의 중요성을 배워보자.)

훌륭한 학습 경험을 설계하려면 학습자의 이해가 필수적이다. 그들에 대한 이해가 부족한 경우 원치 않는 상황이 발생할 수 있다.

학습자에 대해 무엇을 알아야 할까? 먼저, 기본적인 신상 정보를 알아야 한다(나이, 성별, 직업, 역할 등). 이러한 정보는 설문을 통해 얻을 수도 있고 교육을 의뢰한 기관에서 이미 보유하고 있을 수도 있다.

학습자의 독해 수준이나 IT 활용 능력 또한 교육 콘텐츠와 연관이 있을 경우 파악이 필요하다. 이런 정보는 설문조사 또는 학습자와의 대화를 통해서도 알아낼 수 있는데 학습자에 대한 추가적인 정보를 수집하는 것은 훌륭한 습관이다.

기본적인 신상 정보에 더해 다음과 같은 질문을 해보는 것도 도움이 될 것이다.

- 학습자는 무엇을 원하는가?
- 그들의 현재 능력은 어느 정도인가?
- 학습자는 여러분과 어떻게 다른가?

2장에서는 위 질문과 함께 학습 유형을 살펴보고 학습 설계 시 필요한 정보를 어떤 방법으로 수집해야 하는지 알아보자.

학습자는 무엇을 원하는가?

동기부여가 충분히 된 학습자는 학습 경험의 질에 무관하게 배움을 얻을 것이다. 하지만 동기부여가 부족한 학습자는 아무리 뛰어난 강사라도 그들을 교육하는 데 어려움을 겪을 것이다. 그러므로 학습자의 태도와 동기부여 정도를 알면 그들에게 더 적합한 교육을 설계할 수 있다.

학습자가 무엇을 원하는지 여러 관점에서 생각해봐야 한다. 그들이 어떤 연유로 현재 위치에 있으며, 학습을 통해 얻고자 하는 것은 무엇인지, 원하지 않는 것은 무엇인지, 그리고 좋아하는 것은 무엇인지(원하는 것과 다를 수 있다) 고려해본다.

그들은 어떤 연유로 현재 위치에 있는가?

그들이 어떤 연유로 현재 위치에 있는지 알아보기에 앞서 여러분이 마주할 학습자의 유형을 살펴보자.

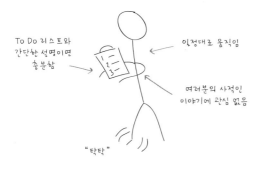

"내가 무엇을 알아야 하는지만 알려 주세요."라는 자세의 학습자

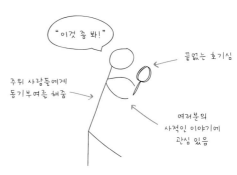

"우와! 이거 좀 보세요"라는 자세의 학습자

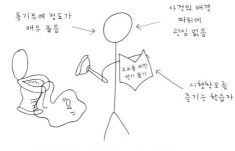

"난 문제를 해결해야 해"라는 자세의 학습자

"이 수업은 필수과목이야."라는 학습자

"오~ 멋진데!"라는 학습자

"난 변화가 두려워."라는 학습자

"난 이거 이미 다 알아."라는 학습자

여러분은 어떤 유형인가? 상황에 따라 다른 모습일 수 있다. 한 시점에는 이런 모습을, 다른 시점에는 저런 모습을 보일 수 있다. 수학 수업은 필수로 들어야 한다는 마음가짐으로 어쩔 수 없이 수강하고 음악 수업에 대해서는 "이것 좀 봐"라며 적극적인 태도를 가질 수 있다(아니면 반대이거나).

우리는 모두 "이 학습을 통해 무엇을 얻을 수 있지?"를 고민한다. 학습 경험이 왜 유용한지, 왜 의미 있는지 알고자 한다. 어떤 유형의 학습자이던 사람들은 목적을 갖고자 하며 학습한 것을 통해 무언가 성취하고자 한다.

내적 동기 vs. 외적 동기

자바 프로그래밍 언어를 활용해 코딩하는 법을 배우는 팻과 크리스라는 두 사람이 있다고 가정하자. 팻은 내적으로 동기부여가 된 학생이지만 크리스는 외적으로 동기부여 됐다.

내적으로 동기부여 된 사람은 주제 자체에 관심이 있거나 해결하고자 하는 특정 문제를 갖고 있다. 팻은 자바 언어를 활용해 구체적인 작업을 하고자 한다.

외적 동기부여란 외적인 보상이나 벌칙 등으로 인해 동기부여 된 것을 의미한다. 필수 수업을 듣는 경우 외적으로 동기부여 됐을 가능성이 높다. 하지만 크리스가 자바 언어를 배우는 이유는 이와 매우 다르다.

동일한 사람도 교육 주제에 따라 학습 태도가 바뀔 수 있듯이 학습 환경에 따라 동기도 내적 또는 외적으로 달라질 수 있다. 예를 들어, 매년 실시되는 성폭력 근절 세미나를 필수로 참석해야 하는 경우 학습자는 외적으로 동기부여 돼 있을 것이다. 하지만 회사 동료가 성폭력 경험을 토로하는 것을 듣게 된다면 내적 동기 부여가 될 수 있다.

외적 동기가 모두 동일하게 만들어진 것은 아니다

에드워드 데시Edward Deci와 리차드 라이언Richard Ryan이 제시한 자기 결정 이론Self-determination theory은 동기에 대해 최근 가장 많이 언급되는 것으로 동기의 연속성에 대해 다음과 같이 설명한다.

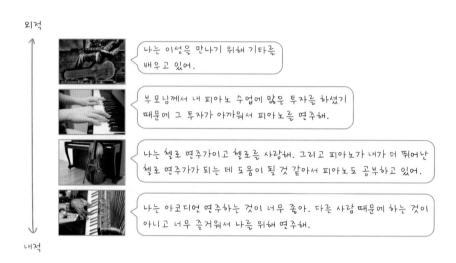

정의에 따르면 위 예시의 마지막 사람만이 내적 동기이다. 데시와 라이언은 내적 동기란 주변 사람의 영향 없이 본인의 즐거움 또는 만족을 위해 하는 활동이라고 설명한다.

그에 반대로 완전한 외적 동기는 전적으로 외부 요인에 근거한 것으로 보상을 얻거나 처벌을 피하기 위해 행동하는 것을 의미한다.

그리고 그사이에는 대인관계와 관련한 외적 이유들이 열거돼 있다. 예를 들어 남을 기쁘게 해주고자 하는 일이나, 소속감을 갖기 위해서 또는 본인의 정체성을 확인하기 위한 경우가 있다.

동기는 한 가지 특성에 기반하기보다는 여러 변수에 영향을 받는다. 예를 들면 필자는 최신 교육 심리 자료를 놓치지 않고 최대한 많이 읽으려고 한다. 하지만 처음 연구 논문 자료들을 읽기 시작했을 때 연구 통계에 대한 내 지식이 충분하지 않음을 깨달았다.

그 후 통계에 대한 지식을 얻고자 노력했는데 이는 통계에 관심이 있어서가 아니었으며 데이터 해석에 있어 실수를 해 전문가로서 부족하게 보이고 싶지 않아서였다.

전적으로 외적인 동기는 뇌물이라든지 강요로 인해 행동하게 되는 경우도 있으며 이는 매우 비효과적일 뿐 아니라 지속력 또한 낮다. 보상이나 처벌이 사라지는 순간 사람들은 그 행동을 멈추게 되며 억지로 행동했던 것을 후회하고 내재돼 있던 작은 내적 동기마저 사라지게 된다.

각 유형을 어떻게 다룰 것인가?

학습자의 유형에 따라 그들의 학습 경험을 향상시키는 방법이 있다.

내적 동기부여 된 학생을 가르치는 방법을 살펴보자.

- **우수한 학습자에게는 고마움을 표시해보자.** 그러면 여러분의 업무가 훨씬 수월해질 것임을 확신한다.
- **학습자가 각자 문제를 찾아 스스로 해결하는 시간을 갖게 한다.** 학습자에게 여러분이 준비한 과제나 숙제를 제공해도 되나, 학습자 본인이 당면한 의미 있는 문제를 찾아 스스로 해결할 때 교육은 더욱 효과적이다.
- **학습자를 가르치는 사람으로 활용해보자.** 내적 동기부여 된 학습자는 자가 학습이 가능하며 그들이 스스로 얻은 지식을 타인과 공유할 때 학습 효과는 배가 된다. 이런 과정을 통해 다른 학습자도 넓은 시야를 갖게 될 수 있으며 정보 제공자로서 여러분의 부담 또한 덜 수 있는 일석이조의 효과가 있다.

외적 동기부여 된 학습자를 교육하는 방법을 살펴보자.

- **그들 주위에서 내적으로 동기를 부여할 만한 요소를 찾아본다.** 학습자는 학습 주제에서 조금이라도 동기 부여될 요인을 찾을 수 있는가? 학습자에게 교육을 통해 얻은 정보를 어떻게 활용할지 여러 질문을 던져보자. 실생활 또는 실제 업무에 어떻게 도움이 될 수 있을지, 그들의 커리어에는 어떻게 도움이 될 수 있을지 연결시켜보자.
- **그들이 직접 의견을 전달하게 하자.** 주제가 왜 유용하거나 중요한지 학습자가 직접 설명하게 해보자. 여러분이 그들에게 설명하면 수용하지 않거나 의심할 수 있으나 그들 스스로 이유를 생각해내면 그에 대해 더 수용적인 태도를 취할 것이다.

- **어려움을 겪는 부분을 찾는다.** 교육 내용이 학습자에게 익숙하지 않으면 그들은 여러분이 전달하고자 하는 정보를 이해하는 데 어려움을 겪고 짜증으로 반응할 수 있다. 이럴 때는 그들의 이해가 부족하거나 그들을 불쾌하게 만드는 요인이 무엇인지 찾아내 이를 완화하는 방법을 제시한다면 외적 동기가 순식간에 내적으로 바뀔 수 있다.

- **지나친 이론과 배경지식은 피한다.** 학문적인 것이 있어 보인다고 생각할 수 있지만 외적 동기부여 된 학습자는 학문적인 접근을 지겨워 참지 못할 것이다. 실생활에 직접 연관이 있는 세부 예제와 과제에 집중하자. 이것은 모든 학생에게 마찬가지다. 부연설명 자료의 양이 너무 방대하거나 무엇이 중요한지 꼭 짚어 설명할 수 없다면 과감히 생략하자. 다시 한번 강조한다. 중요한 부분은 밑줄 긋고 불필요한 부분은 삭제하거나 참고자료로 넘기자.

- **내적 동기부여를 위해 흥미로운 과제를 제시한다.** 퍼즐이나 퀴즈처럼 호기심을 유발하는 과제가 주어지면 이를 통해 학습자의 외적 동기가 점점 내적 동기로 변할 수 있다. 여러분에게 흥미로운 것이 아닌 학습자에게 흥미로운 문제를 잘 찾아보자.

외적 동기부여 된 학습자 대상으로 한 사례를 살펴보자. 몇 년 전 고등학생용 이러닝 교육 자료를 접하게 됐는데, 플래시 소프트웨어로 만든 그래픽과 애니메이션으로 이뤄져 있었다. 통계에 대한 첫 번째 장을 시작하니 "여러분 환영합니다. 오늘은 통계의 역사에 대해 먼저 배워볼까요?"라는 목소리가 들렸다.

통계의 역사를 듣고 내적 동기부여 될 고등학생이 대체 몇 명이나 있겠는가?

몇 안 되는 정도가 아니라 외적 보상이나 처벌이 없다면 통계의 역사 따위엔 전혀 관심 갖지 않을 것이다.

이 학습자에게 조금이나마 내적 동기를 부여하고 싶다면 어떻게 해야 할까?

– 다음으로 넘어가기 전에 답이 무엇인지 잠시 생각해보자 –

아래 몇 가지 안을 살펴보자.

- 화제성 있는 통계치를 제시하고(예를 들어, 결혼한 커플의 50%가 결국 이혼한다는 통계 등) 이 수치가 어떻게 나왔으며 무엇을 의미하는지 조사하게 한다.
- 학습자의 삶에 영향을 주는 통계치를 살핀다(인구 데이터, 학교 기부 현황 등).
- 돈과 관련된 이야기를 한다(언제나 흥미로운 주제다).
- 통계 데이터를 활용해 어떤 중고 자동차를 선택할지 결정하도록 한다. ■

학습자는 바보 취급받길 원하지 않는다

지난 몇 년간 의뢰인들과 여러 번 나눈 대화를 살펴보자.

> **의뢰인:** 저희는 학생들에게 기초적인 정보를 제공하려고 합니다. '바보를 위한 강의'라 보면 되겠네요. 물론 학생들에게 대놓고 '바보'라고 할 수는 없겠지요.
>
> **필자:** 강의 제목에 바보를 사용한다고 학생들이 불쾌해하진 않을 것 같은데요.
>
> **의뢰인:** 어쨌든 간에 우리는 다른 제목을 붙여야 합니다.

흥미로운 질문이지 않은가? 누가 '바보'를 위한 책을 사려 하겠는가? 분명한 것은 그런 제목이 붙여진 책들이 절찬리에 판매되고 있지만, 자신이 바보라고 간주하기 때문에 구매하는 것은 아니다.

초보/바보를 위한 책이라 이름 붙여진 책들의 실제 마케팅 포인트는 독자가 본인을 바보로 느끼지 않게 해주는 점이다.

와인 관련 서적을 읽는다고 가정해보자. 독자가 이미 카베르네 쇼비뇽과 메를로의 차이를 알고 있을 것이라 가정하고 집필됐다면 그 책을 읽으며 나는 나의 무지함으로 인해 점점 위축될 것이다. 하지만 내가 리즐링과 수돗물의 차이조차 모른다고 가정하고 집필된 경우, 그 책을 읽으며 내가 이미 알고 있는 내용을 접하면 스스로에게 뿌듯함을 느낄 수 있다.

최근 이러닝 수업을 기획 중인 게임 디자이너 친구는 "게임 디자이너는 게이머들이 자신이 똑똑하다고 느끼게 만들어주는 게 임무야."라고 설명한다. 학습을 설계하는 경우도 마찬가지라 생각한다. 우리는 학습자 본인이 똑똑하다고 느끼게 해줘야 하며 자신의 능력을 믿도록 해줘야 한다.

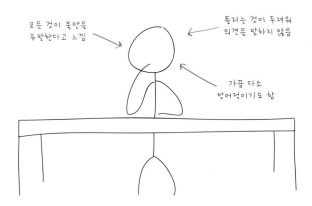

"바보처럼 느끼고 싶지 않아"라는 학습자

학습자에게 도전의 기회를 주는 것은 좋다. 무조건 쉽게 만들라는 것이 아니다. 너무 쉬우면 오히려 번거롭게 느껴지고 학습의 만족도가 저하된다. 다만, 그들이 과제 내용을 이해하기 어려워 창피함을 느껴서도 안 되며 모르는 내용은 참고자료를 사용하도록 유도하자.

수학 교사이자 블로거인 댄 메이어(http://blog.mrmeyer.com)는 학생들에게 문제를 제시하는 방식을 다음과 같이 설명한다.

> 나는 학생들이 추측하는 연습을 하도록 유도한다. 정답이 아닌 것을 먼저 고르게 하는데 오답을 먼저 골라내면 선택이 쉬워지기 때문이다. 명확한 오답으로 보이는 것을 먼저 물으며 학생들을 몰입시키는데, 이러한 과정은 간단하지만 효과가 매우 좋다.

소심한 학습자를 몰입시키는 방법은 아래와 같다.

- **기존에 보유한 지식을 활용하게 만든다.** 그들이 기존에 학습한 지식을 활용하는 방법은 없을까?
- **성취의 경험을 일찍 제공하자.** 그들이 무엇을 일찍이 성취할 수 있을까? 첫 번째 수업 내용으로도 무언가 성취할 만한 것이 있을까?
- **결정권을 주자.** 성격이 소심한 사람들은 학습 경험에 대한 결정권이 본인에게 없다고 느낄 수 있다. 이런 경우, 진도의 속도나 과제의 순서 등을 직접 결정할 수 있게 해주면 본인이 학습 과정을 만들어가는 주체라고 느끼게 될 것이다.
- **실패가 용인되는 환경을 만들어준다.** 학습자가 사적인 공간 또는 비판받지 않는 환경에서 연습하고 스스로를 평가해볼 수 있는가?

이러한 부분을 고민하며 교육을 준비한다면 학습자는 학습을 통해 한 단계씩 이뤄가며 성취감을 느낄 것이다. 그리고 여러분은 학습 설계자로서 목표를 성공리에 달성하게 된다.

학습자는 무엇을 좋아하는가?

학습자가 원하는 것뿐 아니라 그들의 취향에 대한 이해도 필요하다. 게임 디자이너가 직업인 필자의 지인은 사용자의 성향과 취향을 이해하는 것이 매우 중요하다고 주장한다.

> 사용자가 원하는 흥미로운 소프트웨어를 개발하려면 콘텐츠도 중요하지만 사용자를 깊이 이해하는 것이 매우 중요하다.
>
> 타깃 사용자가 좋아하는 브랜드, 취미, 즐기는 매체(TV, 영화, 게임, 웹사이트 등)를 파악하면 그들이 선호하는 시각적인 요소와 인터랙션 방식에 대한 아이디어를 얻을 수 있다.
>
> (Raymer 2011)

어찌 보면 당연한 이야기다. 농구, 뜨개질, 오페라, 리얼리티 쇼 등 학습자의 다양한 관심사를 학습 설계 시 활용하면 그들의 관심을 집중시키기 쉬워진다. 학습자의 관심사는 서로 다르겠지만 공통 요소를 찾아 학습 설계 시 활용해보자.

학습자의 현재 능력 수준은 어떠한가?

학습자를 이해하는 데에 있어 그들의 현재 능력 수준을 파악하는 것도 매우 중요하다. 교과 내용을 어려움 없이 이해할 수 있을지, 학습 곡선의 기울기는 얼마나 될지 가늠해봐야 한다.

학습자에게 요구하는 것이 이것인가?

아니면 이것인가?

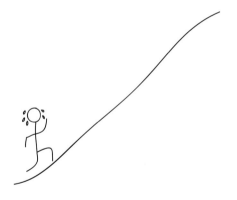

그들이 얼마나 많은 노력을 투자하길 기대하는가?

교과과정의 난이도는 교육자가 조정할 수 있지만 학습의 결과는 학습 설계보다는 학생의 능력으로 결정된다는 점에 문제의 어려움이 있다.

예를 들어 교육자에게는 수업의 난이도가 그리 높아 보이지 않을 수 있다.

하지만 초보 학습자에는 난이도가 매우 높게 느껴질 수 있다.

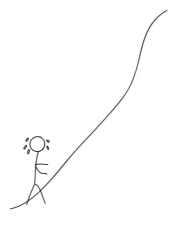

전문가 수준의 학습자는 물론 어렵다고 느끼지 않을 것이다.

학습 경험 설계가 어려운 것은 교육 콘텐츠 자체의 난이도뿐 아니라 학습자의 배경지식도 학습의 효과에 영향을 미치기 때문이다.

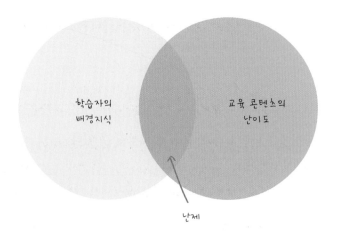

학습자의
배경지식

교육 콘텐츠의
난이도

난제

여러분이 조깅 초보자와 아마추어 달리기 선수, 마라톤 전문 육상 선수를 모두 훈련 시킨다고 가정해보자. 그들에게 동일한 수준으로 훈련시킬 수 없을 뿐 아니라 훈련의 접근 방식 또한 상이하지 않겠는가?

조깅 초보에게 필요한 교육은 다음과 같다.

- 충분한 가이드
- 차근차근 진도를 나가는 신중한 입문
- 단기 성취 가능한 목표로 구성된 체계적인 경험
- 자신감 증진 전략
- 난이도의 점진적인 상향과 휴식의 기회
- 성과에 대한 코칭과 피드백

아마추어 달리기 선수에게 필요한 것은 다음과 같다.

- 새로운 테크닉을 적용하는 연습
- 고난이도 기술에 대한 정보
- 기존 습관을 가다듬고 개선시켜줄 코칭
- 충분한 자율

마라톤 전문 선수에게 필요한 것은 다음과 같다.

- 훈련 중 허기와 갈증을 채워줄 바나나와 물을 들고 보조해주는 사람
- 전문적인 코칭
- 세부 디테일에 대한 정보(예를 들어 특정 마라톤 코스의 특징)
- 진행 상태 측정 확인을 위한 도움(거리 확인/시간 재기 등)
- 전적인 자율- 타인을 코칭하거나 직접 교육해보는 기회

위와 같은 내용은 바나나 예시를 제외하고는 여러 상황에 공통적으로 적용된다. 초보에게는 체계적인 가이드가 필수지만 수준이 올라갈수록 자율과 정보의 중요성이 커진다.

이미 많은 지식을 보유한 학습자

학습자의 수준에 따라 동일한 교육이 초보라면 가파르게 보이고 전문가라면 다음과 같이 직선 코스로 느껴질 수 있다.

사람들은 직선 코스에서 더 빠르다.

전문가 수준의 학습자는 학습 내용을 가볍게 훑다가 지식의 격차를 발견하거나 새로운 정보를 접하면 속도를 줄여 필요 정보와 기술을 습득한 후 다시 속도를 높인다.

하지만 안타깝게도 하나의 학습은 학습자들의 다양한 수준을 모두 아우르도록 설계되지 않는다.

그러다 보니 초급 학습자 대상으로 제공되는 세부 지침과 충분한 예제 및 진도 나가기 앞서 학습자의 멘탈 모델을 형성해주는 과정 등은 오히려 상급 학습자에게는 곤욕일 수 있다.

이것은 마치 해외여행을 자주 나가는 사람이 공항 보안 검사를 위해 액체류는 비닐봉지에 담고, 노트북을 손에 들고, 구두를 벗고, 핸드캐리 가방을 들고는 70년도 이후

비행기를 처음 타보는 듯한 할머니와 어린아이들 뒤에서 기다리며 답답해하는 것과 마찬가지다.

하지만 예산과 편의성의 이유로 수준이 각기 다른 학습자에게 동일한 교육이 제공되곤 한다.

주어진 상황이 이러하다면 다음을 고려해보자.

- **학습자가 여러분을 싫어하게 만들지 말라.** 모든 학습자에게 학습의 전 과정이 필요하지 않을 수 있다. 교육 내용 전체를 필수로 설정하지 말고 일부는 선택으로 만들거나 집에서 각자 풀어볼 과제로 제시하자. 학습자가 이미 아는 내용은 건너뛰고 다음 장으로 진도를 넘어갈 수 있도록 만들어준다.

- **밀기보다는 당기기를 고려한다.** 초급 학습자는 자신이 무엇을 아는지 또는 모르는지 파악하는 데 어려움을 겪는 반면, 상급 학습자는 이를 잘 파악한다. 따라서 상급 학습자에게 자료를 충분히 제공해주면 그들은 필요 정보를 알아서 잘 찾아 활용할 것이다.

  여기서 '당기기'란 필요한 재원, 강의, 참고자료를 학습자에게 제공해주고 그들이 필요할 시 스스로 선택해 사용하게 하는 것을 의미한다. 정보를 최대한 찾기 쉽게 만들되 강제하지 말자.

- **그들의 전문성을 활용한다.** 똑똑한 학습자를 잘 활용할 방법을 고안해보자. 그들이 초급 학습자를 가르칠 수 있을까? 자신의 경험담을 타인과 공유해 좀 더 생동감 있는 학습이 되도록 할 수 있을까? 그들이 자신의 전문성을 활용해 타 학습자의 학습 여정을 향상시켜주고 본인도 그 과정을 통해 새로운 지식을 쌓는다면 학습의 효과가 배가 될 것이다.

- **기초적인 정보는 숨겨놓는다.** 예를 들어 이러닝 교육 과정에서 초급 학습자를 위해 용어 정의를 제공할 계획이라면 학습자가 해당 단어에 마우스를 올렸을 때 팝업 창을 띄우고 그 안에 단어의 의미를 보여주는 등 화면에서 숨겨놓아 상급자의 진도를 늦추는 결과가 생기지 않게 한다.

- **시험을 보게 한다.** 학습자의 수준을 파악하기 위해 "사전 시험이 있어요. 이미 기본 지식을 갖췄으면 이 수업을 듣지 않아도 됩니다."라며 시험을 볼 수 있다. 물론

학생들의 지식과 능력을 효과적으로 분별해줄 시험 문제를 제출할 수 있다면 훌륭한 접근 방법이겠지만, 그리 수월한 작업이 아니다. 수수께끼처럼 너무 난해하거나 추측해도 맞출 만큼 너무 쉬운 질문이 작성되기도 한다. 명확한 평가를 위한 테스트를 작성하기란 수월하지 않은 것은 물론, 시간과 훈련을 통해 향상된 기량은 어떻게 객관식을 통해 확인하겠는가?

학습자의 기량은 객관식이 아닌 관찰을 통해 평가돼야 한다. 시험 보는 기술을 길러주기 위함이 아니라면 말이다. 학회에서 만난 한 이러닝 전문가는 사전 시험의 적절성을 확인하기 위해 교육 내용에 대해 아무것도 모르는 학습자에게 시험을 치러보도록 하고 그가 40% 이상 정답을 맞춘다면 그 시험은 비효과적인 것이라 설명했다.

- **"필요한 것이 있나요?"라고 묻고 방해하지 말자.** 달리기 중인 프로 마라톤 선수에게 "초보 선수들이 쫓아오도록 잠시 기다립시다."라거나 "훈련에 동기를 부여하는 방법에 대한 이 자료를 본 적 있나요?"라고 묻지 않을 것이다. 대신, "바나나 드릴까요? 아니면 물? 알겠어요. 그럼 다음 지점에서 봅시다."라는 말이 적절할 것이다. 교육 또한 마찬가지다. 학습자가 필요로 하는 것을 파악해 그들에게 제공하고 불필요한 방해를 하지 말자.

경사를 지지대 삼으라

교육 주제가 초급 학습자에게 너무 어려워 어쩔 수 없이 내용을 단순화해야 한다면 어떻게 해야 할까? 학습 내용을 현실에 적용시키는 것이 오히려 학습자를 혼돈에 빠뜨린다면 어떻게 해야 할까? 이런 경우 비계설정이 이뤄져야 한다.

> **비계설정**scaffolding: 학습의 경사가 완만해질 수 있게 지지대 만들기. 점차적으로 지지대를 낮춰나가 학습자가 경사를 직접 감당할 수 있게 한다.

훌륭한 비계설정은 지지대를 통해 학습자가 어려운 임무를 완료할 수 있게 도와주므로 훈련에 필수적이다. 학습자를 구경꾼으로 전락시키지 않도록 주의하며 그들이 임무를 완수하는 데 필요한 지원을 제공해줘야 한다.

비계설정의 예를 살펴보자.

- **환경의 복잡성을 줄인다.** 초보 학습자에게 비행기 조종법을 가르치고자 바로 항공 시뮬레이션 이러닝 교육을 진행하는 것은 무리이다. 여기에 적절한 비계설정은 학습자에게 주요 컨트롤을 몇 가지 학습할 수 있는 시나리오를 먼저 제시하고 이를 통해 학습자가 기능에 익숙해지고 나면 범위를 넓혀가는 것이다.

- **단계별 접근하는 연습을 시킨다.** 학습자가 간단한 예시를 통해 전 과정을 경험해보게 한다. 예를 들어 과학 연구 절차를 가르치고자 한다면 간단한 연구 과제를 단계별로 짚어가며 명확한 결론에 도달하게 한 후 점차 난이도 있는 과제를 제시하자.
  또 다른 예를 살펴보자. 필자는 영업사원에게 특정 영업 방식을 교육하기 위해 가상의 고객에게 다소 까다로운 상황에서 제품을 판매하는 과제를 제시한 적이 있다. 첫 번째 사례는 하와이에서 스키복을 판매하는 간단하지만 다소 황당한 경우였다. 나는 학습자가 이 예제를 통해 판매하려는 제품 자체에 대한 설명보다는 고객과의 인터랙션 그리고 판매 프로세스에 집중할 수 있도록 훈련시켰다.

- **지원을 제공한다**. 쉽게 찾을 수 있는 참고자료를 학습 과정 안에 포함시키자. 예를 들어, 예제나 용어 설명, 도움말 문서를 제공해 그들이 학습하거나 과업을 수행하는 동안 필요한 지원을 받을 수 있게 해준다.

학습자는 여러분과 어떻게 다른가?

가장 먼저 명심할 내용은 아래와 같다.

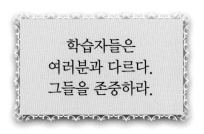

학습자들은
여러분과 다르다.
그들을 존중하라.

너무 중요한 대목이라 스티커로 만들어 주변에 붙여 놓고 싶을 정도다.

예를 들어보겠다. 몇 년 전 다양한 업무 유형에 대한 기사를 접했는데, 그 기사는 사람들을 네 가지 유형으로 나누고 본인의 유형을 파악하게 해주는 질문을 함께 제시했다.

필자는 나의 유형에 대한 설명을 읽으며 많은 부분 동의했다. 문제 해결을 즐긴다? 물론이지. 나는 새로운 도전을 좋아하니까. 새로운 것을 배운다는 것은 나에게 동기부여가 되곤 한다.

여기서 멈추고 다른 세 가지 유형에 대해서도 읽어봤다. 내가 학습 설계에 몸담고 있는 이유이기도 하겠지만, 나는 새로운 것을 배우기 좋아한다. 하지만 모든 사람이 그러하지는 않다고 설명돼 있었다.

새로운 사실이 아니었지만 새삼 놀라웠다. 일상적이고 익숙한 것에만 만족하고 사는 사람들이 정령 있다는 말인가? 새로운 것을 배우는 게 두렵고 불편한 사람이 정말 존재한다는 것인가? 새로운 것은 최대한 피하고 신속히 제거해야 할 필요악으로 간주한다는 말인가? 정말로? 참 어이가 없다.

이런 놀라움에 스스로가 창피해졌다. 자신의 경험과 성향이 당연하며 일반적인 것이라고 무의식적으로 생각해왔던 것을 깨달았다. 여러분도 이점을 간과했을 수 있다. 교육자는 본인의 경험을 기반으로 정보를 가공해 학습에 활용하기 마련이다. 본인에게 어떤 학습이 효과적이었는가? 어떤 방식을 통해 학습하는 것을 즐기는가?

다른 사람들도 본인과 유사한 성향을 갖고 있다고 여기기 쉬우나, 사람들은 각기 다른 관심사와 동기를 갖고 있으며 학습자 또한 여러분과 다른 관점을 갖고 세상을 바라볼 것이다.

학습자의 배경지식은 어떠한가?

학습 내용에 대한 학습자의 배경지식도 고려해야 한다.

교육자는 본인의 교육 자료에 대해 충분한 배경지식을 갖고 있겠지만, 학습자는 그렇지 못할 것이다.

다음의 예를 살펴보자.

> 먼저, 지지대를 사용해 높이를 올려야 한다. 높이 조절 장치가 없다면 장치를 하나 마련해야 한다. 지지대 설치 후 저항이 생기지 않도록 주요 인접 부분을 미리 느슨하게 한다. 지지대 설치 후, 인접 부분을 조이고 손상된 부품은 교체한다. 주요 인접 부분을 재확인 후 지지대를 제거한다. 교체한 부품을 지속해서 사용하게 될 수도 있으나, 장기적 사용이 적합하지 않다면 이러한 과정을 반복해 수리하거나 새 부품으로 교체해야 한다.

이해하기 어려운가? 요점을 파악하기 위해 집중해야 하는가?

그렇다면 이번 버전을 보자. 그림을 먼저 살펴본 후 다시 읽어보자.

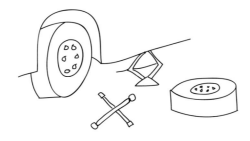

먼저, 지지대를 사용해 높이를 올려야 한다. 높이 조절 장치가 없다면 장치를 하나 마련해야 한다. 지지대 설치 후 저항이 생기지 않도록 주요 인접 부분을 미리 느슨하게 한다. 지지대 설치 후, 인접 부분을 조이고 손상된 부품은 교체한다. 주요 인접 부분을 재확인 후 지지대를 제거한다. 교체한 부품을 지속해서 사용하게 될 수도 있으나, 장기적 사용이 적합하지 않다면 이러한 과정을 반복해 수리하거나 새 부품으로 교체해야 한다.

두 번째 설명이 좀 더 쉽게 이해되는가?

위 타이어 교환 절차를 설명하는 예제는 실제 실험을 기반으로 한 것이다(Bransford 1972). 세탁하는 과업에 대해서도 유사 실험이 세 개 팀을 대상으로 진행됐다.

- 글을 읽기 전 세탁에 관한 설명이라고 미리 안내받은 팀
- 글을 읽기 전 세탁에 관한 설명이라고 안내받지 못한 팀
- 글을 읽은 후 세탁에 관한 설명이라고 안내받은 팀

글을 읽기 전 주제를 먼저 안내받은 팀이 당연하게도 이해가 높았으며 내용을 더 많이 기억했다. 그들은 해당 주제에 관해 이미 예상하고 있었기에 정보를 더 잘 이해할 수 있었다.

특정 주제에 대해 이미 지식이 충분한 경우 새 정보를 접해도 이해가 수월하지만 학습자는 그렇지 않다는 것을 기억해야 한다.

교육자가 얼마나 아는지 vs. 학습자가 얼마나 아는지

교육자가 본인의 전문 분야에 관한 기초 수업을 강의한다고 가정해보자. 동료와 대화하듯 초급 학습자와 해당 분야에 대해 대화할 수는 없다. 대화의 장벽은 무엇일까? 그들이 얼마나 아는지가 문제일까(부족한 지식)? 아니면 교육자가 얼마나 아는지가 문제일까(충분한 지식)?

대화의 장벽이 학습자의 지식 부족으로 인해 발생하는 경우가 있다.

하지만 지식을 많이 축적한 교육자가 지식이 부족하던 때를 기억하지 못해 문제가 발생하는 경우가 더 일반적이다. 기술에 대한 복잡한 설명을 들으며 무슨 말인지 이해하지 못하던 경험을 기억하는가? 학습자로 하여금 이 같은 상황에 처하지 않게 해야 한다.

우리가 정보를 두뇌 안에 정리하는 방식 때문에 이런 상황이 불가피할 수 있다.

왜 우리의 뇌가 옷장과 같은가

우리가 전문성을 갖고 있는 분야에 대해 생각해보자. 어떤 멘탈 모델[1]을 갖고 있는가?

---

1 실생활에서 일어나는 상황에 대한 사람의 사고 과정을 설명한 것이다. – 옮긴이

주제에 대한 이해는 이렇게 정리돼 있는가?

아니면 이렇게 돼 있는가?

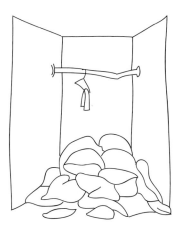

전문가라면 첫 번째 유형의 멘탈 모델을 갖고 있을 확률이 높다. 다양한 분류 체계와 구별 인자, 정보를 정리하는 정교한 방법을 갖고 있을 것이다. 하지만 초보라면 본인 이 보유한 정보가 제한적일 뿐 아니라 정보 정리 체계 또한 정교하지 못할 것이다.예 를 들어 전문가에게 파란 스웨터를 옷장에 넣으라고 한다면 그는 정리 체계를 이미 파악하고 있으므로 스웨터를 어디에 놓을지 정확히 알고 있을 것이다. 예를 들어, 스웨터는 겨울 의류가 걸린 쪽 옆 선반에 무게와 스타일, 색상을 구분해 걸어 놓는다.

하지만 초보라면 맥락(옷장의 정리 체계)에 대한 이해가 부족하므로 옷을 받아 어찌할 줄 몰라 바닥에 던져 놓을 것이다. 쏟아지는 정보를 소화하고 내 것으로 만들기는커녕 마치 바닥에 옷을 쌓듯 단지 쫓아가는 데 급급했던 학습 경험이 모두 기억날 것이다.

더 큰 문제는 찾을 때 발생한다. 전문가는 특정 정보를 쉽게 찾는 방법을 파악하고 있다. 옷장에서 파란 스웨터를 찾는다고 가정해보면, 스웨터가 정리된 공간에서 겨울 의류가 놓인 곳을 확인하고 그중 캐주얼 의류가 놓인 곳에서 파란색을 찾으면 된다. 반면에 초급 학생은 쌓여 있는 옷더미를 뒤지는 수밖에는 별다른 방도가 없다.

초급 학습자가 정보를 정리하는 것을 어떻게 도울까?

먼저, 학습자가 사고의 체계를 만드는 것을 도와주자.

전문가 수준의 멘탈 모델을 갖추게 하기 위해 강의나 교육 프로그램을 강제하는 것은 산더미 같은 빨래에 학습자를 파묻는 것과 마찬가지다. 그 대신 그들에게 주어질 정보에 대한 배경지식을 먼저 제공하자. 학습자가 체계를 만드는 것을 도와줄 방법을 몇 가지 살펴보자.

거시적인 틀을 제공하자. 대략적인 틀을 먼저 잡아주고 정보를 분류해 나갈 수 있게 도와주자. 대분류, 기본적인 규칙, 축약어 등이 열거된 일종의 지침을 만들어 제공하고 이를 토대로 학생들이 정보를 정리해 나가게 한다.

시각적 요소를 활용하자. 시각적 요소는 학습자가 정보를 저장하고 검색하는 것을 수월하게 해준다.

스토리텔링을 활용하자. 잘 구성된 스토리, 특히 감동적인 내용은 기억에 오래 남는다.

문제를 통해 생각해보자. 전문가는 정보를 분류할 때 해당 정보를 어떻게 응용하고 이를 활용해 문제를 어떻게 해결할지 고민한다. 초급 학습자가 문제를 풀어나가며 스스로 이러한 사고 구조를 정립하도록 지원하자.

학습자가 체계를 직접 설계하게 하자. 세부 과제를 통해 학습자에게 정보를 제공하고 이를 직접 정리하게 해보자. 그들이 타인을 교육한다면 어떻게 설명할지 고민해보게 하자. 결과물을 전문가의 관점과 비교해보게 하고 다음번에 어떻게 다르게 할지 고민해보게 하자.

상징이나 비유를 사용하자. 학습자가 이미 친숙한 주제에 학습 내용을 대입해 설명하면 그들의 기존 멘탈 모델에 저장된 정보를 활용할 수 있다. 위 옷장 예제와 같이 일상에서 흔히 접할 수 있는 사물을 활용하는 것이 좋다.

전문가가 초보자를 가르치는 것이 일반적이지만, 다른 전문가를 교육하거나 수준차가 있는 다양한 학습자를 가르치는 경우도 있다.

전문성을 갖춘 사람은 선행 준비가 크게 필요치 않다. 비유를 들자면, 옷장에 파란 스웨터가 어디 놓이는지 이미 인지하고 있으므로 추가 설명이 필요치 않은 것이다. 따라서 전문가 대상 교육은 효율이 중요하며 '밀기' 보다는 '당기기' 방식을 활용해야 한다. 정보를 일방적으로 전달하기보다는 그들이 필요한 때에 필요한 정보를 직접 선택해 사용할 수 있게 해주자.

그리고 필요 정보를 검색할 때에는 이미 알고 있는 내용을 모두 뒤질 필요 없이 쉽고 빠르게 찾을 수 있는 방법을 제공해줘야 한다.

경험 필터링

초보나 전문가나 사람들은 새로운 지식을 자신의 과거 경험에 기반해 해석하곤 한다. 인간은 주변에서 벌어지는 일에 대해 자기 나름의 방식으로 이해하고자 하기에, 이해할 수 없는 상황에 직면하면 이를 해석하고 납득하려고 한다.

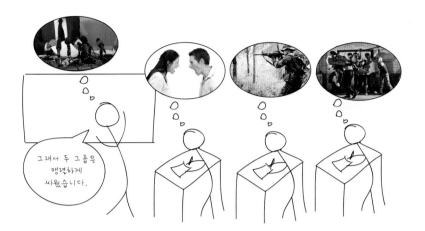

이점은 학습의 당연한 부분이다. 사람들은 본인의 경험을 바탕으로 세상을 이해하다 보니 동일한 내용에 대해서도 서로 다른 이해를 갖기 마련이다. 그래서 다음과 같은 심각한 오해가 종종 발생하기도 한다

수습 중인 바리스타: 여기 손님께서 계절 한정 메뉴인 페퍼민트 와사비 더블 에스프레소를 주문했는데 신용카드 결제를 원하시네요. 전 아직 신용카드 결제를 처리해보지 않았는데 말이죠.

노련한 바리스타: ("저 구역질 나는 음료를 시키는 오늘의 첫 고객이군."이라 생각하며) 먼저 계절 음료를 선택해요. 이제 신용카드 결제 방법을 보여 줄게요.

몇 시간 후…

노련한 바리스타: (영수증을 보다가) 뭐야 이게? 계절 음료 107잔? 이게 맞는 거야?

수습 중인 바리스타: 그런 것 같은데요. 오늘 신용카드 결제가 많았어요.

학습자의 생각을 어떻게 알 수 있을까?

상대방의 마음을 읽을 수 있는 것이 아닌 이상 정보는 양방으로 흘러야 한다.

학습이 이뤄지는 가장 일반적이고 친숙한 환경은 교실이다. 교사는 학생들의 머릿속에 정보를 쏟아붓는다.

여기에는 정보가 한 방향으로만 흐른다는 문제가 있다.

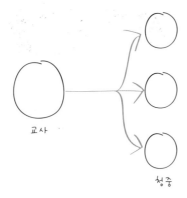

교육자는 강의를 며칠 진행하면서 학습자가 내용을 오해했음을 전혀 깨닫지 못할 수 있다. 그들이 잘못 이해했다는 사실이 결국 과제에서 드러날 수는 있으나 이를 발견한 때는 이미 잘못된 정보가 학습자의 머릿속에 자리 잡아 바로잡을 시기를 놓친 후일 것이다. 따라서 정보가 양방향으로 흐르는 인터랙티브한 환경이 필요하다.

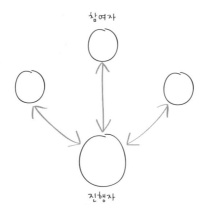

학습이 이뤄지는 환경(교실, 온라인 강의, 웹사이트)에 관계없이 인터랙션이 많을수록 좋다. 학습한 내용을 학습자가 어떻게 이해하고 적용시키는지 직접 확인해 오해를 바로잡고 관점을 넓혀줘 심도 있는 학습이 가능하도록 도와주자.

학습 유형

사람들은 청각, 시각, 촉각, 신체운동, 개념 또는 사회적 방식을 통해 학습한다. 그렇다면 우리의 학습자는 어떤 유형일까?

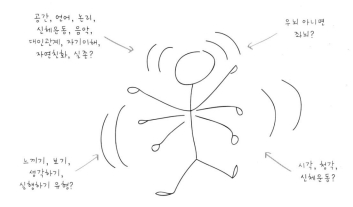

학습 유형이라는 개념에 대해 여러분이 이미 익숙할 수도 있다. 예를 들어, '시각적 학습자'란 말을 들어봤을 것이다.

학습 유형 이론을 옹호하는 이들은 사람들이 학습하는 방식의 차이를 파악하면 개인에게 가장 적합한 경험을 제공해 학습의 결과를 향상시킬 수 있다고 여긴다.

지능과 학습의 유형에 대한 이론은 다양한데, 여기서 주요 이론 몇 가지를 살펴보자.

- **가드너의 다중지능 이론**: 하워드 가드너^{Howard Gardner}는 사람들에게 한 가지 유형의 IQ가 아닌 다양한 지능(공간, 언어, 논리, 신체운동, 음악, 대인관계, 자기이해, 자연친화, 실존)이 있다고 주장한다.
- **VAK 또는 VARK**: 이 모델은 사람들이 시각, 청각, 독해 또는 운동 감각을 통해 학습하는 경향이 있다고 주장한다.
- **콥의 학습 방식 이론**: 데이비드 콥^{David A. Kolb}은 추상적과 구체적, 적극적과 성찰적 학습 사이의 선호도를 기반으로 한 다양한 학습 유형(수렴자^{converger}, 확산자^{diverger}, 동화자^{assimilator}, 조절자^{accommodator})을 설명한다.

학습 유형으로 무엇을 할 수 있는가?

유감이지만, 할 수 있는 것이 많지는 않다. 학습 유형을 활용한 교육의 효과에 대한 과학적인 뒷받침이 아직 불충분하기 때문이다. 뿐만 아니라, 학습자의 학습 유형을 파악하고 각 유형에 맞춰 학습 경험을 최적화하는 것이 가능하다는 쉽지 않은 가정 또한 전제된다. IT 기술을 통해 언젠가 이 부분이 해결될 수도 있겠지만, 아직은 효과적인 방법이 존재하지 않는다.

학습 유형 이론이 상당히 잘 알려져 있기에 여기서 언급하나, 그 효과는 아직 검증되지 않았다. 학습 유형을 파악하고 이를 활용하는 방법이 발전한다면 학습 유형 이론에 대한 평가도 향후 달라질 수 있을 것이다.

이러한 한계에도 불구하고 학습 유형 이론에서 참고할만한 유용한 정보를 몇 가지 살펴보자.

- **사람들은 서로 다른 방식으로 학습한다.** 각 개인의 독특한 학습 방식을 모두 반영한 학습 환경을 만들 수는 없지만, 다양한 접근 방식을 통해 학습 경험을 다채롭게 만들 수 있다. 학습 경험이 흥미로울수록 학습한 내용을 기억하는 데 도움이 되는 다양한 구심점이 만들어진다. 학습 유형을 다양화하는 것은 사람들의 습관화 경향도 방지해준다. 이 부분에 대해서는 뒤에서 자세히 다루겠다.
- **지능에도 여러 종류가 있다.** 필자는 순수 미술학과 학생들을 교육했는데, 그 학생들은 다중 지능에 대해 높은 관심을 보였다. 일반적으로 알려진 IQ와는 다소 거리가 있는 본인의 기술과 능력 그리고 지능에 대해 확신을 가질 수 있었기 때문이다.
- **우리는 서로 다른 점보다는 유사한 점이 많다.** 신체적 장애로 인한 경우를 제외하고 우리는 모두 시각, 청각 또는 신체운동을 통해 학습하며, 다양한 종류와 깊이의 지능을 갖고 있다.
- **학습 주제에 맞춰 학습 방식이 달라져야 한다.** 학습자의 유형별로 교육 방식을 구성하기는 어렵겠지만, 교육 콘텐츠에는 맞춰 구성돼야 한다. 최소 상식 수준에서라도 콘텐츠와 전달 방식이 맞아야 한다. 자동차 수리공이 오디오북을 통해 교육받는다면 자동차 수리에 필요한 실질적인 기술을 습득하지 못할 것 아니겠는가?

학습자에 대해 파악하는 방법

학습자에 대해 어떻게 파악할까? 앨리슨 로제트의 『First Things Fast』(PfeifferPub., 2009)와 같이 교수 설계에 관한 훌륭한 서적이 있으며, 사용자 경험UX 분야의 접근 방식을 통해서도 학습자를 분석하고 이해하는 방법을 배워볼 수 있다.

여기서 이러한 접근을 자세히 다루지는 않을 것이나 학습자 분석 시 도움이 될 몇 가지 사항은 짚고 넘어가고자 한다.

- 학습자와 대화한다.
- 학습자를 따라다니며 관찰한다.
- 학습자와 함께 시도한다.

학습자와 대화한다

너무 당연하게 들릴 수 있지만, 실제로 많은 교육이 학습자와의 커뮤니케이션 없이 설계되곤 한다. 학습 설계사로서 필자는 내가 담당한 프로그램과 관련된 지도자, 담당자, 관련 주제 전문가 등 여러 관계자와 논의하며 업무를 진행하지만, 별도로 요청하지 않는 이상 실제 수업의 대상자인 학습자를 만날 기회는 거의 전무하다. 많은 전문가는 본인이 교육하는 학습 주제와 학습자에 대해 다년간의 경험을 갖고 있기에 물론 충분한 정보를 보유하고 있지만, 잘못 닫힌 시야를 갖고 있을 수 있다. 위 열거된 여러 관계자는 물론, 학습자와도 대화가 필요하다.

학습자와의 대화가 중요한 이유는 다음과 같다.

- **학습자는 어떻게 기획돼야 하는지가 아니라 어떻게 활용될지 알려준다.** 교육 전문가, 관계자, 관리자는 일을 정답으로 처리하는 데 초점이 맞춰져 있다. 그들은 이론을 설명해줄 수 있겠지만, 학습자는 실상을 보여줄 것이다. 대출 계약은 원칙상 규정에 따라 체결되겠지만, 실제 고객센터에서는 항상 규정대로 일이 진행되지 않으며, 컴퓨터 개발자는 코드를 직접 개발해야 하지만, 실상은 오픈소스 웹사이트에 무료로 공유된 코드를 찾아 사용하곤 한다는 말이다. 정석을 가르쳐야 하지만, 업무가 실제 처리되는 방식을 이해하면 학습자에게 더 적합한 사례와 참고자료를 구성할 수 있게 된다.

- **학습자는 무엇이 어렵고 이해하기 어려운지 말해줄 수 있다.** 학습 설계 시 관련 주제를 현재 공부하고 있거나 최근 교육받은 이들과 가까이 지내야 한다. 이들을 통해 혼동되거나 이해하기 어려운 부분을 명확히 파악할 수 있으며 새로운 개념이나 정보를 이해하는 데 도움이 되는 것은 무엇인지 알아낼 수 있다. 수월하게 이해할 수 있는 요인은 무엇인지, 이해하는 데 어려운 점은 무엇인지 식별해보자.
- **실제 사례와 현장 정보를 알 수 있다.** 학습자의 불만이나 제안, 새로운 아이디어는 더 효과적인 학습 프로그램을 만드는 데 매우 중요하다. 물론 전문가 스스로도 훌륭한 교육을 설계할 수는 있을 테지만, 직접 학생들과 대화를 나눠본 지 오래됐다면 실제 현장의 반응에 대해 감이 떨어질 수 있다. 학습자가 겪는 어려움은 학습자 본인이 가장 잘 알고 있다.

학습자에게 다음과 같은 질문을 해보자.

- 왜 이 교육을 받는가?
- 이 학습을 통해 어떤 도움을 얻고자 하는가(동기가 무엇인가)?
- 학습에 있어서 가장 큰 어려움은 무엇인가(주제와 관련해)?
- 어려움을 겪었던 사례는 무엇인가?
- 학습하기 가장 어려운 것은 무엇이었는가?
- 학습하기 가장 수월한 것은 무엇이었는가?
- 학습을 수월하게 해주는 요소는 무엇인가?
- 학습한 정보를 현재 어떻게 사용하는가?
- 학습을 처음 시작할 때 무엇을 미리 알고 시작하는 것이 도움이 될 것 같은가?
- 학습하는 과정을 보여줄 수 있는가?
- 일반적인 예시를 보여줄 수 있는가?
- 예외적인, 또는 극단적인 상황이 있었는가?

학습자를 따라다닌다

직업 체험^{job shadowing}은 매우 중요한 프로세스로, 사용자 경험 분야에서는 정황적 조사법 (또는 맥락 탐구^{contextual inquiry})으로도 불리는데, 학습자가 처한 환경을 방문해 그림자처럼 따라다니며 관찰하는 방법이다.

포커스 그룹이나 이메일 설문, 전화 인터뷰 등과는 다른 리서치 방법으로, 학습자가 학습한 내용이 실제 적용될 환경에 직접 찾아가 관찰하는 연구이다. 그 환경이란 사무실이나 공장 또는 다락방이 될 수도 있다. 청중에 대한 분석을 위해 단 한 가지 연구만이 가능하다면 바로 이 직업 체험을 해볼 것을 권한다. 학습자를 조사하는 과정 중에 얼마든지 여러 궁금한 점을 바로 묻고 알아낼 수 있다는 장점이 있다.

학습자를 따라다니는 것이 왜 중요할까?

- **정황의 중요성은 아무리 강조해도 지나치지 않다.** 학습자가 향후 업무 시 학습한 내용을 기억할 수 있으려면 정황적 연결고리가 필요하다. 4장에서 더 자세히 다루겠지만, 사람들은 익숙한 환경에서 그렇지 않은 경우보다 기억력이 좋으며 정황적 정보(시각적이든 상황적이든)가 많을수록 기억에 도움이 된다.

- **학습을 이제 막 시작한 학습자는 머리 안에 정보를 정리하는 선반을 만들기 시작한 것이라 하겠다.** 아직 초보라 할지라도 일단 학습을 시작하면 그들은 머릿속에 자신만의 방식으로 체계를 만들어 생각을 자동화해나가기 시작한다. 그러다 보니 학습자에게 본인의 행동에 대해 물으면 그들은 이미 무의식적으로 실행에 옮기는 본인의 행동에 대해 인지하지 못할 수 있으나, 현장에서 그들을 관찰하면 실제 어떤 일이 일어나는지 볼 수 있으며 "지금 취한 행동을 좀 설명해주세요."라고 그들을 멈추게 하고 자세한 정보를 얻을 수 있다.

- **유용한 세부 정보를 얻게 된다.** 학습에 활용할 좋은 예제나 사례를 찾고자 한다면 현장에서 찾는 것이 가장 좋다. 학습자의 상황을 이해하고 더 의미 있는 예제와 사례를 구상해보자.

학습자와 함께 시도한다

학습 설계사가 학습자에 대한 분석을 마치고 학습 설계를 완료하고 나면 해당 교육 자료는 학습자에게 배포된다. 대면 교육인 경우, 학습을 직접 설계한 강사가 수업을 통해 학습자로부터 피드백을 충분히 받을 수 있으나 강사가 당사자가 아니거나 이러닝 수업인 경우, 학습 설계사가 수렴할 수 있는 피드백은 매우 부족하다.

그러므로 학습 설계 시, 대상 학습자와 내용을 함께 점검해보자. 그들이 예제를 어떻게 풀어나가는지 확인하고 프로토타입을 구상해 학습자를 활용한 사용자 테스트나 파일럿 테스트를 실시해보자.

아무에게나 자료를 보여주고 의견을 들으라는 것이 아니다. 누군가 검토해주면 도움이 되겠지만, 그들은 각기 다른 의견을 피력할 것이며 실제 학습 자료를 사용할 사람을 대상으로 테스트해보는 것만큼 효과적이지 못하다. 챕터 하나 전체를 함께 훑어보거나 예제를 함께 풀어보자. 대상 학습자가 이러닝 강의를 청강하는 것을 관찰해보거나 학습자와 모의 강의도 진행해보자.

학습자가 혼란을 겪는 부분이 있는가? 진도가 더디거나 설명이 장황해지는 부분이 있는가? 학습자는 예제에 대한 설명을 명확히 이해했는가? 본 강의가 시작되기 전, 학습자와 자주 만나 여러분이 설계하는 교육 내용을 점검하며 수정해 나가자. 아무리 대단한 교수 이론도 실제 사용자들과 테스트해보는 만큼 가치 있지 않을 것이다.

이 과정이 중요한 이유는 다음과 같다.

- **교육자는 이미 콘텐츠에 대한 지식을 보유하고 있기에 교육 내용이 명확하다고 여기게 된다.** 사람은 자기 관점에서 생각하기 마련이기 때문이다. 하지만 이런저런 시도를 통해 학습자에게 어떤 접근이 효과적이며 어떤 것이 그렇지 않은지 파악하면 시간과 노력을 낭비하기 전에 잘못된 부분을 바로 잡을 수 있다.
- **좋은 아이디어가 떠오를 것이다.** 확인해보지 않았다면 알 수 없었을 많은 유용한 아이디어와 개선사항을 찾아낼 것이다.
- **궁극적으로 더 큰 효율을 얻을 것이다.** 테스트를 주기적으로 진행하면 점검이 필요한 부분에 집중해 진행할 수 있고 이를 통해 학습자의 이해 수준을 추측하느라 낭비되는 노력을 덜 수 있어 더욱 효율적인 결과를 얻을 수 있다.

요약

- 학습자의 인적사항을 넘어 그들의 동기, 취향, 능력 수준, 관점 등을 이해하자.
- 초급 학습자에게는 체계적인 교육 시스템을, 상급 학습자에게는 다양한 참고자료와 스스로 터득할 수 있는 자율을 제공하자.

- 정보를 일방적으로 전달하는 데 그치지 말고 학습자가 그 정보를 활용해 스스로의 프레임워크를 만들고 내용을 정리하게 하자.

- 교육은 양방향 인터랙션이어야 한다. 학습자가 제대로 이해하는지 그렇지 못한지 파악할 수 있어야 한다.

- 이론에 의지하지 말고 학습자와 시간을 보내며 그들을 이해하고 교과과정을 일찍부터 자주 테스트하는 것은 매우 중요하다.

참고자료

- Bransford, J.D. and M. K. Johnson. 1972. "Contextual Prerequisites for Understanding: Some Investigations of Comprehension and Recall." Journal of Verbal Learning and Verbal Behavior 11: 717–726.

- Chi, M. T. H., P. Feltovich, and R. Glaser. 1981. "Categorization and Representation of Physics Problems by Experts and Novices." Cognitive Science 5: 121–152.

- Coffield, F., D. Moseley, E. Hall, and K. Ecclestone. 2004. Learning Styles and Pedagogy in Post-16 Learning: A Systematic and Critical Review. London: Learning and Skills Research Centre.

- Deci, E. L., and R. M. Ryan. 1985. Intrinsic Motivation and Self-Determination in Human Behavior. New York: Plenum.

- Fleming, N.D. and C. Mills. 1992. "Not Another Inventory, Rather a Catalyst for Reflection." To Improve the Academy 11: 137.

- Gardner, Howard. 1999. Intelligence Reframed: Multiple Intelligences for the 21st Century. New York: Basic Books.

- Kolb., David A. and R. Fry. 1975. "Toward an Applied Theory of Experiential Learning." Theories of Group Process, C. Copper (ed.). London: John Wiley.

- Meyer, Dan. YouTube video on real-world math, www.youtube.com/watch?v=jRMVjHjYB6w.

- Paschler, H., M. McDaniel, D. Rohrer, and R. Bjork. 2010. "Learning Styles: Concepts and Evidence." Psychological Science in the Public Interest 9: 105–119.

- Raymer, R. 2011. "Gamification: Using Game Mechanics to Enhance Elearning." eLearn Magazine (http://elearnmag.acm.org), in review.

목표가 무엇인가

(학습자가 끌려가는 것이 아니라
학습을 주도해 나가게 하라.)

목표 정하기

학습 설계 시 명확한 목표가 먼저 수립돼야 한다. 교육자 본인뿐 아니라 학습자의 현재 상태를 명확히 파악하지 않으면 그들을 효과적으로 인도하기 어렵다.

명확한 목적지가 설정돼야 이에 도달하는 방법을 수립하고 학습자에게 정확히 전달할 수 있다.

저기 어딘가로
가면 돼

학습자를 올바로 인도하기 위해 고려할 사항을 살펴보자.

- 어떤 문제를 해결하고자 하는지 파악한다.
- 목적지를 설정한다.
- 시작점과 목적지 사이의 격차를 파악한다.
- 교육자가 지원할 수 있는 범위는 어디까지인지 판단한다.

문제 인식

1장에서 격차를 파악하는 방법을 논의했다. 목표를 수립하기 위해서는 목표지점과 현재의 격차를 먼저 파악해야 한다.

왜 격차를 알아야 하는가?

나는 지난 몇 년간 의뢰인과 이 주제에 관해 많은 대화를 나눴다.

> **의뢰인:** 영업사원은 보험이든, 휴대폰이든, 클라우드 컴퓨팅 서비스든 자신이 영업하는 서비스의 기본을 이해하는 것이 학습의 목표입니다.
>
> **학습 설계사:** 알겠습니다. 그런데 그들이 기본 지식을 갖추는 것이 왜 중요할까요?
>
> **의뢰인:** 글쎄요. 기본을 알아야 하니까요.
>
> **학습 설계사:** 흠. 영업사원이 그 정보를 어디에 활용하게 될까요?
>
> **의뢰인:** 그것은 모르겠지만 어쨌든 기본을 알아야 합니다.
>
> **학습 설계사:** 기본을 모르면 어떤 문제가 있을까요?
>
> **의뢰인:** 고객 앞에서 바보처럼 보이겠지요.
>
> **학습 설계사:** 아주 좋네요. "영업사원은 고객의 질문에 정확히 대답할 수 있어야 한다."가 학습의 목적이라는 말씀이네요.
>
> **의뢰인:** 네, 그 말이 맞는 것 같네요

교육 과정을 설계하기 전에 해결하려는 문제가 무엇인지 알아야 한다.

흔히 문제 인식 없이 목적만 고민하기 마련인데, 그렇게 되면 문제의 본질이 흐려져 정말 중요한 부분을 간과할 수 있다.

다음의 목표와 해결책 예를 살펴보자.

목표	가능한 해결책
마리아나가 자신의 팀원에게 적절한 피드백을 적시에 줄 수 있어야 한다.	팀원들에게 훌륭한 피드백을 제공하는 다른 팀장을 관찰한다.
	팀원에게 피드백을 제공하는 방법에 대한 이러닝 교육을 수강한다.
	팀원들과 역할극을 통해 피드백을 제공하는 연습을 한다.

마리아나는 위 방법을 통해 팀원에게 피드백을 제공하는 기술을 터득하는 데 일부 도움을 받을 수 있을 것이다. 이제 격차를 먼저 파악한 경우를 살펴보자.

격차	목표	가능한 해결책
최근 승진한 마리아나는 최근까지 자신의 동료였던 팀원들에게 상사로서 피드백을 주는 데 어려움을 겪고 있다(기술/동기 격차).	마리아나가 자신의 팀원에게 적절한 피드백을 적시에 줄 수 있다.	팀원들에게 훌륭한 피드백을 제공하는 다른 팀장을 관찰한다.
		팀원에게 피드백을 제공하는 방법에 대한 이러닝 교육을 수강한다.
		팀원들과 역할극을 통해 피드백을 제공하는 연습을 해본다.

목표는 이전과 동일하나 주어진 상황의 격차를 고려 시 다른 팀장의 피드백을 참고하거나 역할극을 해보는 해결책이 훨씬 유용할 것이다.

또 다른 예를 보자.

목표	가능한 해결책
수리공은 전기에 대한 기본 지식을 갖추고 있어야 한다.	전자 물리학에 대한 기초 수업
	자주 발생하는 전기 관련 문제의 문제 해결 시뮬레이션
	전기의 위험에 대한 교육
	전기 회로 구성 시뮬레이션 교육

격차를 고려한 경우를 살펴보자.

격차	목표	가능한 해결책
신참 수리공은 고객에게 발생한 전기 관련 문제를 안전하게 해결하기 위한 지식과 기술이 부족하다.	수리공은 전기에 대한 기본 지식을 갖추고 있어야 한다.	전자 물리학에 대한 기초 수업
		자주 발생하는 전기 관련 문제의 문제 해결 시뮬레이션
		전기의 위험에 대한 교육
		전기 회로 구성 시뮬레이션 교육

이전 사례와 마찬가지로 격차를 먼저 파악하면 어떤 해결책이 가장 적절한지 판단이 가능해진다.

문제 인식에 도움이 되는 질문을 몇 가지 살펴보자.

- 학습자가 이 사항을 알지 못할 때 어떤 문제가 발생할 수 있는가?
- 학습자는 이 정보로 무엇을 할 것인가?
- 학습자가 작업을 제대로 하고 있는지 어떻게 파악할 것인가?
- 학습자가 작업 시 실수하면 어떤 결과가 발생하는가?
- 학습자가 지식을 갖추는 것이 왜 중요한가? (필요한 만큼 반복한다)

나눠 생각하라

주제가 너무 포괄적이라 명확히 하기 어려운 경우가 있다.

> 학생들은 더 훌륭한 관리자가 되는 법을 배워야 한다.

이것은 "아프리카 어딘가에서 만나자."라는 말을 던지는 것과 마찬가지다. 종착점은 있으나 언제 어떻게, 어디서 만나자는 것인지 알 수 없다. 이런 경우 나눠 생각해보아야 한다.

> 학습자는 식당 직원들의 업무시간을 잘 배분해 비는 시간이 없도록 해야 한다.

> 업무시간에 지각하는 사람에게 적절한 지침을 전달해야 한다.

이렇게 나눠 생각하다 보면 종착점에 도달하기 위해 필요한 상세 과정과 중간 목적지를 파악할 수 있다.

문제가 존재하지 않는 경우도 있다

해결해야 할 문제가 없는 경우도 있다.

취미로 영화 평론 수업을 수강하는 사람이 그 수업을 통해 전문 영화 평론가가 되길 기대하지 않을 것이다. 문화센터의 중식 요리 수업이나 미술관의 유화 수업, 고등학교의 불어 수업은 **문제**를 해결하기 위한 교육이 아니다.

> **문제 해결이 목적이 아닌 학습도 존재한다**: 학습 경험 자체를 즐기며 이를 통해 삶을 더 풍요롭게 하려는 사람들도 있다. 이처럼 학습이 문제해결을 위함이 아니라면 필요나 욕구에 의함일 것이다.

학습자는 학습 경험을 통해 무엇을 얻고자 할까? 배움의 주된 목적이 삶을 풍요롭게 하는 것이라면 그에 적합한 교육을 준비하기 위해 그들의 욕구와 필요를 고려해보자.

목적지 설정하기

문제를 파악하고 나면 목표와 목적지를 정해야 한다.

목표가 상세할수록 도달하는 방법을 더 효과적으로 설계할 수 있다. 예를 들어, 자바 언어 프로그래밍 수업을 강의한다고 가정하자.

자바 언어로 프로그래밍하는 방법에 대한 이해

이와 같은 목표는 아무리 훌륭한 학습 설계사라도 골머리를 앓을 수밖에 없다.

이해? 이해라고? 아니 수강생들이 "이해"한건지 아닌지 어떻게 판단하라는 거지? 측정 가능한 지표를 달라고!

이러한 교육 목표에는 여러 문제가 존재하는데 먼저 '이해'라는 부분을 살펴보자.

물론 학습자를 이해시켜야 함은 당연하며 '이해'에서 시작하는 것이 합리적이나, 학습자들의 이해 수준을 판단할 수 있는 정량적인 방법이 없다. '이해'와 같이 추상적인 개념을 최대한 구체적으로 정의해야 한다.

그래서 사람들은 학습 목표를 실행 가능한 액션 아이템으로 표현하기도 한다.

학습자는 시뮬레이션과 모델링을 위한 컴퓨팅의 중요성에 대해 설명할 수 있어야 한다.

학습자는 프로그래밍의 적절한 명령문 호출 방법을 설명할 수 있어야 한다.

학습자는 정렬, 연결 목록, 트리, 스택 등의 주요 데이터 구조에 대해 정의하고 설명할 수 있어야 한다.

정의하기, 묘사하기, 설명하기와 같은 액션 아이템은 관찰이 가능하다 보니 이러한 행위를 통해 학습자의 이해 수준을 판단하는 것이다.

하지만 학습자가 올바로 정의할 수 있는지 판단하기는 그들이 읊어보게 하지 않는 이상 판단이 어렵다. 제대로 이해했는지 판단하는 것만큼 어려울 뿐 아니라 실제 실행에 옮길 수 없다면 정의할 수 있는 것은 아무 의미가 없다.

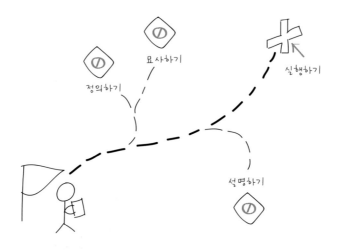

이런 방법으로 학습자의 이해 수준을 짐작하는 것은 "내가 원하는 것을 명확하게 설명하기 어렵지만, 대충 이런 식으로 하면 될 것 같아요."라고 얼버무리는 것과 같다.

궁극적으로, 이해 여부보다는 실행할 수 있는지가 더욱 중요하며 이것이 우리 목표에 반영돼야 한다.

> 학습자는 고객 데이터를 수집한 후 데이터베이스에 저장하는 간단명료하면서도 완벽한 유저 인터페이스를 만들 수 있어야 한다.

그러므로 학습 목표를 세운다면 다음과 같은 질문을 생각해보자.

- 학습자가 실생활에 적용할 수 있는 내용인가?
- 학습자가 실생활에서 언제 적용할지 알 수 있는가?

위 질문에 '아니요'란 답이 나온다면 학습 목표를 점검해봐야 한다.

학습 목표	실제 적용 가능한가?	적용이 확인 가능한가?
고객을 위해 최적의 제품을 선정하기 위한 기준을 파악할 수 있어야 한다.	예/아니요	예/아니요
기억을 더듬어 자주 사용되는 네덜란드어 전치사를 모두 열거할 수 있어야 한다.	예/아니요	예/아니요
PM의 역할과 책임에 대해 이해해야 한다.	예/아니요	예/아니요
가장 많이 사용되는 브라우저 5개에서 작동하는 웹사이트를 구축할 수 있어야 한다.	예/아니요	예/아니요
성희롱에 대한 법적 정의를 내릴 수 있어야 한다.	예/아니요	예/아니요
신고된 사건이 성희롱에 해당하는지 판단하고 그 이유를 설명할 수 있어야 한다.	예/아니요	예/아니요
자바스크립트의 개발 언어로서 한계를 이해할 수 있어야 한다.	예/아니요	예/아니요

이제 한 가지씩 살펴보자. 답을 살펴보며 학습 목표를 어떻게 바꿔야 필요 기준을 충족시킬 수 있는지 생각해보자.

학습 목표	실제 적용 가능 여부	확인 가능 여부
고객을 위해 최적의 제품을 선정하기 위한 기준을 파악할 수 있어야 한다.	그렇다. 실생활에 적용할 수 있는 업무다.	그렇다. 학습자가 실행할 수 있는지 간단히 확인할 수 있는 여러 방법이 있다.
기억을 더듬어 자주 사용되는 네덜란드어 전치사를 모두 열거할 수 있어야 한다.	아니다.	그렇다. 판단하기 어렵지 않다.
PM의 역할과 책임에 대해 이해해야 한다.	아마도. 목표가 너무 넓고 추상적이므로 가능 여부를 판단하기 어렵다.	판단하기 매우 어렵다. 교육 목표를 더 작게 나누는 것이 좋을 것이다.
가장 많이 사용되는 브라우저 5개에서 작동하는 웹사이트를 구축할 수 있어야 한다.	그렇다.	그렇다.
성희롱에 대한 법적 정의를 내릴 수 있어야 한다.	아니다.	그렇다. 하지만 확실하게 답하려면 몇 가지 기준이 명확해야 한다. 예를 들어, 단어의 정의가 필요한가 아니면 기준이 필요한가?
신고된 사건이 성희롱에 해당하는지 판단하고 그 이유를 설명할 수 있어야 한다.	그렇다. 실생활에 적용할 수 있는 업무다.	그렇다.
자바스크립트의 개발 언어로서 한계를 이해할 수 있어야 한다.	아니다. 목표가 너무 넓고 추상적이므로 좀 더 구체화할 필요가 있다.	아니다.

마지막 목표를 수정한다면 어떻게 해야 할까?

기존 목표:
자바스크립트의 개발 언어로서 한계를 이해할 수 있어야 한다.

수정 후 목표:
특정 작업에 가장 적합한 개발 언어를 선택하고 그 이유를 설명할 수 있어야 한다.

또는 다음과 같다:
특정 작업에 자바스크립트가 적합한 개발 언어인지 아닌지 설명할 수 있어야 하며 그 의견
에 대해 적절히 뒷받침할 수 있어야 한다.

실제 적용이 어려운 경우도 있다. 예를 들어, 핵물리학을 가르친다면 실생활에 적용
할 수 없는 개념이 많을 것이다. 하지만 이런 경우라도 학습자가 학습한 정보를 활용
하는 방법이 있을 것이다. 설령 연관된 다른 개념을 이해하기 위해 활용하는 것일지
언정 말이다. 게다가 학습 목표가 동기의 격차와 연관 있다면 목표에 이미 학습자의
이해 여부가 포함돼 있을 것이다.

이런 제안은 지침일 뿐이며 필수적인 규칙은 아니니 각 학습 설계자가 판단에 따라
참고하길 바란다. 교육 목표가 올바르게 설정되지 않았다면 목표를 세분화하거나 진
정한 목표를 찾을 때까지 계속해서 '왜'라는 질문을 해보자.

학습자의 이해도는 어느 수준이어야 하는가?

학습 목표를 세울 때, 학습자가 얼마나 학습하기를 기대하는지 생각해봐야 한다. 이
를 판단하는 방법을 살펴보자.

먼저, 교육자가 기대하는 학습자의 이해 수준을 생각해볼 수 있다. 이를 판단하는 방
법으로 블룸의 택소노미를 활용해보자(앤더슨과 크라스윌이 2001년에 개정한 버전이다).

- 기억Remember
- 이해Understand
- 적용Apply
- 분석Analyze

- 평가^{Evaluate}
- 창작^{Create}

그래픽 디자인의 기본에 관한 훌륭한 도서인 『디자이너가 아닌 사람들을 위한 디자인북』(라의눈출판사, 2016)은 대조^{Contrast}, 반복^{Repetition}, 배치^{Alignment}, 원근감^{Proximity}에 대한 그래픽 디자인의 4대 기본 규칙(CRAP)을 다룬다.

택소노미 관점에서 이 책을 살펴보면 다음과 같다.

택소노미	학습자가 실행에 옮기는 방식
기억	축약어가 무엇인지, 각 글자의 의미 설명하기
이해	각 규칙의 의미 설명하기
적용	4대 원칙을 사용해 웹 페이지 요소 배치하기
분석	인쇄 광고물을 살펴보고 4대 원칙이 디자인에 어떻게 적용되는지 설명하기
평가	여러 광고 예제에서 4대 원칙이 어떻게 적용되는지 평가하기
창작	인쇄물과 웹 페이지 레이아웃 아무것도 없는 상태에서 처음부터 직접 만들어보기

위 항목은 인지 요구와 난이도가 점차적으로 높아지도록 구성돼 있다(예를 들어, '기억'하기는 '평가'하기보다 난이도가 낮으며 '분석'을 위해서는 '이해'가 선행돼야 한다).

이러한 점진적인 단계가 논리적이긴 하나, 교육 설계에 항상 적합한 것은 아니다. 예를 들면, 여러 광고물 분석을 통해 규칙을 터득할 수 있고, 인쇄 광고물 제작을 통해 규칙을 적용하는 법을 파악할 수도 있다.

이렇듯 순서를 뒤바꿔 교육의 효과가 증진되기도 한다.

택소노미	학습자가 실행에 옮기는 방식
창조	제품 사진, 광고 문구, 로고 등을 참고해 광고 목업 만들어보기
평가	실제 광고와 자신의 작품을 비교하며 무엇을 잘했고 무엇을 잘못했는지 평가하기
분석	디자인이 잘된 요소를 선택하고 화이트보드에 4대 원칙으로 분류해 적기
적용	디자인 규칙을 적용해 직접 만든 광고 수정하기
이해	디자인 규칙을 요약하고 정의를 명확히 해 잘못된 개념을 정정하고 올바로 이해하기
기억	향후 참고할 수 있는 4대 디자인 규칙에 대한 메모 직접 적어 보기

> **참고**: 비록 순서가 바뀌어도 기준은 명확해야 한다. 회로 설계도를 이해시키기 위한 교육을 한다면 '분석' 이상의 단계를 교육할 필요가 없겠지만, 교육 목표가 학습자로 하여금 학습한 내용을 적용할 수 있게 만드는 것이라면 '이해' 단계에서 멈출 수 없다.

학습자는 얼마나 능숙해야 하는가

학습자가 얼마나 학습해야 할지 판단하려면 목표로 하는 학습자의 능숙도를 생각해보자. 이를 판단하는 여러 방법이 있지만, 아래와 같은 글로리아 게리의 접근법을 추천하고 싶다.

- 친숙도 Familiarization
- 이해도 Comprehension
- 의식적인 노력 Conscious Effort
- 의식적인 행동 Conscious Action
- 능숙도 Proficiency
- 무의식적 능력 Unconscious Competence

위 사항을 앞서 언급한 디자인 4대 규칙 CRAP 예제에 적용해보자.

수준	수준별 특성
친숙도	디자인 규칙을 인지하거나 기억할 수 있다.
이해도	규칙을 설명하거나 예를 인지할 수 있다.
의식적인 노력	디자인 작업을 할 때 의식적으로 규칙을 적용한다.
의식적인 행동	의식적으로 규칙을 적용해 성공적으로 디자인 작업을 완료한다.
능숙함	자료를 참고하지 않고도 규칙을 적용해 성공적으로 디자인 작업을 완료한다.
무의식적인 능력	자료를 참고하지 않고 무의식적으로 규칙을 사용해 디자인 작업을 성공적으로 완료한다.

그래픽 디자인 규칙에 있어서 '무의식적 능력' 수준에 도달하면 영화 포스터를 흘끗 보고도 문구 배열이 맞지 않는 것을 찾아낼 수 있다. 위 단계별 설명이 머리 안에 이미 기록돼 있기에 의식적인 노력 없이도 작업을 처리할 수 있게 된다.

이러한 무의식적 능력 수준에 이르려면 많은 시간과 훈련이 필요하다. 무의식적으로 운전할 수 있는 수준에 도달하기까지 여러 달에 걸친 연습이 필요한 것과 마찬가지다. 운전 습관 중에 무의식적인 수준에 이르려면 몇 년이 걸리는 부분도 있을 것이다. 이러한 능숙화 단계를 뒤집는 것은 일반적이지는 않으나 가능하다. 언어 학습이 그 대표적인 예라고 볼 수 있다. 여러 문법 규칙을 무의식적으로 사용하고 있지만, 그 규칙을 의식적으로 설명하기 어려운 경우를 들 수 있다.

XY 축으로 생각해볼 수도 있다. 학습자의 이해도의 수준과 정교함 그리고 능숙도에 있어서 여러분이 기대하는 수준은 무엇인가?

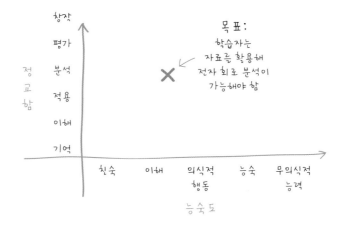

각 축마다 수준이 더 높아지려면 더 많은 시간과 연습을 통한 발전이 필요하다. 장시간에 걸친 훈련이 없었다면 의식적인 행동 수준을 절대 벗어날 수 없을 것이다. 여러 예제를 통한 연습과 그에 대한 피드백을 수렴할 기회가 없다면 수준을 발전시키기 불가능하다.

학습자에게 자료를 한 번 제시하는 정도로는 자료에 대한 친숙도만 겨우 생길 뿐이다. 학습자의 수준을 높이려면 수업 한 번(오프라인 또는 온라인)으로는 턱없이 부족함을 알아야 한다.

학습 목표 소통하기

학습자에게 학습 목표를 제시하는 것은 매우 중요하다. 필자가 교수설계 수업을 처음 수강할 때부터 주입되던 내용이기도 하다("학생에게 학습 목표를 알릴지어다!").

강의 시작 시 학습 목표가 다음과 같이 안내되는 것을 흔히 보았을 것이다.

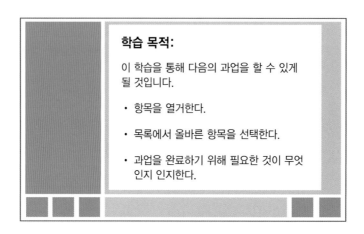

첫 수업에서 이와 같은 장표를 본 적이 없다고 생각한다면 기억이 나지 않는 것일 수 있다. 필자에게도 항상 기억에 남는 것은 아니다. 이런 경우, 학습 목표가 좀 더 효과적으로 전달됐으면 좋았을 것이다. 그렇다면 우리는 왜 학생들에게 학습 목표를 이해시켜야 하는가?

학습자에게 학습 목표를 공유하는 이유는 다음과 같다.

- 가장 중요한 항목에 집중시키기 위해
- 무엇을 예상할지 알려주기 위해
- 목표 수준을 인지시키기 위해

학습 설계사를 위해서도 명확한 학습 목표 설정이 필요하다. 방향이 명확히 설정돼야 교육할 것과 아닌 것을 구분할 수 있으며, 목표와 벤치마킹 대상이 있어야 교육 효과를 검증할 수 있다. 이러한 부분은 학생이 아닌 학습 설계자 여러분을 위한 사항이다.

교수 설계 전문가인 윌 탈하이머는 학습 목표의 다양한 유형을 아래와 같이 정리했다 (Thalheimer 2006).

종류	목표
집중 목표	교육자료를 제공하기 전, 학습자가 핵심에 집중할 수 있도록 먼저 제시되는 목표
수행 목표	학습자가 학습을 통해 어떤 기술을 습득해야 하는지 빠르게 이해시키기 위해 학습자료에 앞서 먼저 제시되는 목표
교수설계 목표	교육자료를 제공하기 전, 학습자가 최종적으로 수행할 수 있어야 하는 수준을 제시하는 목표
교수평가 목표	교육을 평가하는 것을 돕기 위해 교육 설계사가 스스로 설정한 목표

초보 학습 설계사는 위 네 가지 목표를 하나로 통합한 완벽한 학습 목표를 세우려다 보니 목표 설립에 종종 어려움을 겪는다. 이것은 네 식구의 짐을 작은 여행 가방 하나에 넣으려는 것과 마찬가지로 어려운 일이자 불가능하다. 또한 학습자들에게 학습 설계에 대한 전문 용어를 퍼붓는 것과 같아. 이러한 전문용어를 통해 학습 설계사들이 학습 목표를 명료화할 수 있겠지만, 학습자에게 제시될 경우 혼동과 부담을 줄 수 있다.

그렇다면 각 항목에 어떻게 접근해볼 수 있을까?

종류	자문하기	예
집중 목표	특별히 학생의 관심을 집중시키고자 하는 부분이 있는가?	"자바스크립트는 유용하지만, 모든 상황에 적합하지는 않다. 이 모듈에서도 자바스크립트가 과연 적합한 선택이 될지 신중히 판단해야 한다."
수행 목표	학생의 수행능력은 어느 수준을 목표로 하며 학생은 이를 인지하는가?	"여러분의 목표는 팀에 5개의 소프트웨어 프로젝트와 함께 자바스크립트가 그에 적절한 도구인지 설명하는 것이다."
학습설계 목표	학습설계의 목표는 무엇인가?	"학생들은 정해진 과업에 자바스크립트가 적절한 프로그래밍 언어일지 판단하고 그 주장을 뒷받침할 수 있어야 한다."
교수평가 목표	교육 평가자나 학습 설계자가 교수 평가를 위해 만든 목표	"자바스크립트의 적절성을 평가하기 위해 학생은 최소 80%의 판단 정확성이 있어야 하며 자신의 결정을 뒷받침할 항목의 최소 75%를 기억해 열거할 수 있어야 한다."

참고로 학습 목표를 강의 첫머리에 제시하기보다는 과제나 시나리오를 통해 "여기에 동의한다면 여러분의 목표는 이것이다."라는 식으로 전달하는 것을 제안한다. 학습자의 관심을 집중시키고 방향성을 제시하는 방법은 슬라이드에 열거된 리스트 외에도 무수히 많다.

격차 판단하기

학습 목표를 세우고 나면 학습자가 현재 그 목표를 충족시키지 못하는 이유는 무엇인지 질문해봐야 한다. 그들의 현재 상태와 도달해야 하는 목표 수준의 격차를 파악해야 한다.

- 지식의 격차
- 기술의 격차
- 동기 또는 태도의 격차
- 습관의 격차
- 환경의 격차
- 커뮤니케이션의 격차

그렇다면 학습 목표와 격차 파악 중 우선해야 하는 것은 무엇일까? 답은 둘 모두다. 흔히 난관을 마주한 경우나 필요에 의해 학습 목표와 성과의 격차를 점검하게 될 것이다. 둘 중 하나가 다른 것에 대한 정보를 제공해주는 경우도 있다. 예를 들어 특정 소프트웨어의 분석 기능 수업의 학습 목표에 '분석 보고 만들기' 항목이 포함돼 있다고 가정해보자. 이어질 격차 분석에서 학습자가 분석 보고서를 만드는 방법은 인지하고 있으나 분석을 통해 찾은 데이터의 활용 방안을 모른다는 것이 확인된다면 학습 목표가 새로이 수립돼야 할 것이다.

여정은 얼마나 긴가?

학습자가 학습의 여정에서 어느 수준까지 도달할 수 있을지 생각해보자.

몇 년 전, 대학원 진학을 위한 GMAT 수업을 맡았을 때의 일이다. 차주에 진행될 GMAT 시험 준비를 위해 주말 내내 수업을 진행했다.

일반적으로, 수리 영역(수학, 논리, 문제 풀이) 점수는 만족스럽게 향상시킬 수 있었으나 언어 영역 점수는 그렇지 못했다.

수리 영역을 교육하며 수학문제를 신속히 계산하는 방법을 가르치고, 고등학교 이후 잊었을 도형 공식을 상기시키고, 시험에 자주 출제되는 객관식 문제 유형에 익숙해지게 만들었다.

이러한 기술은 과거 지식을 상기시켜서 학습자가 기억해낸 정보를 기반으로 한 것이거나 학습이 빠르므로 서너 시간이면 마스터할 수 있다(자기 것으로 얼마나 잘 소화해내는지는 별개의 문제지만 말이다).

언어 영역에서는 어휘, 독해, 분석, 논리 능력이 필요한데 이러한 기술은 주말 사이 터득할 수 있는 것이 아니라 여러 해에 걸쳐 익혀야 하는 것이다. 다만, 언어 능력의 기초가 부족한 학습자에게 도움이 될만한 팁을 몇 가지 제공할 수는 있다.

이렇듯, 습득이 빠른 지식과 기술도 있지만 배워서 자기 것으로 발전시키는 데 많은 시간이 소요되는 것도 있다.

그렇다면 학습자가 학습의 여정에서 어느 수준까지 도달할 수 있을까?

필자의 과거 의뢰인 중에는 30분짜리 이러닝 강의를 통해 학습자에게 문제 해결 능력을 가르치려는 사람도 있었다.

하지만 문제 해결 능력이란 것은 하루아침에 터득할 수 있는 것이 아니기에 이런 경우 혼자 한숨을 쉬고는 위 사례를 들려주곤 한다.

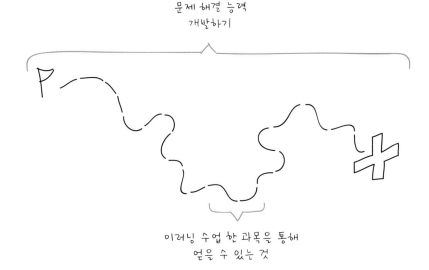

진도 계층화란 무엇인가

『How Buildings Learn: What Happens After They're Built』(PenguinBooks Pub., 1995)라는 책의 저자인 스튜어트 브랜드는 이 책에서 진도 계층화[Pace Layering]에 대해 설명한다. 빠른 주기로 변하는 것도 있고(예를 들어, 방 안의 사물은 매일 변할 수 있으나 실내 인테리어 소품은 몇 달 또는 몇 해를 주기로 바뀐다), 그보다는 덜 빈번하게 변하는 것도 있으며(공간 사용 방식, 인테리어 등은 몇 해가 지나야 바뀐다), 매우 느린 속도로 변하는 것도 있다(건물의 기반과 구조는 수십 년, 수백 년이 지나야 바뀐다)(Brand 1994).

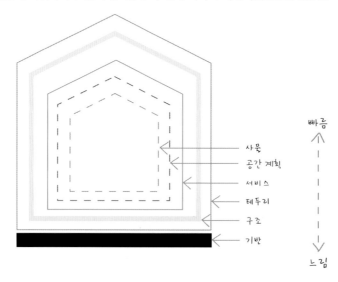

도시와 도시화의 진도 계층화에 대해 브랜드는 다음과 같이 설명했다(The Long Now Foundation 웹사이트).

> 발전 속도가 빠른 지역이 먼저 학습하고, 대응하고, 충격을 해소한다. 속도가 느린 곳은 기억하고, 적용하고, 제한한다. 속도가 빠른 쪽이 주된 관심을 받지만, 느린 쪽에 힘이 있다.

그렇다면 학습자에게 있어서 진도 계층화란 어떤 의미인가? 빠르게 변화하는 것은 무엇이고 천천히 변화하는 것은 무엇인가?

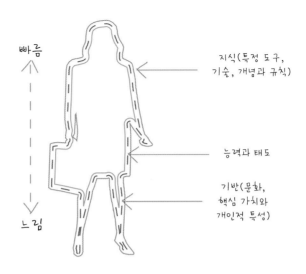

필자가 강의했던 GMAT 수업에 비유하자면 학생들의 머릿속 '사물(정보)'을 재배치하고 그다음 주 시험을 치를 때까지 그 상태가 유지되길 바라는 것이라 볼 수 있다. 건물의 기반이나 구조라고 볼 수 있는 그들의 실제 언어 능력을 향상시키려는 것이 아니기 때문이다.

빠르게? 아니면 느리게?

단기간에 학습 가능한 교육은 처음부터 끝까지 진도를 완주할 수 있겠지만, 문제 해결 능력과 같이 학습에 오랜 시간이 걸리는 수업은 강의를 통해 학습자의 수준을 한 단계 끌어올리는 것만으로도 큰 발전이라 보겠다.

예를 살펴보자. 토드는 레스토랑의 신임 매니저다. 최근 승진했으며 자신의 능력을 단기간에 끌어 올려야 한다. 다음 중 빠르게 배양할 수 있는 능력은 어느 것이며 느린 것은 어느 것인가?

토드의 신규 임무

능력	빠름 또는 느림?
근무 시간표 승인	빠름————————느림
직원들에게 변경사항 전달하기	빠름————————느림
주간 일정 작성하기	빠름————————느림
계절별 프로모션 아이디어 구상하기	빠름————————느림
서로 존중하는 업무 환경 조성하기	빠름————————느림
창고 재고율 예측하기	빠름————————느림
낭비 최소화하기	빠름————————느림
보안 및 화재 경보 시스템 월간 점검하기	빠름————————느림
직장내 폭력을 미리 감지하고 예방하기	빠름————————느림
직원들의 공헌을 인정하고 적절히 보상하기	빠름————————느림
직원 간의 마찰 및 분쟁 해결하기	빠름————————느림
주류 판매의 안전을 위한 적절한 방법 교육하기	빠름————————느림
각 테이블이 잘 세팅됐는지 확인하기	빠름————————느림

근무 시간표 승인하기, 변경사항 전달하기, 보안 및 화재 경보 시스템 점검하기, 테이블 세팅 확인하기 등은 빠르게 학습할 수 있는 부분일 것이다. 주간 일정 작성하기, 계절별 프로모션 아이디어 구상하기, 폭력 감지하기, 주류 판매의 안전 교육하기는 추가적인 시간의 투자와 복합적인 능력이 필요할 것이다. 서로 존중하는 환경 만들기, 창고 재고율 예측하기, 낭비 최소화하기, 직원들의 공헌을 인정하고 보상하기, 직원 간의 마찰 및 분쟁 해결하기 등은 터득에 더 오랜 시간이 걸린다.

토드는 신입 매니저

단기간에 학습할 수 있는 능력은 규칙이 상대적으로 명백하며 일반적으로 정답이 존재한다. 학습에 더 많은 시간이 소요되는 기술에는 무언의 규칙이 존재하며 정답이 무엇인지 설명하기 수월하지 않으나 직접 관찰하면 판단이 가능해진다. 예를 들어, 테이블 세팅의 경우 올바른 규칙을 명확히 설명할 수 있겠지만, 서로 존중하는 업무 환경은 구체적으로 정의 내리기 쉽지 않다. 암묵적인 규칙은 학습자가 최대한 많은 사례를 경험함으로써 직접 유형을 터득해야 하는 경우가 많다.

그렇다면 어떻게 해야 할까? 터득하기까지 시간이 많이 걸리는 과업은 어떻게 접근해야 할까?

임시방편을 마련해보자. 가시적인 효과를 만들 수 있는 쉽고 저렴한 방법은 무엇일까? 지침이나 도구, 참고자료, 체크리스트 등은 학습자가 바로 활용할 수 있으며 즉각적인 효과를 보여줄 것이다. 이러한 임시방편이 사소한 문제는 해결해줄 수는 있으나 근본적인 문제 해결은 불가하다. 거실에 알록달록한 쿠션을 놓으면 공간이 밝아지는 효과는 있겠지만, 실제 환경을 변화시키는 근본적인 방법이 아닌 것과 마찬가지다.

좀 더 견고한 해결책을 강구해보자. 학습자에게 상세 자료를 제공해 스스로 학습하며 과거의 나쁜 습관은 버리고 새로운 방식을 도입해 행동 양식을 어떻게 변화시켜야 할지 파악해 나가게 하자. 장시간이 걸리며 한 번에 끝나지 않는다. 새로운 방식을 충분히 소화해 자기 것으로 내재화시키기 위해서는 단계가 필요하며 지속적인 지원이 이뤄져야 함을 기억하자.

학습자의 방식을 모두 뒤집으려는 것이 아니다. 그들이 이미 변화하는 과정 중에 있다면, 그 변화를 지원하고 더 좋은 결과를 위해 계획을 함께 수립해보자. 쉽게 들릴 수 있으나 단기간에 누군가를 변화시키고자 하는 욕심 때문에 결코 쉬운 일이 아니다. 사람을 단기간에 바꿔 놓겠다는 생각은 불필요한 시간 낭비일 뿐이다. 학습 설계에 장기적인 안목으로 접근하고 성취 가능한 것과 불가능한 것을 잘 구분한다면 학습자를 한 단계씩 발전시키는 최적의 방법을 고안해 장기적인 계획을 수립할 수 있게 될 것이다.

학습자 개인의 기반을 존중하자. 사람에 있어 '기반'이란 그들의 배경이 되는 문화와 성격 등에서 비롯한다. 여러분이 계획한 학습자의 변화가 당사자의 기반에 적합하지 않다면 이를 강제하지 말고 달리 접근해보자. 사람의 기반은 쉽게 바뀌지 않는다.

빠름과 느림을 위한 설계

그렇다면 어떻게 설계해야 할까? 빠르게 습득 가능한 기술은 수월하다. 개념을 제시하고 학습자가 충분히 연습할 기회를 통해 터득하게 만든다. 하지만 습득에 오랜 시간이 걸리는 기술이 문제다. 이런 기술은 어떻게 해야 할까?

업무에 적합한 사람을 찾아 고용하는 관리자의 능력을 예로 들어보자. 이러한 기술은 터득하는 데 오랜 시간이 소요된다. 20년이 넘도록 관리직 업무를 해온 사람도 나날이 새로운 것을 경험하고 배우기도 한다.

그렇다면 토드가 이런 능력을 어떻게 발전시킬 수 있을까?

속도	학습 내용의 유형	어떻게 발전시킬 것인가?
매우 빠름	도구, 체크리스트, 프로세스	토드에게 면접용 질문지를 제공하고 면접 평가 연습을 시킨다. 실전에서도 질문지를 참고할 수 있게 한다.
중간	능력, 연습, 숙련도 개발	채용 상황을 역할극이나 시나리오를 통해 연습시키고 자세한 피드백을 제공한다.
느림	고난이도의 개념적 이해 및 전략적 기술, 전문가 코칭, 심화 학습	토드가 다수의 경험을 보유한 관리자로부터 전문가 코칭을 받게 한다. 또한 다수의 관련 서적을 읽고 스스로 성취할 목표를 세우게 한다.
기본	평가, 자기 평가, 인지	토드가 본인의 기술, 성격, 문화적 편견 등을 스스로 평가하고 이런 요소가 관리자로서 본인의 역량에 어떠한 영향을 미치는지 파악하게 한다. 위 요소는 쉽게 바꾸기는 어렵겠지만 인지하는 것만으로도 과업을 수행해 나가는 데 큰 도움이 될 것이다.

요약

- "왜?"라는 질문을 끊임없이 하자. 학습자가 내용을 모를 경우 어떠한 부작용이 발생할지 생각해보고 학습의 진정한 이유를 찾아낸다.

- 실질적인 문제 파악을 위해 해결책을 간구하기에 앞서 문제를 먼저 정의한다.

- "학습자가 실생활에 실제로 적용할 수 있는 것인가?" 그리고 "그들이 언제 이런 지식이 필요할 것인가?"라고 물으며 여러분의 학습 목표가 현실적이고 유용한지 판단한다.

- 목표하는 학습자의 이해 수준과 숙련도를 결정하고 그에 맞춰 학습을 설계한다.

- 신속히 습득할 수 있는 능력을 교육하는지, 아니면 장기간이 소요되는 것인지 파악하고 각 능력을 발전시키기 위한 적절한 전략을 세운다.

참고자료

- Anderson, Lorin W. and David Krathwohl, eds. 2001. A Taxonomy for Learning, Teaching, and Assessing: A Revision of Bloom's Taxonomy of Educational Objectives, complete edition. New York: Longman.

- Bloom, Benjamin S. 1956. Taxonomy of Educational Objectives, Handbook I: The Cognitive Domain. New York: David McKay Co Inc.

- Brand, Stewart. 1994. How Buildings Learn: What Happens After They're Built. New York: Viking.

- Gery, Gloria. 1991. Electronic Performance Support Systems: How and Why to Remake the Workplace Through the Strategic Application of Technology. Boston: Weingarten Publications.

- Thalheimer, Will. 2006. "New Taxonomy for Learning Objectives," Will At Work Learning Blog, June 1. www.willatworklearning.com/2006/06/new_taxonomy_fo.htmL.

우리는 어떻게 기억하는가?

(인간의 기억은 복잡하기에 언덕을 자전거로 오르는 듯한
학습 방법은 효과적이지 못하다.)

기억은 학습의 기반이다. 이번 장에서는 사람들이 실제 어떻게 학습하고 이를 어떻게 기억하는지 알아보자. 수많은 지식은 두뇌 안에 어떻게 입력되며 우리는 필요한 정보를 두뇌에서 어떻게 검색하고 인출하는 것일까?

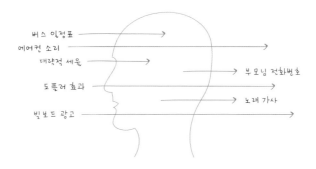

인간의 기억에 관해 아직 밝혀지지 않은 의문점이 많지만, 기억이 어떻게 작동하는지에 대해서는 어느 정도 연구된 바가 있다. 먼저, 우리가 정보에 어떻게 집중하고 이를 기억에 어떻게 저장하는지 알아본 후 기억의 유형에 대해 살펴보자.

기억 입출력

성공적인 학습을 위해 기억은 두뇌에 순조로이 입력되고 출력돼야 한다. 정보를 기억

해내는 것이 첫 단계이지만, 이 정보를 두뇌에서 인출해 가공하고 조합해 활용할 수 있어야 한다.

두뇌 안에 저장된 정보는 옷장 안의 스웨터처럼 그 자리에 가만히 놓여있는 것이 아니다. 인간의 두뇌의 역할은 물론 옷장과 매우 다르며 정보는 저장된 후 수동적으로 놓여 있는 것이 아니라 저장된 다른 정보들과 상호작용하기 시작한다.

옷장이 인간의 두뇌와 유사하다면, 이 옷장은 자동화돼 스스로 선반을 만들고 끊임없이 옷을 정리할 것이다.

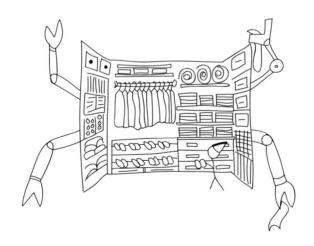

또한, 옷장에 넣은 물건은 여러 분류 체계에 의해 구분이 돼 놓이게 될 것이다. 예를 들어 할머니께서 손수 뜨신 양말을 옷장 안에 넣는다면 이 양말은 재질이 양모인 것,

색상이 파란색인 것, 양말류, 이 양말과 어울리는 옷, 할머니가 주신 옷, 헌 옷 등 관련된 특징이나 키워드를 통해 분류되고 이와 유사한 옷가지들과 함께 놓일 것이다.

이 자동화 옷장은 옷을 구분하는 여러 분류 체계를 갖고 있다 보니 파란 양말은 '양말'이라는 단어로도 찾을 수 있고 '양모로 만든 옷가지' 또는 '파란색' 등의 키워드로도 찾을 수 있을 것이다.

인간의 두뇌는 역동적이고 다양한 면을 갖고 있으며 지속적으로 변화한다. 여러분이 이 책을 읽으며 새로 접한 내용들도 여러분의 두뇌 안에 새로운 연결고리를 만들거나 기존의 연결고리를 강화 또는 약화시키며 두뇌의 물리적 구조를 변화시킬 것이다.

그렇다면 우리 머리에는 어떤 정보가 남는 것일까? 우리는 하루에도 수천, 수백만 개의 데이터에 노출되는데 이 모든 정보를 기억하기는 불가능할 뿐 아니라 주의를 기울이는 것만도 상당히 어렵다.

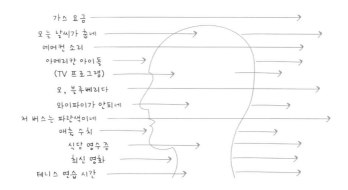

다행히 우리 두뇌에는 정보를 걸러내고 검색하는 것을 도와주는 필터와 기폭제가 있다.

- **감각 기억:** 우리가 감지하고 지각하는 모든 정보를 가장 먼저 걸러내는 첫 번째 필터 역할을 하는 기억이다. 우리가 특정 정보에 주의를 기울이면 그 정보는 단기 기억에 저장된다.
- **단기 기억:** 우리가 행동을 취할 수 있도록 생각이나 사고를 잠시 기억해주는 저장고다. 단기 기억에 저장돼 있는 정보는 결국 대부분 지워지며 일부만이 장기 기억에 기록된다.

- **장기 기억:** 장기간 기억할 정보가 저장되는 곳으로 옷장과도 같다.

이제 각각의 기억을 자세히 살펴보자.

감각 기억

기억의 첫 단계는 감각 기억이다. 우리가 감지하는 모든 것은 감각 기억에 잠시 입력된다.

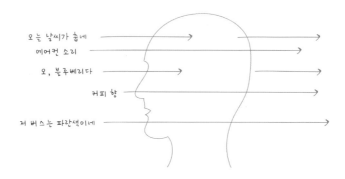

무언가 범상치 않거나 이목을 끌만한 것이 있지 않은 이상 대부분의 감각 기억은 우리의 머리를 바로 스쳐 지나간다.

잠시 멈추고 주변에서 들리는 모든 소음에 귀 기울여보자. 실내라면 에어컨이나 히터 소리, 컴퓨터나 기타 전자제품 소리가 들릴 것이며, 야외라면 장소에 따라 다양한 소리를 들을 수 있을 것이다.

누군가 이러한 잡음에 주의를 집중시키지 않는 이상 여러분에게 신경 쓰이지 않을 것이며 기억에도 저장되지 않을 것이다.

둔감화

감각 기억은 학습 설계자에게 크게 중요한 부분은 아니지만, 둔감화 현상에는 주의를 기울여야 한다. 둔감화란 감각적 자극에 익숙해져 더 이상 인지하거나 반응하지 않게 되는 상태를 의미한다.

> **둔감화**: 냉장고 모터 소리를 계속 듣거나 자동차 대시보드의 엔진 점검 경보등이 몇 주간 켜져 있었다면 둔감화 덕에 익숙해져 어느 순간 더 이상 인식하지 못하게 된다.

하지만 예측 불가능한 경우 둔감해지기 어렵다. 예를 들어 컴퓨터 모니터 소리에 익숙해질지언정 깜빡거리는 형광등의 눈부신 불빛은 그 일관되지 않은 패턴으로 인해 우리의 주의를 계속 집중시키고 한참이 지나도 신경 쓰이게 만든다.

마찬가지로 교통 체증으로 막히는 도로를 주행하는 것 또한 둔감해지기 어렵다(운행과 정지를 반복해야 하지 않는가).

의도한 바가 아닌 것에 둔감해지기도 한다. 예를 들어, 오늘 방문했던 웹사이트의 상단 광고 배너를 떠올려보자. 금방 기억나지 않을 것이다. 많은 인터넷 사용자는 이 영역이 광고라는 것을 경험을 통해 인지하게 됐고 이제 더 이상 이 영역에 주의를 기울이지 않는다. 웹 디자이너는 이 현상을 '배너맹banner blindness'이라 부르는데, 닐슨의 아이트래킹 연구를 통해 밝혀진 바에 따르면(Nielson 2007) 사용자는 배너 광고에 주의를 기울이지 않을 뿐 아니라 전혀 쳐다보지도 않는다(이러닝 강의에서 참고자료 링크가 잘못된 위치에 놓이면 학생들이 이를 인식하지 못하는 결과가 발생할 수 있다!).

학습 설계에 시사하는바

일관성은 유용하다. 일관성은 학습자에게 익숙함을 제공하므로 중요한 요소이다. 교제의 각 챕터가 동일한 구성을 갖고 있으면 학습자는 새로운 챕터로 넘어갈 때마다 새로운 구성을 익히는 데 노력을 들이지 않아도 되고 실제 콘텐츠에 더욱 집중할 수 있다.

지나친 일관성은 좋지 않다. 일관성이 지나치면 학습자가 둔감해질 수 있다. 다양한 강의 방식이나 정보 제시 방법을 활용해보자. 예를 들어 이러닝 수업의 화면에서 동일한 피드백을 동일한 위치에 지속적으로 보여주면 학습자는 어느 순간 그 영역을 인지하지 않게 된다. '참 잘했어요.' 등의 뻔한 피드백이 제시되는 것이라면 더욱 그러하다. 앞에서 언급한 '배너맹' 또한 지나친 일관성의 예라 볼 수 있다.

과도한 다양화 또한 좋지 않다. 학습자의 관심을 유도하기 위해 어느 정도의 다양성은 필요하지만, 무의미한 다양화는 오히려 부정적인 영향을 줄 수 있다. 예를 들어 이러닝 수업에서 학습자가 피드백을 기입할 팝업창이 화면의 이곳저곳에서 예기치 못한 때에 뜬다면 학습자는 팝업창에 둔감해지지는 않겠지만, 대신 매우 거슬릴 것이다. 이런 방법보다는 교육 콘텐츠별 적절한 피드백 방식을 결정하고 다양한 과제를 활용해 수업을 흥미롭게 만들자. 다양성은 주의를 집중시킬 때 유용하지만, 신중하게 전략적으로 적용해야 한다.

어느 정도의 일관성이 적합한지 판단하려면 학습자를 대상으로 사용자 테스트를 해보자. 모의 수업을 진행해보고 학습자가 인쇄물 참고자료나 전자 참고자료를 어떻게 사용하는지 살펴보자. 집중을 못 하거나 참고자료에 주의를 기울이지 않는다면 해당 항목들을 다시 점검해봐야 한다.

단기 기억 또는 작업 기억

무언가에 주의를 집중하면 그 정보는 두뇌 안의 단기 기억 또는 작업 기억에 들어간다. 단기 기억에 기록되는 것은 아래와 같은 특징을 갖고 있다.

- 어떤 이유로든 우리에게 중요한 것
- 우리가 적극적으로 찾고 있던 것
- 우리가 실행해야 하는 것
- 놀랍거나 기대와 달라 어리둥절하게 만드는 것

작업 기억은 장기간 지속되지 않으며 저장 용량이 크지 않지만, 우리가 하루 종일 사용하는 기억이다.

어떤 기억이 유지되는가?

오늘은 어떤 옷을 입고 출근할지 고민 중이라 가정해보자. 날씨(시원하고 비가 온다)를 확인하고 일정을 확인한다(업체 미팅). 그러면 이 두 가지 정보를 작업 기억에 넣어두고 옷장을 뒤진다. 그리고는 장기 기억에서 정보를 인출하기도 한다(회의실은 항상 더워. 검은 정장은 며칠 전 먹다 흘린 소스 때문에 세탁소에 맡겼지).

작업 기억 안의 새로운 정보	장기 기억에서 인출된 정보
시원하고 비 오는 날씨	회의실은 항상 더움
업체 미팅	검은 정장을 세탁소에 맡김

옷을 여러 겹 걸쳐 입겠다는 결론에 이르기까지 위의 여러 정보는 머리 안에서 함께 처리된다.

작업 기억은 해당 정보를 사용하고 나면 대부분 기억에서 지워버린다. 카페 직원에게 방금 들은 와이파이 비밀번호를 화면에 입력하고 나면 바로 잊어버리거나, 고속도로 출구를 빠져나오자마자 출구 번호가 기억이 나지 않는다거나, 전화번호를 되뇌다 전화를 걸자마자 번호를 잊는 것이 바로 그런 경우다.

이런 정보는 필요한 시점을 위해 작업 기억에 잠시 놓여 있는데, 사용 시까지 시간이 오래 걸린다면 반복을 통해 작업 기억에 더 오래 저장할 수 있다.

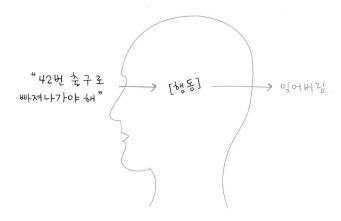

반복은 작업 기억 안의 정보가 사용될 때까지 계속해서 그 정보를 활성화시킨다. 반복하는 시간이 장기화되면 이 정보는 결국 장기 기억에 저장되지만, 이것은 그다지 효율적인 방법은 아니다(나중에 이에 대해 자세히 설명하겠다). 중요하지 않은 정보는 머지않아 결국 지워지기 때문이다.

오전 뉴스에서 들을 법한 다음의 세 가지 정보를 살펴보자.

　　정보: 오늘의 온도는 섭씨 12도가 되겠습니다.

기억을 유지시키는 요인:

- 비 일반적인가? 날씨가 지난 며칠 간과 크게 다르다면 이 정보는 우리의 관심을 끌 것이다.
- 중요한 정보인가? 날씨가 그날의 일정에 영향을 미치는 요인이라면 기억이 더 오래 유지될 것이다.
- 친숙한 형태인가? 일반적으로 화씨를 사용한다면 섭씨 단위의 온도가 가늠키 어려워 기억하기 어려울 것이다.

하루 동안은 기억이 유지된다고 하더라도 기억에 남을 만한 특별한 사건이 발생한 것이 아니라면 그 기억이 몇 날 며칠 지속되기는 쉽지 않다.

> **정보:** 다우 존스 지수가 56포인트, 0.5% 상승해 11,781포인트를 기록했습니다.

기억을 유지시키는 요인: 위 예와 유사하다. 전날의 기록 또는 예측에 상반되는 결과인가? 금융권에서 일하거나 주식을 매도하려는 상황이라 이 정보가 본인에게 중요한 정보인가?

> **정보:** 코네티컷 대학교의 농구팀 허스키스는 스탠포드 대학교의 농구팀 카디널에 71대 59로 패했다.

기억을 유지시키는 요인: 미국 대학 여자 농구 리그에 관심 있다거나 이 게임이 코네티컷 대학이 89번의 연승 후의 첫 패배라는 사실을 알 정도가 아니라면 이 정보를 기억하기 어려울 것이다.

한계는 무엇인가?

작업 기억이 기억할 수 있는 정보량은 얼마나 될까? 작업 기억의 용량에 대해 상당한 연구가 진행됐는데 통계에 따르면 7±2개 항목을 기억할 수 있다고 하지만 실제로 그 답은 상황에 따라 달라진다(Miller 1956).

여러분도 상단에 제시된 수치 데이터(온도, 다우 존스 지수, 농구 경기 결과)를 다시 확인하지 않는 이상 기억하지 못할 확률이 높다. 이런 수치는 우리에게 있어 이 책에 잠깐 언급된 예제 이상의 의미를 갖지 않기 때문이다.

또 다른 이유는 정보의 양에 있다. 상단에는 상세한 수치 정보가 열거돼 있다(섭씨 12도, 다우 존스 56포인트, 0.5%, 11,781포인트, 코네티컷 대학 허스키, 스탠포드 대학 카디널, 71점, 59점). 암기를 위해 별도의 노력을 들이지 않는 이상 대부분의 사람들이 기억 가능한 분량 이상의 수치 정보다.

아래 열거된 숫자를 읽어본 후 눈을 감고 기억해보자.

6718

어떠한가? 숫자를 기억하는 데 어려움이 없을 것이다. 작업 기억 용량이 숫자 네 자리를 기억하기에는 충분하기 때문이다.

이제 다음 숫자를 읽은 후 눈을 감고 기억해보자.

934871625

이전 예제에 비해 어려울 것이다. 아홉 자리를 다 기억해냈을 수도 있지만, 중간 즈음에서 막히는 경우가 대부분이다. 우리는 처음에 제시되는 정보와 가장 최근에 접한 정보를 더 잘 기억하는데 이런 현상을 초두 효과primacy effects와 최신 효과recency effects라 한다.

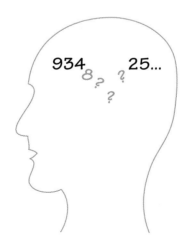

이제 다음 예를 살펴보자.

100 500 800

이번 예제는 기억하기 훨씬 수월할 것이다. 자릿수는 동일하지만 청크[1] 덩어리로 나뉘어있다.

[첫 번째 세 자리] + [그다음 세 자리] + [마지막 세 자리]

이 정보는 9개가 아닌 3개의 덩어리인 셈이다.

다음은 더욱 수월하다.

1 2 3 4 5 6 7 8 9

숫자 세는 법을 알고 있으면 위 숫자 배열은 한 덩어리의 정보이다.

[1-9까지 오름차순 숫자]

정보는 유사성, 연속성 또는 이미 장기 기억에 있는 정보와의 연관성을 기반으로 청크로 나뉠 수 있다.

다음의 예를 살펴보자.

6 1 2 6 5 1 7 6 3 9 5 2

미국 미니애폴리스/세인트 폴의 지역 번호인 위 숫자는 지역 주민이라면 몰라도 일반적으로는 작업 기억에 저장하기에 너무 많은 정보다.

그렇다면 학습 설계에는 어떤 의미를 갖는가?

너도나도 핸드폰을 갖고 있는 요즘 시대에 전화번호를 암기하는 사람이 있겠는가?

다양한 기기들 덕분에 더 이상 연락처를 외우는 번거로움을 경험할 필요가 없어졌다. 긴 숫자를 암기하는 능력은 사람보다 기계가 훨씬 뛰어나니 얼마나 다행인가.

하지만 학습자가 긴 문자나 숫자, 시각적 정보를 기억해야 하는 상황이라면 청크로 나눠 가르쳐보자. 이렇게 하면 학습자가 자신의 작업 기억을 관리하고 어디에 집중할

---

1   학습자가 한꺼번에 하나의 단위처럼 배울 수 있는 어구-옮긴이

지 판단할 수 있게 된다.

누군가에게 애플파이 만드는 법을 설명한다고 가정해보자. 다음의 단계를 살펴보자.

밀가루와 소금을 함께 섞는다.

차가운 버터와 물을 준비한다.

버터를 밀가루에 넣고 블렌더로 섞어 덩어리진 소보로 상태로 만든다.

반죽이 살짝 뭉쳐질 정도로만 물을 넣는다.

반죽을 둘로 나눠 공 모양 2개를 만든다.

반죽에 랩을 씌우고 냉장고에 넣어둔다.

사과 껍질을 깎는다.

사과를 4등분하고 씨를 뺀 후 각 조각을 2등분한다.

사과에 설탕, 레몬즙, 시나몬, 밀가루 소량을 넣고 섞는다.

파이 반죽 한 개를 밀대로 밀어 파이용 팬보다 살짝 큰 원을 만든다.

파이 반죽을 반으로 접어 파이용 팬에 올린다.

파이용 팬에 반죽을 눌러 담는다.

파이 반죽에 사과 섞은 것을 담는다.

남은 반죽을 밀어 원을 만든다.

반죽을 파이 위에 올리고 모서리에 주름을 잡는다.

반죽 위에 수증기가 나올 구멍을 내준다.

350°도 오븐에서 45분간 구워준다.

한 번에 기억하기에는 상당히 많은 단계다. 베이킹을 많이 해본 사람이라면 주요 정보를 적절히 선별할 수 있겠지만, 베이킹 초보에게는 너무 복잡하고 어려워 보일 것이다.

단계가 나뉘어 있지 않아 정보를 어디서 끊어야 할지 알 수 없으며 정보가 상위 수준에서 구분되지 않고 길게 열거돼 있을 뿐이다. 정보를 어떻게 청크로 나눌 수 있는지 살펴보자.

반죽 만들기

밀가루와 소금을 함께 섞는다.

차가운 버터와 물을 준비한다.

버터를 밀가루에 넣고 블렌더로 섞어 덩어리진 소보로 상태로 만든다.

반죽이 살짝 뭉쳐질 정도로만 물을 넣는다.

반죽을 둘로 나눠 공 모양 2개를 만든다.

반죽에 랩을 씌우고 냉장고에 넣어둔다.

필링 만들기

사과 껍질을 깎는다.

사과를 4등분하고 씨를 뺀 후 각 조각을 2등분한다.

사과에 설탕, 레몬즙, 시나몬, 밀가루 소량을 넣고 섞는다.

파이 만들기

파이 반죽 한 개를 밀대로 밀어 파이용 팬보다 살짝 큰 원을 만든다.

파이 반죽을 반으로 접어 파이용 팬에 올린다.

파이용 팬에 반죽을 눌러 담는다.

파이 반죽에 사과 섞은 것을 담는다.

남은 반죽을 밀어 원을 만든다.

반죽을 파이 위에 올리고 모서리에 주름을 잡는다.

파이 굽기

반죽 위에 수증기가 나올 구멍을 내준다.

350˚도 오븐에서 45분간 구워준다.

애플파이 만드는 과정을 네 단계로 구분하는 것만으로도 이해하고 기억하기가 훨씬 수월해진다. 정보를 청크로 나눠도 사람들이 상세 내용을 모두 기억할 수는 없겠지만, 한 번에 한 단계씩 집중할 수 있을뿐더러 이렇게 나눈 한 단계의 분량은 작업 기억에 저장하기 충분한 분량이다.

작업 기억은 장기 기억의 관문과도 같다. 용량 부하로 정보가 작업 기억에 저장되지 않으면 그 기억은 장기 기억으로 넘어가지 못한다.

정보는 옷장과 유사한 장기 기억에 저장돼 있는가?

학습자를 교육할 때나 우리가 직접 학습할 때, 정보는 옷장에 옷이 잘 놓이듯 장기 기억에 잘 저장되도록 해야 한다.

정보를 어디에 저장해야 하는가?

기억에 입력된 정보는 두뇌 안에 독립적으로 놓여 있는 것이 아니라 두뇌 안의 다른 정보들과 연결된다.

예를 들어, 콧수염을 독어로 'Schnurrbart'라고 한다고 방금 누군가가 알려줬다고 가정해보자. 하지만 여러분은 이 정보에 그다지 큰 관심이 없을 것이며, 단어는 단기 기억에서 곧 사라질 것이다.

하지만 여러분이 독어 어휘 시험을 앞두고 있다거나 유럽에 관심이 많다거나 하는 이유로 이 정보를 기억할 필요가 있다고 가정해보자. 그렇다면 이 정보를 어떻게 기억해야 할까? 이것은 각자 머릿속에 있는 옷장(정보 저장소)의 형태와 그 안의 선반(분류 체계)의 유형에 따라 다를 것이다. 특정 정보를 어디에 연결시킬지 한 곳을 선택할 필요 없이 여러 체계에 동시에 연결 지을 수 있다.

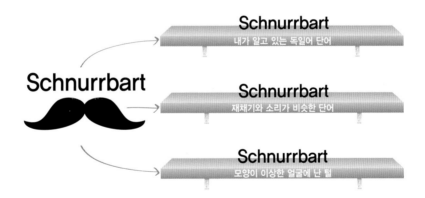

연결 고리가 많을수록 정보를 머리에서 인출하기 수월해진다. 단어를 기억하는 데 도움이 될만한 단서가 별로 없다면 회상을 도와줄 이야기를 만들어 함께 기억해볼 수도 있다. 예를 들면 샌프란시스코 지하철인 BART를 탔을 때 맞은편에 앉아 있던 독일 남자의 콧수염(Schnurrbart)이 특이했다는 식으로 말이다.

독어를 이미 알고 있다면 'bart'가 턱수염의 어원이라는 사실을 통해 단어를 기억하는 데 도움이 될만한 분류 체계를 이미 갖고 있을 테니 그런 이야기를 만들 필요 없을 것이다.

정보를 머리 안에서 인출해내는 능력은 두뇌 안의 정보 체계의 구조와 상태에 따라 달라진다.

여러 분류 체계

머리 안에 저장된 정보에 접근하는 방법이 다양할수록 정보를 인출하기 수월하다. 분류 체계 1~2개로 구분된 정보는 다양한 분류 체계로 연결 지어진 정보 대비 인출이 어렵다.

예를 들어, 다섯 자릿수 2개를 생각해보자. 부모님 댁 우편번호와 대학원 졸업 후 첫 직장에서 받은 연봉이라고 생각해보자.

필자는 첫 번째 숫자와 관련해서는 그다지 연결고리가 많지 않다.

부모님 댁 우편번호
내가 아는 우편번호

우편번호를 자주 사용할 기회가 없을 뿐 아니라 필요한 경우에도 번호를 기억해내는 것이 아니라 주소록이나 핸드폰 연락처를 참고한다. 필자의 두뇌 안에서 이 정보를 검색할 수 있는 곳은 한 선반뿐이며 기억 연상을 도와줄 연결고리가 부족하기에 쉽게 기억하기 어렵다.

하지만 연봉의 경우 필자에게 큰 의미가 있으므로 더 많은 연결고리를 통해 여러 선반에 놓여 있을 것이다.

연봉 제안
내가 받고 싶은 연봉

연봉 제안
내가 아는 다른 사람의 연봉

연봉 제안
내 현재 연봉

연봉 제안
내 예전 연봉

그러다 보니, 이 정보에 접근하는 방법도 여러 가지다. 필자의 당시 연봉은 대학원 진학 전 받던 연봉의 거의 2배 수준이었으나 협상에 뛰어난 동창보다 10% 적은 금액이었다. 현재 연봉과의 차이 또한 이미 인지하고 있다.

정보가 두뇌 안의 여러 선반에 놓여 연결 고리가 많을수록 그 정보를 인출하기 더 수월해진다. 단어장에 적어 암기한 정보는 '암기한 내용'이라는 한 선반에만 놓여 있게 되므로 기억하기 어렵기 마련이다.

엉성하게 짜인 정보 체계

두뇌의 정보 체계 구조가 엉성해 정보가 제대로 놓이지 못하고 빠져나가는 경우가 발생하기도 한다. 예를 들어 필자는 몇 년 전 일본 여행을 앞두고 일본어를 배우려고 했다. 하지만 일본어에 관한 나의 정보 체계는 견고한 나무 선반이 아니라 대충 만들어 놓은 임기응변식 선반에 불과했기에 단어와 문장을 기억하고자 그 선반 위에 정보를 올려놓아도 어디론가 유출돼 정보를 인출하려 해도 기억해낼 수가 없었다.

필자의 일본어 정보 체계가 이렇게 약했던 이유는 일본어에 관한 나의 배경지식이 매우 부족했던 탓이라고 생각한다. 나의 모국어인 영어와 동일한 라틴어 계열인 스페인어를 공부한다면 초보더라도 일본어 대비 훨씬 많은 문맥적 지식을 이미 보유하고 있을 것이다. 스페인어와 유사한 이탈리아어를 내가 조금 알고 있다는 점과 어릴 적 즐겨보던 세서미 스트리트[2]에서 스페인어 단어를 줄곧 접했던 경험도 물론 도움이 될 것이다.

번잡스러운 정보 체계

정보 체계가 너무 복잡하면 정교함이 부족하게 된다. 정리할 정보는 많으나 정리를 위한 구조가 잘 정립되지 않은 경우를 생각해볼 수 있다. 이 경우 정확한 정보를 기억에서 인출하기 훨씬 어렵다.

예를 들어, 재즈 음악에 관한 필자의 정보 체계는 상당히 복잡하다. 내가 재즈 전문가여서가 아니다. 특정 아티스트 명, 들을 때마다 기분 좋아지는 노래, 특정 재즈 스타

---

2 미국의 유명 어린이 TV프로그램 – 옮긴이

일이 탄생한 시기 등 몇 안 되는 재즈에 관한 나의 상식이 모두 '재즈'라는 선반에 함께 놓여 있기 때문이다. 그러다 보니 재즈에 관한 특정 정보를 머리 안에서 찾아내기 쉽지 않다.

하지만 80년대 음악에 관한 나의 음악 정보 체계는 그에 비해 상당히 정교하다고 볼 수 있다. 다양한 장르, 미국 밴드, 영국 밴드, 헤어 스타일이 요란한 밴드, 오프스프링의 유명한 앨범인 아메리카나, MTV 음악 채널, 뮤직비디오, 내가 소유하던 LP 레코드판, 카세트테이프, 콘서트에 갔던 밴드 등 고의적으로 잊기 어려운 다양한 연결고리가 있다.

의도하지 않은 정보 체계

의도치 않은 연결고리가 생성되기도 한다. 몇 년 전 미국 전역이 주택 융자 관련 뉴스로 매일 떠들썩하던 시절, 필자는 워싱턴 DC를 방문 중이었고 연방저당권협회 건물 근처에 묵고 있었다. 그 건물 앞에는 라벤더가 가득 자라고 있어 그 앞을 지나가기만 해도 강한 라벤더 향이 풍겼다.

그 기억으로 인해 연방저당권협회는 내 기억 속에 라벤더와 함께 저장돼 있다.

이런 사례는 생각보다 자주 일어난다. 두뇌는 감각(시각, 청각, 촉각, 미각, 후각)을 사용해 인지하는, 그리고 인지하지 못하는 수많은 연결고리를 만들어낸다.

이러한 연결 체계가 다소 불규칙해 보일 수도 있지만, 정보를 인출하는 데 많은 도움이 된다. 이런 연결 체계가 실제 어떻게 사용되는지 살펴보자.

맥락에 맞는 학습

퀴즈: 여러분이 대학에서 강의를 듣는데 다음 주에 시험이 있다고 가정하자. 시험공부하기 최적의 장소는 어디일까?

a. 해가 따뜻하게 내리쬐는 야외 나무 아래

b. 에어컨 소음이 심하고 창문이 없는 답답한 교실

c. 조용하고 환한 도서관

d. 시끄러운 카페

답은 놀랍게도 b. 에어컨 소음이 심하고 창문이 없는 답답한 교실이다. 우리는 학습하는 시점의 주변 환경과 학습 내용을 연결 짓는 경향이 있기 때문이다. 그러므로 정보를 인출하게 될 환경과 유사한 곳에서 정보를 머리에 입력하자.

업무에 필요한 지식처럼 특정 상황이나 맥락에서 인출해내야 하는 정보도 마찬가지다. 학습하는 장소와 적용할 환경이 다르면 다를수록 정보의 저장과 인출이 어려워진다.

교실이라는 환경 요소는 특정 정보가 해당 장소에서 인출돼야 한다는 사실을 상기시키는 데 활용될 뿐이다. 우리는 교실에서 학습한 다양한 정보를 여러 환경과 상황에서 기억하고 활용할 수 있어야 한다. 배관, 언론정보학, 지질학, 유해물 처리 등 여러 교육은 실제 활용될 장소와 교육 장소가 크게 다르다.

학습 환경 ≠ 활용 맥락

일반적으로 많은 교육은 학습한 지식이 활용될 장소와 큰 차이가 있는 교실 안에서 진행되는데 이러한 방식은 교육의 효과가 그리 높지 않다.

이 점이 사실이라는 것은 우리 모두 알고 있기에 생명과 연계된 중요한 지식을 가르칠 때는 맥락적 교육 방식이 활용된다. 학습자의 안전이나 상황상의 이유로 맥락이 가상으로 구성돼 제시되기도 하지만, 이러한 방법을 통해서도 상당히 실감 나고 풍부한 경험이 가능하다. 그 예로 비행기 조종사를 위한 비행 시뮬레이터나 의료 교육을 위한 병원 트레이닝, 운전 실습 등을 생각해볼 수 있다.

가능하면 정보가 인출돼 활용될 장소와 최대한 유사한 환경에서 정보를 머리 안에 입력시키는 것이 좋다.

운전 연습생이 도로 주행 교육을 받지 않는 것이 말이 되겠는가? 실제 도로에서 주행을 해봐야 운전을 한다고 할 수 있다. 시뮬레이션 기술이 발전하면 언젠가 실제 도로 주행과 유사한 효과를 기계를 통해 얻을 수 있겠지만, 아직까지는 실전을 대체 불가하다.

그렇다면 왜 맥락에서 벗어난 교육이 수용되는가? 물론 편의성과 비용, 현실적 제약 등 매우 실질적인 이유 때문이다. 예를 들어, 서버 관리자 수업은 학습자를 실제 서버실에서 교육하면 좋겠지만, 30명이나 되는 학습자를 옷장 정도 크기의 서버실에 데려가 수업하는 것은 어림도 없는 일이다.

현실적인 제약으로 인해 실제 현장에서 교육하는 것이 불가능하다면 학습 환경을 실전과 유사하게 만들어볼 수 있다. 컴퓨터 서버 설치법을 교육한다면 서버실에서 교육을 진행하지 않더라도 학습자로 하여금 실제 서버를 다루며 연습해보게 해야 한다.

관례적으로 또는 필요성에 대한 인식 부족으로 인해 많은 교육이 맥락과 거리가 먼 답답한 교실에서 이뤄지긴 하지만, 이러한 현실적 제약에도 불구하고 최대한 실전과 유사한 환경에서 교육이 이뤄지게 하자.

다음 시나리오를 통해 교육 환경에서 경험하는 학습 맥락과 현실의 연관성을 높이는 방법을 생각해보자.

시나리오 1: 신제품 핸드폰 기능 설명

여러분은 신제품 핸드폰의 기능을 고객들에게 설명해야 한다.

고 맥락 경험을 제공하려면 어떻게 해야 할까? 다음의 답을 읽기에 앞서 잠시 생각해보자.

– 다음으로 넘어가기 전에 답이 무엇인지 잠시 생각해보자 –

고객이 기능을 학습할 수 있도록 핸드폰을 직접 사용해보게 한다. 사용자가 실제 사용하게 될 시나리오를 구상하고 그에 맞춰 핸드폰의 새로운 기능을 추가해 넣으면 사용자의 실사용 예와 연관성이 높아질 것이다. 핸드폰 기능 교육이 단순 설명에 불과하지 않도록 실제 사용할 과업(친구에게 문자 보내기, 연락처 저장하기 등)을 해보게 만들자. ▪

시나리오 2: 건강한 식습관 설명

대학생에게 균형 맞춘 식단을 구상하는 방법을 가르친다고 가정해보자. 이 경우 맥락을 높이는 방법은 무엇일까?

– 다음으로 넘어가기 전에 답이 무엇인지 잠시 생각해보자 –

학습 경험은 학습 내용을 실행할 실전 환경에 최대한 유사해야 한다. 고급스러운 쿠킹 스튜디오보다는 허술한 기숙사 주방에서 저렴한 주방 기구를 사용해 실제 학생들이 만들어 먹을 법한 요리를 가르치는 것이 더 효과적인 교육이라 하겠다. 학생들이 기숙사 냉장고를 사진 찍어오게 하고 그 안에 있는 재료를 활용해 어떤 건강식 식단을 짤지 과제를 내 볼 수도 있다. ▪

시나리오 3: 커뮤니케이션 능력

패스트푸드점 담당 매니저를 대상으로 점포 직원들에게 건설적인 피드백을 전달하는 방법을 교육한다고 가정해보자. 이 교육에 맥락적인 요소를 가미하려면 어떻게 해야 할까?

– 다음으로 넘어가기 전에 답이 무엇인지 잠시 생각해보자 –

피드백이 직원들에게 전달되는 상황을 생각해보고 역할극을 통해 훈련시킨다. 실제 어떤 상황에서 직원들을 칭찬하는지 기억을 떠올리게 하자. 그리고 어떤 부분에 주의를 기울일지, 무엇을 신경 쓸지, 어떤 말을 할지 등 주의할 사항을 기록하게 하자. ■

정서적 맥락

학습 환경을 준비할 때 가장 어려운 부분 중 하나가 정서적 맥락이다.

직원들에게 적절한 피드백을 제공하기 위한 교육에 관한 사례를 다시 생각해보자. 여러분은 민감한 피드백을 전달하는 방법에 대해 다른 사람들과 함께 교육을 받는 중이라고 가정해보자. 강의실의 분위기는 어떨까? 평화롭고 기분이 언짢아 보이는 수강생도 없을 것이다. 수업의 수준에 걸맞게 모두들 점잖고 수업에 잘 집중하고 있을 것이다.

이제 학습한 내용이 적용될 실제 환경을 떠올려보자. 여러분은 이미 예민하거나 짜증난 상태일 가능성이 높다. 그리고 상대방은 불쾌하거나 불만이 가득 차 적대적인 태도를 보이고 있을지 모른다.

개선이 필요한 사항에 대해 논의를 하고 싶어요.

이상적인 상황

네, 어떻게 개선할 수 있을지 한 번 보시죠.

할 얘기가 좀 있어요. 대부분의 경우 잘하고 있긴 한데, 음… 몇 가지 좀 논의가 필요할 것 같아요.

실제 상황

아니, 왜 사전에 미리 얘기해주지 않고 이제 와서 얘기를 하시는 거죠?

이 경우 강의실에서 학습하는 상황과 실제 상황의 정서적 맥락은 확연히 다르다. 화가 난 직원을 이성적으로 대하는 화법이나 상대방의 입장을 고려하는 법 등은 학습 시에는 당연해 보였을 것이다.

하지만 실제 화가 머리끝까지 난 사람을 마주하면 아무리 훌륭한 지침도 모두 머릿속에서 사라지고 내가 잘했냐, 네가 잘했냐 식의 논쟁이 돼버리고 만다.

대응 방안에 대한 아무리 훌륭한 지식을 학습했다 하더라도 기분이 불쾌한 상황에 놓이면 이성을 잃게 될 수 있다.

학습 중

적용 중

많은 학습이 실패로 끝나는 이유가 여기에 있다고 본다. "그러면 안 되는 줄은 알았지만…"이라며 스스로 후회해본 적 있는가? 지식을 습득하는 상황과 학습한 것을 기억에서 인출해 적용하는 상황이 크게 다르면 아는 것과 실행하는 것 사이 큰 차이가 생길 수 있다.

학습과 적용의 정서적 맥락이 크게 상이한 경우가 종종 존재한다. 스트레스받거나 감정이 고조된 상태에서 정보를 기억에서 인출해야 하는 때도 있다.

스트레스를 받거나 감정이 고조되면 지적 능력에 의존하기보다는 즉흥적으로 반응하게 된다. 차분한 상황에서 학습한 정보는 이와 같이 흥분한 상황에서 기억해 내기 쉽지 않다.

그렇다면 효과적이고 적절한 정서적 맥락을 제공하려면 어떻게 할까? 몇 가지 방법을 살펴보자.

- **역할극을 한다.** 역할극은 실제 상황의 정서적 맥락을 느끼게 해주는 효과적인 방법이다. 실제 상황처럼 연기를 잘하는 사람이 있으면 더욱 효과가 클 것이다. 직접 언어로 표현하며 연습해보면 실제 상황에서 적절한 대응 방식을 기억하기가 더 쉬워진다.

- **압박감을 재현한다.** 실제와 똑같지 않더라도 현실과 유사한 압박감을 구현해볼 수 있다. 예를 들어, 답하기까지 시간을 제한해 시간에 대한 부담을 통해 정서적 맥락을 부여할 수 있다. 하지만 과도한 압박이나 스트레스는 학습에 오히려 방해가 될 수 있으니 적절히 조절해 학습자의 집중력과 학습 효과를 올려보자. 학습 내용이 실제 수행될 현장이 응급 상황과 같이 압박감이 높은 환경이라면 압박의 강도가 낮은 환경에서 시작한 후 강도를 서서히 높인다.

- **현실감 높은 시나리오를 구성하고 실감 나게 연기한다.** 중요한 내용을 교육한다면 연기를 실감 나게 할 수 있는 사람이나 성우를 섭외해 정서적 맥락을 잘 구현해보자.

인출을 위한 정보 입력: 정보가 어떻게 사용될 것인가?

두뇌에서 인출된 정보가 어떻게 사용될지 또한 고려돼야 한다. 정보를 인지하고 식별할 수 있으면 되는가? 내용을 바로 회상할 수 있어야 하는가? 이 정보를 사용해 어떤 행동을 취할 수 있어야 하는가?

정보는 사용 용도에 맞춰 두뇌에 저장돼야 한다.

정답을 찾는 것이 목표라면 식별하는 법을 배우고 익히면 된다. 하지만 정보를 즉시 기억해 대응할 수 있으려면 주어진 정보를 보고 식별하는 것이 아니라 아무것도 주어지지 않은 상황에서 정보를 기억해내는 연습을 해야 한다.

어느 질문이 답하기 수월한가?

> **질문 1:** 수영장은 불어로 무엇인가?
> **질문 2:** 수영장은 불어로 무엇인가?
> a) Roman b) Piscine c) Plage d) Plume

두 번째 질문이 당연히 수월할 것이다. 주어진 예제 중 답을 선택하는 객관식이 아무것도 주어지지 않는 주관식보다 수월하기 마련이다.

교육은 객관식과 같이 답을 식별하는 문제 풀이 방식을 자주 활용한다. 특히나 학습자의 답을 컴퓨터가 채점하는 인터넷 강의에서는 더욱 그러하다. 학습자가 인지해 답하는 객관식은 채점이 수월하나 학습자가 회상해서 답을 적어야 하는 주관식은 사람이 직접 채점해야 한다는 제약이 있기 때문이다.

기억: 실질적인 예

다음 페이지에는 학습자의 CPR 능숙도를 평가하는 예제가 나온다. 좋은 예제로 보이는가? 무엇 때문에 그렇게 생각하는가? 어떤 방법이 가장 좋은지 판단해보자.

CPR은 회상이 필요하다. 다음 단계가 무엇인지 그리고 올바른 방법이 무엇인지 기억해야 한다. 하지만 여기 제시된 예제는 회상하는 훈련이 아닌 답을 인지하고 식별해내는 예제들이다.

시뮬레이션을 활용하는 것이 단순 정보 전달보다는 그나마 낫지만, 그렇다 하더라도 학생이 단순히 답을 추측할 수 있다. 맥락도 문제다. 컴퓨터 화면에 보여진 환자의 흉부를 마우스로 클릭하는 것은 실제 환자의 흉부에 압박을 가하는 것과는 사뭇 다른 경험이다.

이러한 예제가 교육에 도움이 되지 않는 것은 아니나, 실전에서 학습자가 필요한 정보를 회상하고 적용하는 방법을 연습시킬 수 없다.

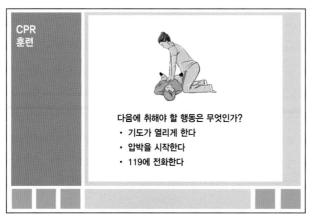

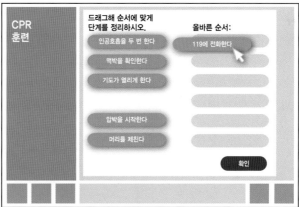

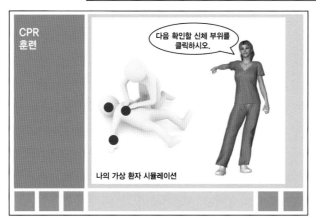

그렇다면 실제 상황과 유사한 예제를 어떻게 만들까?

- 회상과 적용 연습이 필요하다.

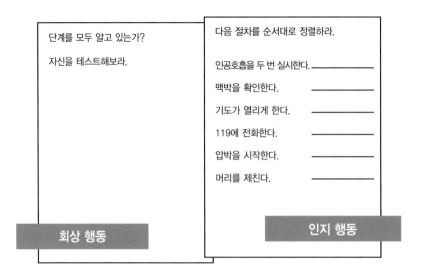

단계를 모두 알고 있는가?

자신을 테스트해보라.

회상 행동

다음 절차를 순서대로 정렬하라.

인공호흡을 두 번 실시한다. _____

맥박을 확인한다. _____

기도가 열리게 한다. _____

119에 전화한다. _____

압박을 시작한다. _____

머리를 제친다. _____

인지 행동

- 연습과 평가가 고 맥락인지 점검한다.

- 회상을 인지로 전환시켜줄 업무 보조를 사용하자. 이러한 보조는 '다음 단계 기억하기'를 '다음 단계 따라 하기'로 전환해주고 기억에 대한 의존을 줄여준다. 보조 도구를 사용하기로 했다면 이를 학습의 일부로 구성해 잘 활용하도록 연습시키자. 다음 장에서 이에 대해 더 자세히 설명하겠다.

연습은 실제 상황을 반영해야 한다. 학습자가 정답을 식별해내는 것이 학습 목표라면 인지 연습을 하는 것으로 충분하다. 하지만 학습자가 내용을 기억해내거나 자료를 종합해 응용하는 등의 작업을 해야 한다면 연습 또한 이에 적합하게 이뤄져야 한다.

실제 vs. 감지된 지식

우리는 종종 인지가 가능하면 그것을 알고 있다고 생각하는 경향이 있다. 그러다 보니 실제로 아는 것 이상을 알고 있다고 착각한다.

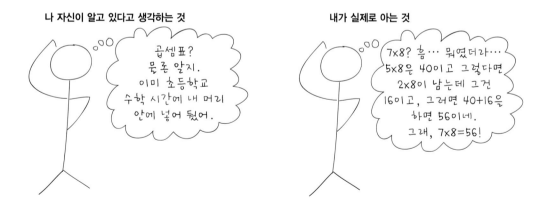

여기서 나는 곱셈표를 완벽히 외우지 못함을 고백한다. 일부는 알지만, 나머지는 추리를 통해 답을 알아낸다. 이런 추리 능력이 없었다면 나는 곱셈도 못 하는 바보로 보일 것이다.

시험공부를 한다고 가정해보자. 연필을 입에 물고 교과서를 뒤적이며 고개를 끄덕이는 모습, 친숙할 것이다. 시험 당일, 공부를 열심히 했기에 이번 시험을 잘 볼 것이라는 기대감이 충만한 상태로 교실에 들어가 다음 상황에 마주친다.

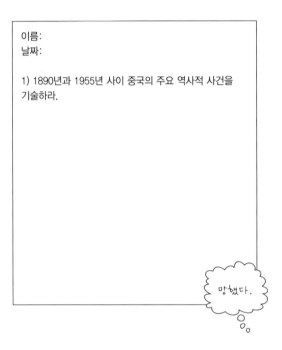

여백이 가득한 문제지가 놓여있다. 객관식을 푸는 데 도움이 되는 인지 지식은 어느새 무용지물이 돼버린다.

기억에서 정보를 인출할 수 있으려면 공부하는 중에도 정보를 인출하는 연습을 해야한다(Karpicke 2011). 인출 연습에 관해서는 많은 연구가 진행됐는데 마인드 매핑과 같은 잘 알려진 학습 방법 대비 학습 효과가 훨씬 뛰어난 것으로 밝혀졌다.

학습 설계 시 실제 상황과 유사한 사례를 교과 과정에 포함시켜 실전에 대비한 연습을 할 수 있도록 하자.

기억의 유형

지금까지 우리는 자극이 장기 기억에 저장되는 일반적인 방법에 대해 논의했다. 하지만 기억이 기록되고 인출되는 방법은 그 밖에도 여러 가지 존재한다. 심도 있게 다뤄져야 할 주제도 있으며 효과적인 교수 설계를 위해 기억의 유형에 대해서도 알아야 한다.

새로운 외현 기억(명시적 기억)을 형성할 수 없는 기억상실증 환자에 대한 유명한 심리학 사례가 있다. 담당 의사는 그 환자를 만날 때마다 자신이 누구인지 매번 다시 소개해야만 했다.

하루는 실험을 위해 의사가 손에 작고 뾰족한 물체를 숨기고 환자와 악수를 나눴다.

다음번 만남에서 환자는 여전히 의사를 알아보지 못해 다시 소개를 받아야 했지만, 의사가 악수를 하려 손을 내밀자 그 환자는 뜻밖에도 악수를 기피했으나 그 이유를 묻자 거부감에 대한 원인을 대답하지 못했다.

이 실험은 여러 기억이 두뇌 안에서 각기 다르게 처리되며 사람들은 자신의 기억에 대해 완벽히 인지하지 못함을 보여준다.

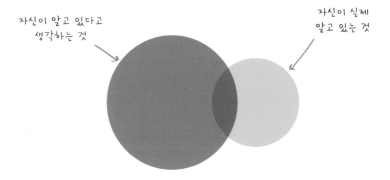

자신이 알고 있음을 인지하는 것: 위 그림의 교집합은 외현 기억이다. 기억의 내용을 알고 있으며 본인이 알고 있음을 인지하고 필요시 이에 대해 논의할 수 있다.

자신이 알고 있지만 이를 인지하지 못하는 것: 파란 외곽 부분을 암묵적 기억이라 한다. 내용을 알고 있지만, 상세히 설명하거나 의미 있게 논의할 수 없다. 알고 있음을 잊었거나 무의식중에 입력된 기억일 수 있다. 암묵적 기억은 기억 상실로 인한 것이 아니다.

자신이 알지 못하지만 알고 있다고 인지하는 것: 노란 부분은 자신이 알지 못하면서 알고 있다고 여기는 경우에 해당하는 것으로 저장된 지식이 불완전하거나 잘못 기억되는 경우다. 사람의 복잡한 인지 절차로 인한 것으로 이 현상은 누구나 경험하게 된다.

이러한 기억을 더욱 세분화할 수 있다. 다양한 유형의 기억이 두뇌에서 어떻게 작동하는지 이해하려면 많은 연구가 필요하지만 다음 몇 가지를 살펴보자.

- **서술 또는 의미 기억:** 1945년에 제2차 세계 대전이 종전했다거나 우편번호와 같이 사실에 기반한 정보 또는 규칙으로 우리가 논의할 수 있는 기억이다.
- **삽화 기억:** 서술 기억의 한 형태로 졸업식에 생긴 일 또는 첫 취업 시기처럼 개인적인 경험에 기반한 상세 내용에 해당한다.
- **조건 기억:** '파블로프의 개' 이론처럼 촉매제 역할을 하는 트리거에 의식적으로 또는 무의식적으로 조건 반응한다. 마치 애완견이 주인의 애완견용 통조림 따는 소리를 들으면 사료가 주어질 것을 알고 흥분하는 것과 마찬가지라고 할 수 있다.
- **절차 기억:** 자동차를 운전하거나 피아노를 연주하는 것처럼 어떤 절차를 수행하는 법에 대한 기억이다.
- **섬광 기억:** 국가적 재난과 같이 감정에 큰 영향을 준 사건이 저장되는 기억이다.

이렇듯 다양한 기억은 각기 다른 특징과 용도를 갖고 있다.

서술 기억 또는 의미 기억

서술 기억이란 자신이 안다고 인지하는 것으로 사실, 규칙, 생각 등 자신이 명확히 언급할 수 있는 기억이다.

구구단처럼 의식적으로 암기한 내용일 수도 있고, 연예 뉴스처럼 의식적인 노력 없이 기억한 내용일 수도 있다.

삽화 기억

삽화 기억은 서술 기억의 한 형태로 경험에 기반한 특정 사건에 관련한 기억이며, 이에 대해 본인이 설명할 수 있다.

예를 들어, 개란 동물에 대해 우리는 애완용 동물이고, 다리가 4개이고, 털이 많고, 사료를 먹는다는 등의 사실을 알고 있다.

여기서 삽화 기억이란 어렸을 적 키우던 애완견이나 이웃집 애완견 등 우리의 경험에서 비롯한 특정 개에 대한 기억을 말한다.

스토리텔링

삽화 기억은 실제 일어난 사건에 대한 기억이지만, 우리는 실제 경험하지 않은 경우에도 기억하는 능력을 갖고 있다.

칩 히스와 댄 히스는 『스틱!』(엘도라도출판사, 2009)이라는 책의 도입부에서 두 이야기를 소개한다. 첫 번째 이야기는 한 남성이 술집에서 어떤 여자를 만났고 다음 날 일어나보니 자신이 얼음이 가득한 욕조 안에 있었으며 신장 한쪽이 없어졌다는 괴담이고, 두 번째 글은 비영리 단체의 투자수익률의 원리에 관한 것이다.

이 책을 읽은 지 여러 해가 지난 지금도 나는 첫 번째 이야기의 상당 부분을 기억하지만 두 번째 글은 전혀 기억나지 않는다. 그 이유는 다양하겠지만, 가장 주된 이유는 첫 번째 글에는 스토리가 있었기 때문이라 생각한다.

스토리가 기억에 잘 남는 이유를 몇 가지 살펴보자

- **우리는 스토리에 관한 프레임워크를 갖고 있다.** 우리는 어릴 적 접한 동화책을 통해 스토리에 대한 프레임워크를 갖게 된다. 설령 인지하지 못하더라도 어느 문화적 배경에서 성장했던지 누군가의 이야기를 들을 때 공통적인 요소를 기대하게 된다. 기승전결이 있고, 설정이 있고, 주인공과 상황에 대한 소개가 있다. 글의 주제는 이야기가 진행될수록 명확해진다. 우리는 접하는 정보를 이러한 프레임워크에 끼어 맞춰 기억한다.

- **스토리에는 순서가 있다.** 테니스에 관한 10가지 사항을 듣고 기억해야 한다면 여러분은 그 정보를 기억하기 위해 유사한 항목끼리 분류하는 등 여러 시도를 해볼 것이다. 하지만 내가 기억에 남을 만한 10가지 명장면이 있던 흥미진진한 테니스 게임에 대해 이야기한다면 머리 안에 정보를 정리하는 데 경기의 순서가 큰 도움이 될 것이다. 스토리 안의 사건에는 내적 논리도 존재한다. 예를 들어 달걀 한 판을 사자마자 떨어뜨린 사건을 이야기한다면 장 보는 사건이 앞서 전개돼야 할 것이다.

- **스토리에는 주인공이 있다.** 우리는 사람들의 성격, 성향 등 다양한 정보를 저장할 수 있는 기억 체계를 갖고 있다. 아는 사람에 대한 이야기를 듣게 되면 그에 대해 이

미 배경지식을 갖고 있으므로 그 이야기를 더 쉽게 기억할 것이며 그 사람이 어떻게 행동할지에 대해서도 예측할 수 있다. 그 사람이 여러분의 기대와 다른 행동을 보인다면 그 사실 자체가 새로워 기억에 더 잘 남을 수도 있다.

다음 중 어떤 내용에 대해 더 알고 싶은가?

이것인가?

보험 절차

아니면 이것인가?

교통사고 후 후유증에 시달린 10대 소년 짐과 그의 가족 이야기

데이터베이스를 검색하는 방법

급히 보고서를 수정하라는 부사장의 전화가 왔을 때 혼자 사무실에 남아 있던 신입 사원 칼라의 이야기

인력 채용의 모범 사례

인력 채용 담당자인 마르코가 채용 과정 중 차별로 고소를 당한 이야기

조건 기억

고속도로를 운전하던 중, 백미러를 보니 경찰차가 바로 뒤에 있다고 생각해보자. 어떻게 할 것인가?

먼저, 속력을 낮출 것이다. 그 경찰차가 여러분을 쫓는 것이 아니고 여러분이 설령 과속 중이 아니었을지라도 속력을 낮출 것이다.

왜 그럴까? "흠, 경찰차가 뒤에 있네. 속도를 낮춰야겠는걸. 가속 페달에서 힘을 좀 빼볼까? 좋아 좋아."라며 혼잣말을 하진 않았을 것이다.

"앗!"이라며 브레이크를 밟아 감속했을 것이다.

경찰차라는 시각적인 자극을 받고 그에 대해 자동으로 반응했을 텐데 이것을 조건 반응이라 한다.

조건 반응은 암묵 기억의 형상이라 볼 수 있다. 외현적 접근이 불가한 두뇌 어딘가에 저장돼 있으며 다음과 같은 공식이 존재하는 것이다.

사람들은 자신의 반응을 기억한다. 무의식적 연결 또는 의식적 연습을 통해 습득하게 된 유용한 반응이다.

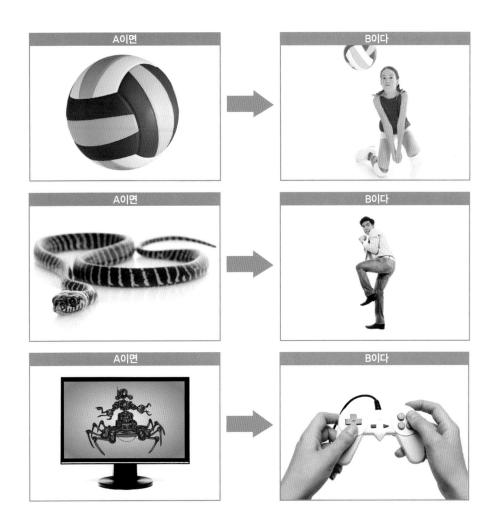

뱀을 보고 움찔하는 것처럼 노력 없이 저장되는 반응도 있고 반복적 연습이 필요한 경우도 있다.

절차 기억

절차 기억은 단계와 과정이 필요한 작업을 하는 경우 어떻게 해야 하는지에 대한 기억이다.

의식적으로 학습한 절차 기억의 경우 각 단계를 명확히 기억할 수 있겠지만 절차 기억의 대부분은 암묵적이다.

다음과 같은 경험이 있는가?

- 목적지에 가는 길을 알고 있으나 타인에게 가는 법을 설명하지 못하는 경우
- 퇴근 후 여느 날과 마찬가지로 운전해 집에 도착했으나 운전한 기억이 없는 경우
- 항상 누르던 키패드가 없어 전화번호나 비밀번호를 기억할 수 없던 경우
- 타인에게 작업 순서를 설명해줬으나 결과가 제대로 나오지 않고서야 중요한 과정을 누락하고 설명한 사실을 깨달은 경우

위에 언급한 사례는 모두 무의식적인 절차 기억에 의존하는 경우다. 절차를 반복하다보니 무의식적 습관이 돼버린다. 이렇게 절약한 두뇌의 집중력을 우리는 다른 곳에 활용할 수 있다.

운전을 처음 배우던 때를 기억하는가? 처음에는 지속적인 노력과 주의가 필요하다.

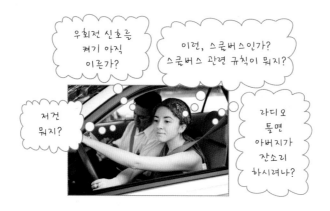

아무리 열심히 연습 중일지언정 자동으로 반응하며 운전하게 되기 전까지는 미숙한 운전자이므로 주의를 집중해 운전해야 한다. 주의란 유한한 자원이기에 초보 운전자의 경우 한 가지에만 주의를 기울여야 한다. 하지만 다행스럽게도 운전에 익숙해지면 곧 여러 가지가 자동화되기 시작한다. 따라서 앞만 보고 운전하는 것을 넘어 다른 자동차와의 충돌을 피하거나 보행자를 피하는 등 한꺼번에 더 여러 가지에 신경 쓸 수 있게 된다.

운전을 수년간 하다 보면 운전 이외의 것에 신경을 더 쓸 수 있게 되므로 차선을 변경하며 라디오 채널을 돌리고 노래를 따라 부르는 것이 가능해진다. 물론 수년이 지나도 운전이 많이 늘지 않을 수도 있으나, 그것은 다른 원인 때문일 것이다.

자동화된 절차 기억은 근육 기억이라 불리는 두뇌의 기능과 연관이 있다. 근육 기억이란 연습을 통해 특정 작업에 대한 절차 기억이 생긴 것으로 그 작업을 하기 위한 의식적인 노력이 불필요해진다.

근육 기억은 과잉학습이라 불리는 반복된 많은 훈련을 통해 길러진다. 근육 기억의 최대 장점은 두뇌의 의식적 자원을 사용하지 않고도 업무를 처리할 수 있기에 남은 자원을 다른 작업에 사용할 수 있다는 점이다.

이러한 과정은 언어를 통해 명시적으로 학습된 것이 아니기에 타인에게 설명하기가 쉽지 않다. 바람의 방향과 세기에 따라 골프 스윙을 조정할 수는 있으나 남에게 어떤 이유로 어떻게 스윙을 변경한 것인지 말로 설명하기 어려운 것과 비슷하다. 전반적인 것에 대해서는 설명할 수 있을지라도 세부 사항(골프공을 치는 타이밍, 임팩트, "이거다" 싶은 느낌)에 대한 설명은 구두로 표현하기 어려울 것이다.

섬광 기억

몇 년 전의 일이다. 붐비는 퇴근 시간에 집 근처 고속도로로 연결되는 대교가 무너져 십여 명이 사망하고 백 명이 넘는 부상자가 발생했다. 당시 이 사건은 방송을 통해 미국 전역에 알려졌다.

이 사건을 처음 접했을 때 내가 어디에 있었는지 정확히 기억한다. 회사에서 야근을 하며 제안 작업을 하고 있었는데 어두운 회의실 안에 청소하러 들어왔던 청소부가 이 사건에 대해 알려줬다. 내가 앉아 있던 의자, 작업하던 제안서 내용 그리고 그 사건에 대해 알아보려고 그 당시 검색한 웹사이트도 모두 기억한다.

이렇게 정서적인 각성을 일으킨 사건에 대한 생생하고 명확한 기억을 섬광 기억이라 한다. 예를 들면, 많은 미국인이 911 테러 사건을 처음 접했을 때 자신이 어디에 있었는지 기억하는 것과 마찬가지다. 이러한 기억이 만들어지는 원인은 무엇이며 교육에 의미하는 바는 무엇일까? 기억을 지속시키기 위해 중대 사건을 항상 만들 수는 없지 않은가.

많은 이들은 두뇌가 우리의 생존을 위해 이러한 섬광 기억을 만든다고 여긴다.

여러분이 죽음을 모면하는 경험을 한다면 어떻게 했는지 그 방법을 기억해두고 싶을 것이다. 곰을 피한 방법에 대한 기억은 지나가다 주운 돌을 어디에 뒀는지 기억하는 것에 비해 훨씬 중요도가 높다. 일상의 각종 사건은 잊어도 상관없지만, 곰을 또다시 맞닥뜨렸을 때 첫 번째 경험에서 알게 된 중요한 사실을 잊으면 목숨을 잃게 될 테니 말이다.

기억을 잃어도 목숨에 해가 되지 않는 것

기억을 잃으면 목숨을 잃을 수 있는 것

일반적으로 장기 기억에 입력되려면 시간과 노력 그리고 반복이 필요하지만, 감정이 매우 고조된 사건에 관해서는 모든 것을 기억하게 된다. 시간이 멈춘 것처럼 말이다.

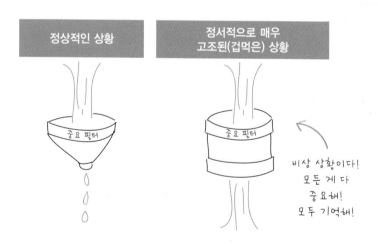

긴급 상황 시 시간이 더디게 흐르는 것처럼 느껴지는 원인은 평상시의 동일 시간 대비 긴박할 때 훨씬 많은 것을 기억하기 때문이라는 이론이 있다(Stetson 2007).

필자의 경우, 비록 다리가 무너지는 사고나 테러 공격을 직접 경험하지 않았지만, 해당 사건을 간접적으로 접함으로 인해 감정이 격앙됐던 것이 기억을 증강시킨 것으로 보인다.

이렇듯 직접적이지 않은 상황에서도 감정은 정보를 얼마나 기억하는지에 영향을 미친다. 이에 대해서는 뒤에서 더 자세히 살펴보기로 하고, 기억을 향상시키기 위해 감정을 활용하는 방법을 알아보자.

반복과 기억

예외가 존재하긴 하지만 대부분의 학습은 연습과 반복이 필요하다. 그러나 학습 설계 시, 이 점이 종종 간과되곤 한다. 다음을 살펴보자.

첫 번째 감독관: 직원들이 아직도 빈 잉크 통을 버리고 있습니다.

두 번째 감독관: 그러지 말라고 교육했습니다. 교육자료 22번째 장 세 번째 항목이에요.

우리가 새로운 것을 학습할 때 두뇌의 신경에 새로운 연결고리가 생긴다.

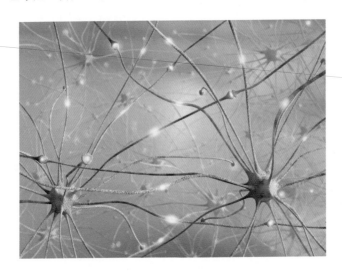

사람들이 같은 곳을 계속 밟고 지나가다 보면 길이 나는 것처럼 두뇌에 형성된 연결고리는 학습자가 동일한 내용을 반복해서 접할 때마다 강화된다.

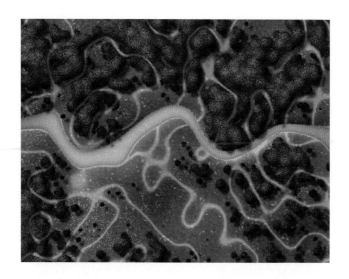

그리고 강화된 연결고리는 점점 더 견고해진다. 사람들이 잘 지나가지 않는 길이 그렇듯 견고치 못한 연결고리는 점점 약해져 결국 기억할 수 없는 상태가 된다. 따라서 장기간 기억을 유지하기 위해서는 반복과 연습이 필요하다.

학습 설계 담당자는 연결고리를 강화하는 과정이 단조로운 반복에 그치지 않도록 노력을 기울여야 한다. 동일한 내용이 여러 번 반복되면 기억에 남을 확률이 높아지지만, 무의미한 단순 반복은 학습자가 흥미를 잃게 만들 수도 있다.

단조로운 반복을 피하고 기억을 강화시키는 방법에 대해 이 책의 학습 설계 관련 장에서 더 자세히 살펴보겠다.

암기: 기억을 강화시키는 당연한 방법

반복 학습이 효과가 좋다면 암기는 왜 여전히 어려운 것일까? 정보를 각인시키기 위해 계속해서 수없이 반복해야 하는 것일까?

대학 시절, 건축 강의를 들을 때의 일화다. 교수님은 초기 교회 건축 양식에 대해 설명하며 그 당시 사람들은 천장이 높으면 사람들의 종교적인 감성을 고조시킨다고 믿어 교회를 최대한 높게 짓고자 했다고 설명했다.

그 교수님에 따르면 건물을 높이 짓는 두 가지 방법이 있는데, 하나는 공학적인 방법을 활용해 벽을 지지할 수 있도록 설계하는 것이며, 다른 하나는 벽을 단순히 두껍게 만드는 것이었다.

학습자가 기억하게 만들기 위해 암기시키는 방법은 건물의 벽을 무작정 두껍게 만드는 것과 마찬가지다. 물론 기억에 남겠지만, 많은 노력이 필요하며 그다지 효과적이지 못하다.

반복을 통해 암기한 정보는 두뇌 안의 한 곳에만 저장된다는 문제가 있다.

반면, 맥락 속에서 학습한 정보는 주변 상황과 함께 두뇌의 여러 곳에 여러 가지 형태로 저장되며 그 정보를 다양한 상황에서 활용하는 법을 터득하게 된다.

반복을 통해 정보를 장기 기억에 저장할 수 있으나 이러한 접근에는 다음과 같은 제약이 있다.

- 정보가 한 곳에 저장되므로 정보를 인출할 때도 한 곳에서만 가능하다.
- 다양한 상황에서 활용해본 경험이 없다 보니 정보를 여러 상황에 접목시키기 어렵다.

- 저장된 정보에 임의로 접근하기보다는 연계된 기억을 통해 순차적으로 접근해야 한다. 순서에 맞춰 순차적으로 학습한 내용은 관련 맥락도 같은 순서를 갖고 있을 것이며 기억을 찾아내는 능력도 그 순서와 동일할 것이다. 무언가를 기억하려면 매번 순서를 따라 짚어봐야 할 것이며 이러한 과정은 해당 기억에 바로 접근하는 것 대비 매우 비효율적이다.

요약

- 기억은 저장과 인출로 이뤄지므로 학습 설계사는 정보가 어떻게 장기 기억에 저장되는지 그리고 학습자가 그 기억을 나중에 인출하려면 어떻게 해야 하는지 고려해야 한다.
- 학습자는 방대한 정보에 노출돼 있으므로 그들의 관심을 끌고자 한다면 중요하고 의미 있는 정보를 제공해야 한다.
- 사람들은 단조로운 자극에 무뎌지므로 단순 반복을 요하는 학습은 피해야 한다.
- 작업 기억에는 한계가 있으며 초보 학습자는 많은 정보에 쉽게 압도될 수 있다. 그들이 소화할 수 있도록 새로운 정보의 양을 제한하거나 정보를 덩어리로 나눠 제시하자.
- 사람들은 작업 기억의 정보를 특정 목적을 위해 필요한 기간 동안 유지한다. 목적이 달성되고 나면 그 기억은 사라진다. 하지만 학습자로 하여금 그 정보를 직접 활용해보게 만들면 기억 유지 기간이 연장될 것이며 그 정보가 장기 기억에 저장될 확률이 높아진다.
- 학습자의 장기 기억 체계는 본인이 정보를 인출해내는 능력에 영향을 미친다. 충분한 맥락과 함께 저장되고 여러 방법을 통해 접근 가능하다면 그 정보는 기억해내기(인출하기) 더 수월해진다.
- 학습할 때와 정보를 인출할 때의 정서적 상황이 유사할수록 정보를 기억하고 사용하는 것이 더 수월해진다.
- 이야기 형태로 전달되는 스토리텔링은 사람들이 기존에 보유한 사고 체계를 활용하므로 기억에 도움이 된다.

- 반복과 암기를 통해 정보를 장기 기억에 저장할 수 있지만 한계가 존재한다. 학습자가 지겨운 반복의 과정을 거쳐야 할 뿐 아니라, 정보 인출 시 접근하는 경로도 다양하지 않다.
- 기억에는 여러 유형이 있으며 머릿속에서 정보를 장기간 유지하려면 다양한 유형의 기억을 활용하는 것이 좋다.

참고자료

- Feinstein, Justin S., Melissa C. Duff, and Daniel Tranel. 2010. "Sustained Experience of Emotion after Loss of Memory in Patients with Amnesia." PNAS 107(17): 7674 – 7679.

- Heath, Chip and Dan Heath. 2007. Made to Stick: Why Some Ideas Survive and Others Die. New York: Random House.

- Karpicke, Jeffrey D., and Janell R. Blunt. 2011. "Retrieval Practice Produces More Learning Than Elaborative Studying with Concept Mapping," Science: DOI:10.1126/science.1199327, 772 – 775.

- Kensinger, Elizabeth A. 2007. "Negative Emotion Enhances Memory Accuracy: Behavioral and Neuroimaging Evidence." Current Directions in Psychological Science 16(4): 213 – 218.

- Memory. 2011. In Encyclopædia Britannica. Retrieved from www.britannica.com/EBchecked/topic/374487/memory.

- Miller, George A. 1956. "The Magical Number Seven, Plus or Minus Two: Some Limits on Our Capacity for Processing Information." The Psychological Review 63(2): 81 – 97.

- Nielsen, Jakob. 2007. "Banner Blindness: Old and New Findings." Alertbox, August 20, www.useit.com/alertbox/banner-blindness.htmL.

- Stetson, C., M. P. Fiesta, and D. M. Eagleman. 2007. "Does Time Really Slow Down During a Frightening Event?" PLoS ONE 2(12): e1295.

학습자를 어떻게 집중시키는가

(코끼리와 대화하는 법 배우기)

학습자가 집중하지 않는다면…

앞서 언급됐던 산만한 학습자를 기억하는가?

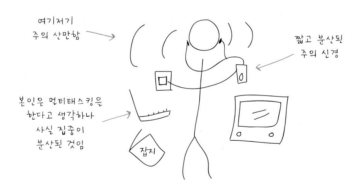

우리는 하루 종일 방해물에 노출돼 있다. 주변에는 우리의 주의와 시간을 뺏는 너무나 많은 것이 있다. 이런 방해 요인들로 인해 학습자의 주의가 산만하면 교육자가 아무리 훌륭한 교육을 준비한 들 아무 효과가 없을 것이다.

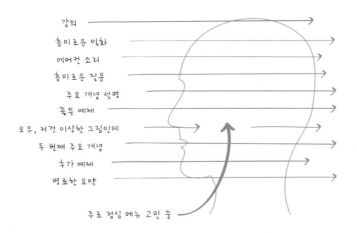

학습자의 관심을 어떻게 집중시킬 수 있을까? 그 답을 알아내려면 먼저 '코끼리와 대화하는 법'을 알아야 한다.

코끼리와 대화하기

『행복의 가설』(물푸레출판사, 2010)의 저자 조너선 하이트는 자신의 저서에서 코끼리와 코끼리에 올라탄 기수에 대한 비유를 소개한다.

> 코끼리 기수가 이성적이고 제어 가능한 사고라고 가정하면 코끼리는 그 밖의 모든 것이라 볼 수 있다. 코끼리는 직감, 본능적 반응, 감정, 느낌 등 자동적으로 일어나는 것들이다.

조나단은 두뇌가 이성적이고 언어적인 사고 두뇌와 감성적이고 자동적이며 반응적인 두뇌, 두 가지로 나뉜다고 설명한다.

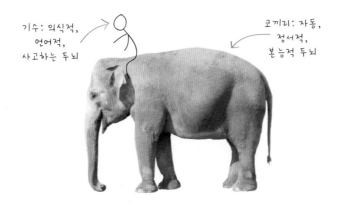

기수

두뇌에서 기수에 해당하는 부분은 미래를 계획하고 충동을 자제하는 이성적인 두뇌다. 이 기수는 우리로 하여금 장기적인 관점에서 더 현명한 판단을 내리게 도와준다.

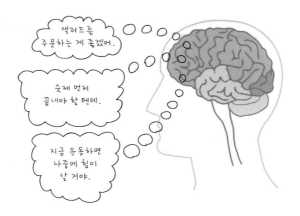

코끼리

코끼리는 "무슨 상관이야, 마음 내키는 대로 행동해."라는 식의 감성적 두뇌다. 새롭거나 즐겁거나 편하거나 친숙한 것에 끌린다.

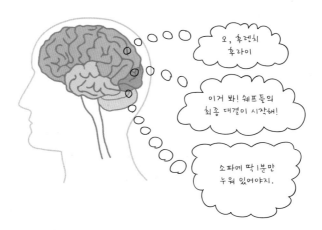

코끼리는 욕구에 따라 행동하려 하고 기수는 그 욕구를 자제시키려 한다. 기수는 미리 계획을 세우고 장기적인 목표를 달성하기 위해 단기적인 욕구를 참고 희생한다.

코끼리는 크고 강하다

우리는 기수의 능력을 종종 과대평가하곤 한다. 이성적인 언어 사고인 기수가 우리를 설득시키는 역할을 하다 보니 우리가 이 사고의 지배를 받는다고 여기게 되는 것이다.

코끼리(본능적 측면)가 이러한 기수(이성적 측면)에 잘 순응하다 보니 종종 그렇게 믿게 되기도 한다.

하지만 우리는 기수의 지시와 상관없이 원하는 대로 행동하는 경우도 많다.

코끼리와 기수의 의견이 충돌하는 경우가 발생한다면?

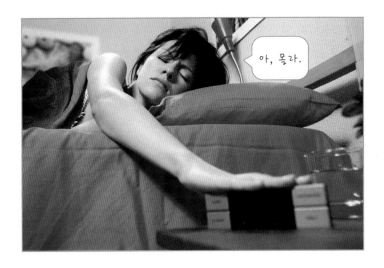

물론, 코끼리의 승이다.

이것이 학습자에게 의미하는 바는 무엇인가?

학습자는 자기만의 코끼리를 갖고 있다.

굉장히 익숙한 상황이지 않은가. 코끼리의 관심이 다른 곳에 있으면 학습자를 집중시키는 데 큰 어려움을 겪을 것이다. 하지만 기수는 코끼리를 강제로 집중시킬 수 있으며 우리는 실제로 이러한 상황을 자주 경험한다. 어려운 숙제를 끝까지 완료할 때, 소득 공제 서류를 작성할 때, 복잡한 법률 문서를 읽을 때, 기수는 코끼리를 강제로 집중시키고 있었던 것이다.

하지만 여기에는 비용이 따른다. 코끼리를 원치 않는 곳에 끌고 가는 작업은 정신적으로 상당한 노력이 필요하다. 강한 의지가 필요한데 이러한 의지는 금방 소진된다.

참여자에게 두 자리 숫자 또는 일곱 자리 숫자를 기억하라고 지시하고, 맞출 경우 보상으로 건강한 과일 샐러드 또는 달콤한 조각 케이크를 선택할 수 있도록 한 실험이 있었다(Shiv 1999).

또는

일곱 자리 숫자를 기억한 사람들 중 보상으로 케이크를 선택한 사람의 수는 두 자리 숫자를 맞춘 사람들 대비 두 배에 달했다.

긴 숫자를 기억할 때 정보처리 부담이 더 크다 보니 건강한 과일 샐러드와 달콤한 케이크 사이에서 몸에 좋은 옵션을 선택할 인지적 여유가 없어 케이크를 선택하는 것이다. 이 실험은 기억과 집중 그리고 자제에 관련한 우리의 인지 자원이 유한함을 보여준다. 코끼리를 조정하는 것이 가능하지만, 그리 오래 지속할 수 없다. 자기 제어는 한계가 있을 뿐 아니라 소진이 가능한 자원임을 보여주는 여러 연구가 있다(Gailliot 2007, Vohs 2007). 학습자가 집중하기 위해 스스로를 강제하는 상황이라면 이 노력에는 한계가 있음을 알아야 있다.

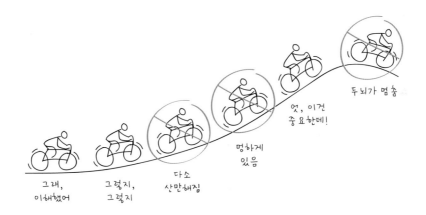

학습자가 본인의 의지와 집중력에만 의존하게 하는 것은 기수에게 코끼리를 끌고 언덕을 오르라고 하는 것과 같다(자전거 이미지는 내가 앨런 인터랙션에서 근무할 당시 작업한 것을 토대로 만들어 졌으며 앨런 인터랙션의 허가를 받고 사용했음을 알린다).

다음을 읽어보자.

상식과 예의에 기반한 선행권과 양보에 관한 교통 규칙은 교통안전과 순조로운 통행을 가능케 해준다. 이 규칙을 어길 경우 많은 교통사고가 발생할 수 있다. 신호등이 없는 교차로에 차량 두 대가 동시에 도착한 경우, 좌측에 있는 운전자는 우측 차량의 운전자에게 양보해야 한다.

정지 표지판이 있거나 빨간 신호가 깜빡이는 교차로에 차량 두 대가 동시에 도착한 경우에도 좌측에 있는 운전자가 우측 차량의 운전자에게 양보해야 한다(미국 미네소타주의 운전자 지침서 41쪽).

이 내용을 이해하는 데 노력이 얼마나 필요했는가? 그다지 복잡하지 않지만, 내용을 올바로 이해하기 위해 상황을 시각적으로 떠올리는 노력이 필요했을 것이며 우리 머리 안의 기수는 코끼리의 관심을 집중시키기 위해 많은 노력을 했을 것이다.

이해하는 과정은 어떻게 느껴졌는가? 운전 교육을 담당한다거나 운전 규칙에 특별한 관심이 있지 않은 이상, 한 문장씩 읽으며 이해하는 작업이 그리 흥미롭지는 않았을 것이다.

우리는 지금 원한다

행동 경제학자는 미래의 보상이 현재의 보상 대비 크더라도 사람들은 더 빨리 받을 수 있는 현재 보상을 선호한다는 가치 폄하 효과에 대해 연구한다.

다음 질문에 대한 답을 생각해보자.

#1 오늘 $10을 받을 것인가? 내일 $11을 받을 것인가?
#2 오늘 $10을 받을 것인가? 내년에 $11을 받을 것인가?
#3 오늘 $10을 받을 것인가? 내년에 $1,000을 받을 것인가?

내가 이 질문을 사람들에게 했을 때, 1번은 50:50의 답변을, 2번은 모두 오늘, 3번은 모두 내년을 선택했다.

보상이 충분하면 기다릴 수 있지만 충분치 않다면 기다리려 하지 않는다.

이 사례를 학습에 적용해보자. 학습자에게 강의에 집중하라고 요구하며 그에 대한 보상은 학습자가 필요시 학습한 내용을 활용할 수 있게 되는 것이다. 학습자의 주의 신경은 돈처럼 그들이 분배할 수 있는 자원이다. 공교롭게도, 돈이나 주의 신경이나 모두 "쓴다"는 표현을 공통적으로 사용할 수 있다.

즉시 활용할 수 있는 정보라면 학습자가 주의를 기울이기 어렵지 않겠지만, 아무리 유용한 정보라 할지라도 단기간에 사용할 수 없으면 집중하기 쉽지 않을 것이다.

이렇게 생각해보면 이해가 쉬울 것이다. 프린터 수리 방법 동영상에 대한 여러분의 관심을 판단해보자. 1) 전혀 관심 없음 2) 다소 관심 있음 3) 매우 관심 있음

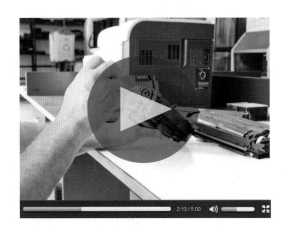

평소에 프린터에 대한 각별한 관심을 갖고 있는 것 아니고는 일반적으로 1) 전혀 관심 없음을 선택했을 확률이 높다.

하지만 이제 20분 내로 대출 신청서, 대학원 지원서, 소득 신고서, 업체에 보내야 하는 제안서를 인쇄해서 바로 제출해야 하는데 프린터가 고장 났다고 가정해보자. 프린터 수리 방법에 대한 동영상에 이제 관심이 생기겠는가?

두 번째 사례에서 동영상의 내용이 달라지거나 갑자기 재미있어져서 여러분의 관심이 달라진 것이 아니다. 몰입은 학습 자료 자체에 의해 달라지는 것이 아니라 그 학습 내용이 학습자 본인에게 관련이 있는지, 필요한 정보인지 여부에 따라 달라진다.

따라서 학습자가 필요시에 참고할 수 있는 영상을 제공하거나 학습자가 해결할 문제

나 시나리오를 제공함으로써 학습의 요점을 지식의 활용 목적에 가까이 맞춰보자. 이 부분에 대해서는 곧 더 자세히 설명하겠다.

코끼리 관심 끌기

코끼리(두뇌의 본능적인 부분)의 관심을 끌 수 있다면 기수(두뇌의 인지적인 부분)의 부담이 크게 감소한다. 여러분이 경험한 훌륭한 학습 경험을 떠올려보자. 이성과 감성을 모두 자극하고 호기심을 유발시킨 경우였을 것이다. 우리가 무언가에 대해 느끼는 감정은 그것을 얼마나 중요하게 생각하는지 보여준다.

다음 장에서 코끼리의 관심을 끄는 기술을 자세히 살펴볼 텐데, 코끼리를 집중시키는 기술이 때로는 지나치게 효과적일 수 있으므로 사용 시 주의가 필요하다.

코끼리의 관심을 끄는 데 활용된 요인이 학습 내용과 연관성이 낮으면 오히려 교육 내용을 기억하는 데 부정적인 영향을 줄 수도 있다(Thalheimer 2004).

코끼리 참여시키기

그렇다면 코끼리의 이목을 집중시키고 참여를 장려하는 방법은 무엇일까?

- 스토리를 들려준다.
- 놀라게 한다.
- 반짝거리는 것을 보여준다.

- 다른 코끼리들이 모두 참여한다고 말한다.
- 코끼리의 습관을 활용한다.

스토리를 들려준다

다음은 필자의 지인에 관한 이야기다.

> 내 친구 캐런은 좌우를 잘 구분하지 못한다. 급한 경우 두 손을 뻗어 어느 쪽 손이 왼쪽을 의미하는 "L"자 모양인지 확인한다.
>
> 이렇다 보니 캐런은 운전에 많은 어려움을 겪는다. 경로를 따라가는 것이 버거울 뿐 아니라 교차로에서는 패닉 상태에 놓이곤 한다.
>
> 우측 차량에 우선 통행권이 있다는 것은 알지만, 어느 쪽이 우측인지 항상 혼동돼 가려다 멈추다 가려다 멈추기를 반복하다가는 차례에 상관없이 다른 차량에 손을 흔들며 양보하곤 한다.
>
> 나는 캐런에게 차 안에 좌우 표시를 해놓으라고 권했으나 그러기는 너무 창피하다고 했다.
>
> 그래서 나는 작은 등대 모형 장난감을 캐런의 차 대시보드 우측에 붙여 놓고 그 방향에 다른 차량이 있으면 그 차가 먼저라고 기억시켰다.

이번 장 앞부분에 언급된 우선권 통행에 관한 이야기와 위 이야기를 비교해보자. 어느 것이 내용을 파악하는 데 더 많은 노력이 필요한가? 이해하기 더 쉬운 것은 어느 것인가?

캐런의 사례가 더 술술 읽힐 것이다. 이런 줄거리가 있는 스토리는 긴 시간이 흐른 뒤에도 기억에 오래 남아 누군가에게 들려줄 수 있다.

사람들은 스토리를 즐긴다

우리는 스토리를 즐긴다. 스토리를 통해 많은 것을 배우며, 줄거리가 있는 내용은 좀 더 잘 기억하게 된다. 구성이 탄탄한 스토리는 한 번 들어도 몇 년을 기억할 정도로 오랜 여운을 남기기도 한다. 코끼리도 스토리를 처음 접할 때는 제법 경청하려고 한다.

그렇다면 스토리를 어떻게 유용한 교육 도구로 활용해볼 수 있을까?

- **스토리는 사람들의 머릿속에 존재하는 선반에 놓인다.** 여러분은 이미 스토리에 관한 여러 선반을 갖고 있으며 구성이 어떠한지, 줄거리는 어떤 식인지, 이미 감을 잡고 있다. 대개 스토리에는 주인공이 있으며, 난관이 발생했다가 결국 해결된다. 이런 이야기는 문화의 영향을 받기도 한다. 미국에서 성장한 사람은 일본이나 말라위 등 외국에서 성장한 사람과는 조금 다른 틀을 갖고 있겠지만, 어느 문화적 배경에서 성장했든 간에 우리 머릿속에는 스토리의 상세 내용을 놓을 선반이 존재한다.

- **논리적인 흐름이 있다.** 스토리는 일반적으로 사건 전개를 포함하고 있으며 자주 연대순의 흐름을 따른다. 우리는 '기고 걷고 달리고'의 순서가 '걷고 달리고 기고'에 비해 익숙하며 기억하기도 더 쉽다. 그 이유는 스토리에는 인과 관계에 기반한 논리적 흐름이 존재하기 때문이다. 그래서 내용을 회상할 때 이런 논리적 흐름을 활용하면 기억에 도움이 된다. 여러분이 캐런의 이야기를 누군가에게 전한다면 캐런이 교차로에서 겪는 어려움에 앞서 대시보드에 설치한 등대 모형 이야기를 먼저 들려주지는 않을 것이다.

- **스토리는 긴장감을 조성한다.** 누군가로부터 스토리를 들으면 머릿속에서 퍼즐을 맞추기 시작한다. 이 이야기의 요점은 무엇일까? 웃긴 내용인가? 놀랄 만한 결론이 있을까? 이렇게 추측하며 스토리의 목적과 결론을 기대하게 된다. 코끼리는 이러한 추측을 해나가는 퍼즐 맞추기를 즐긴다. 이번 장 뒷부분에서 더 자세히 언급하겠다.

- **스토리는 흥미를 유발시킨다**(이상적으로). 완성도가 낮거나 지겨운 경우도 있겠지만, 누군가 이야기를 시작하면 거기에 무언가 흥미로운 내용이 있을 것이라는 기대로 청자는 관심을 기울이게 된다.

영웅

학습 설계에 스토리텔링 기법을 활용하는 또 다른 방법은 사람들을 이야기 속 주인공으로 만드는 것이다.

게임 디자이너인 필자의 지인은 사용자로 하여금 자신이 똑똑하다고 느끼게 해주는 게임을 만들어야 한다고 말한다. 게임에 관련한 연구를 하는 세바스찬 디터딩[Sebastian

^{Deterding}은 다음과 같이 주장했다.

> 게임은 우리의 세 가지 주요 심리적 욕구 중 하나인 본인의 능력을 확인하고자 하는 바를
> 충족시켜준다. 주위 환경을 제어하고, 영향을 끼치고, 스스로 발전해 나가고자 하는 욕구
> 다(Deterding 2011).

학습 설계도 마찬가지로 우리는 학습자 스스로 해낼 수 있음을 느끼도록 만들어줄 책
임을 갖고 있다.

그렇다면 학습자가 스스로 해낼 수 있다고 느끼게 해주는 방법은 무엇일까?

- **전과 후를 보여주자.** 학습을 마치고 나면 어떻게 발전할지 미리 알 수 있어야 한다.
  현재는 불가능하지만, 학습을 마친 후에 할 수 있게 되는 것은 무엇일까? 더 능숙
  해지는가? 현재는 풀 수 없는 문제지만, 학습을 마치면 풀 수 있게 되는가? 전문성
  을 높여주는 지식이 생기는가? 학습을 완료하면 무엇을 할 수 있게 될지 보여주고
  그 능력을 갖추기 위한 방법을 알려주자.

온순한
신입

고객 센터의
닌자 같은 직원

- **성취감을 느끼게 해주자.** 학습을 통해 실질적인 과업을 수행해볼 수 있도록 내용을
  구성하자. 예를 들어 다음의 포토샵 수업 중 어느 것을 수강하고 싶겠는가?

초보를 위한 포토샵 – 강의 개요

A 반	B 반
1강: 레이어 작업하기	1강: 눈에 띄는 블로그 머리말 만들기
2강: 사진 보정 도구	2강: 밋밋한 사진에 멋진 효과 넣기
3강: 필터와 효과 사용하기	3강: 앨범 커버 만들기
4강: 펜 도구 사용하기	4강: 동생 결혼식 사진에서 전 여자친구 지우기

강의를 듣고 나면 실질적인 작업을 할 수 있으리란 느낌을 주는 교육은 어느 것인가?

- **직접 풀어야 하는 퍼즐(과제)을 제공하자.** 학습 과정 전반에 걸쳐 1인칭 시점의 이야기를 활용하자. 예를 들어, 신제품의 기능과 장점을 배우는 영업 교육을 받는다고 가정해보자. "이번 수업에서 여러분은 터보로더 3000의 기능과 장점 그리고 영업 방법에 대해 배워 보겠습니다."라는 슬라이드를 "이제 막 출시된 최신 터보로더 3000은 엄청납니다! 여러분의 단골 손님이 터보로더에 어떻게 관심 갖지 않겠습니까? 손님이 오늘 방문한다고 가정해봅시다!"라는 슬라이드와 비교해보자.

두 번째 슬라이드는 교육을 통해 배우게 될 정보에 귀 기울여야 하는 이유를 제시해준다. 첫 번째 슬라이드의 문구에서 느끼지 못한 학습의 목적과 시간에 대한 압박 그리고 긴박감을 조장한다.

긴박감

앞서 언급한 바와 같이 학습한 내용을 바로 활용할 수 있을 때 학습자는 집중하기 더 수월해진다. 이러한 상황이 항상 가능하지 않겠지만 대신 긴박감을 조성해 실감을 더 할 수 있다. 즉시성과 긴박감은 시나리오나 스토리텔링을 학습에 접목했을 때 얻을 수 있는 매우 큰 효과다.

스티븐 코비Stephen Covey의 긴급한 일과 중요한 일에 대한 2x2 매트릭스는 우리가 중요한 것보다 긴급한 것을 더 우선시한다는 사실을 말해준다. 물론 급하면서 중요한 일을 먼저 처리하겠지만, 그 일을 마치고 나면 중요한 것(이번 주말까지 완료해야 하는 보고서)보다는 급한 것(방금 들어온 이메일)을 먼저 처리하는 경향이 있다.

| 중요하지만 급하지 않음 | 급하지만 중요하지 않음 |

그 이유는 코끼리가 긴급한 것에 더 관심을 갖기 때문이다. 중요한 것에 집중하는 능력은 물론 중요한 기술이지만, 코끼리와 관련한 학습을 설계해야 하는 경우 큰 도움이 되지 않는다.

4장의 '기억을 잃으면 목숨을 잃을 수 있는 것'이란 그림을 기억하는가? '긴급함'이 '목숨을 빼앗을 수 있는 것'을 의미하던 시대를 거쳐 진화하다 보니 긴급한 것에 먼저 주의를 집중하게 된다.

그렇다면 코끼리에게 어떤 접근이 더 적합할까?

필자는 "이것은 정말 중요한 내용입니다."라던가 "이 내용을 알면 나중에 큰 도움이 됩니다."라고 말하던 나의 신참 강사 시절을 회상하며 웃곤 한다. 전달 내용이 중요하다고 주장하는 것으로는 코끼리의 관심을 사로잡을 수 없다. 기수는 그 말을 믿을 수도 있겠지만, 코끼리는 기수보다 약다.

그렇다면 긴박감을 조성하기 위해 어떤 요소를 사용해야 할까?

- **기억에 남을 만한 이야기:** 기억에 남을 만한 시나리오를 만들기 위해 스토리텔링의 기본 요소를 사용한다. 목적을 달성하려는 주인공과 그를 방해하는 적을 설정한다. 주인공이 뛰어넘어야 할 장애물을 중간중간 배치한다. 긴장감 조성을 위해 해결이 필요한 사건이나 마찰을 만든다. 주인공이 장애물을 극복하기 위해 변화하고 성장하도록 만든다.
- **설명이 아닌 보여주기:** 코끼리는 상당히 영리하며 여러분이 무언가 중요하다고 말해도 그 말을 곧이곧대로 받아들이지 않는다. 코끼리는 그 중요성을 직접 보고 느끼고자 한다. 이것이 소설이나 영화를 만드는 주요 기법 중 하나다. 상세 설명은 피하고 시각적 효과, 액션, 대화를 활용하자.
- **한정된 시간 또는 자원:** 긴장감을 고조시키기 위해 제한을 두자. 시간이나 자원을 제한하고 학습자가 그 안에 문제를 풀게 만들 수 있다. 하지만 주의해야 할 점이 있다. 20분이 소요되는 작업에 5분을 주는 것은 옳지 않다. 15~18분가량이 적절한 긴박감을 제공할 것이다. 20분짜리 작업에 5분을 주는 것은 그저 학습자를 불쾌하게 만드는 결과를 낳을 것이다.
- **즉각성:** 교육자는 학습 설계를 하며 미래의 결과에 집중하지만, 코끼리는 즉각적인 것에 반응한다. 아무리 심각하더라도 미래에 발생할 일이라면 코끼리에게는 지금 당장 일어나는 일에 비해 그리 중요하지 않다. 그래서 코끼리에게는 "응급탈출 방법을 배워야 합니다."라는 말이 "방금 8층에 불이 났어요! 무엇을 먼저 해야 할까요? 빨리 대답하세요!"보다 감흥이 적다.
- **흥미로운 딜레마:** 학습자에게 흥미로운 선택권을 주자. 딜레마는 잘 활용하면 관심을 집중시키는 데 용이하다. 하지만 여기서 관건은 옳고 그름으로 구분 짓지 않아야 한다. 옳고 그름으로 나누는 이분법으로는 긴장감을 충분히 조성할 수 없다. 그에 비해 다음의 선택 옵션이 더 효과적이다.

- 좋은 선택과 그보다 더 좋은 선택
- 좋지 않은 두 가지 선택
- 좋은 선택, 그보다 더 좋은 선택과 최상의 선택
- 좋은 것과 좋지 않은 것이 함께 섞인 두 가지 선택

훌륭한 게임은 제한된 리소스를 활용해 긴장감을 조성하는 흥미로운 딜레마를 만들어낸다. 보드게임을 하며 과감한 투자를 하는 스타일인가 아니면 철도와 같이 안전한 곳에 투자하는 성향인가? 물론 상황에 따라 어느 선택이 나은 지는 달라질 것이다.

- **피드백이 아닌 결과:** 미리 언급한 말로 설명하는 대신 보여주라는 지침과 일맥상통한다. 학습자가 선택의 기로에 놓여 있을 때, 피드백을 주는 대신 실제 결과를 제시하라.

정서적 여운

스토리는 우리로 하여금 의견을 형성하고 판단할 때 도움을 주는 정서적 여운을 갖고 있다. 학습자가 그저 무언가를 학습하는 데 그치지 않고 학습한 내용을 적용할 수 있게 해줘야 하는데 여기에 감성적 맥락이 도움이 된다.

오랜 시간 최선의 결정이란 장단점을 비교해 감정에 치우침 없이 이성적인 판단을 내리는 것이라고 여겨왔다.

행동 신경과학자인 안토니오 다마시오[Antonio Damasio]는 두뇌의 감정을 담당하는 부위에 손상을 입은 환자와의 실험을 통해 이 주장을 다시 짚어봤다. 감정이 결여된 이 환자는 명확한 판단을 내리기는커녕 매우 간단한 것마저 결정하는 데 큰 어려움을 겪었다. 사람들은 결정을 내리는 데 감정이 필요한 것으로 보인다.

사실에 대해 설명할 때 충분한 상황적 정보가 제시되지 않으면 청자는 그 정보를 이해하거나 활용하기가 어려워진다. 물론 주제에 따라 정서적 상황 정보의 필요 여부는 달라질 것이다. 레스토랑 직원들에게 결제 계산대 사용법을 설명하는 교육자료를 만든다면 정서적 정황에 대해 그다지 고민할 필요가 없다. 하지만 19세 미만 청소년이나 이미 술에 많이 취한 손님에게 술을 판매하지 않도록 직원을 주의시킬 경우, 정서

적 정황에 대해 훨씬 많은 신경을 써야 한다.

영업 교육에서 제시된 다음의 내용을 보자.

재구매에 대한 판매 수수료는 10%다.

그저 객관적인 사실에 지나지 않는다. 하지만 여기에 정서적 정황을 조금 가미하면 어떻게 될까?

사실 정보는 판단에 도움이 되는 정황적 정보와 함께 제공되지 않는 이상 무의미할 수 있다.

이전 그림은 10%의 판매 수수료를 사람들이 어떻게 받아들일지 보여준다. 시장 기준이 4%라면 10%가 만족할 만한 수치일 수 있다. 하지만 그 영업사원이 지금껏 30%의 수수료를 받아왔다면 기분이 언짢아질 것이다.

"객관적인 사실"이란 것이 존재하지만, 정보가 더 높은 가치를 가지려면 정황적 정보가 함께 제공돼야 하며 그 정황에는 정서적인 요소도 포함된다. 학습 설계 시 정황을 반영하지 않으면 학습자는 정보는 얻을지언정 그 정보에 대한 감을 갖지 못할 것이며 그로 인해 학습한 정보를 적절히 활용하지 못한다.

코끼리를 놀라게 하라

코끼리의 관심을 집중시키는 좋은 방법은 놀라게 하는 것이다.

예상치 못한 보상

학자들이 예상된 보상과 예상치 못한 보상에 대해 실험한 결과, 보상이 예상되지 않았을 때 기대와 보상에 관련된 두뇌 영역의 활동이 더 활발해졌다(Berns 2001). 다시 말해, 사람들은 예상치 못한 보상에 대해 훨씬 강력한 반응을 보인 것이다.

예를 들어, 필자는 어린 시절 생일마다 할머니께 생일 카드와 함께 5달러를 받았다. 할머니께서 보내신 카드는 나에게 매년 큰 기쁨이었지만, 5달러는 12살쯤이 되자 더 이상 흥미로운 선물이 아니었다. 할머니의 마음을 담은 카드가 좋았을 뿐, 5달러에서 오는 감흥은 사라졌다.

위 사례를 길을 걷다가 우연히 땅에 떨어진 5달러를 주웠을 경우와 비교해보자.

여러분은 어떤지 모르겠지만, 나는 길에서 5달러를 발견하면 기분이 매우 좋을 것이며 한동안 길을 걸을 때마다 땅을 내려다보며 걸어 다닐 것 같다.

두 사례 모두 동일한 5달러지만, 예상치 못한 수확이라는 점이 나의 반응에 큰 차이를 만들었다.

예상치 못한 보상에 대해 더 강한 반응을 보이는 경향은 인간의 생존에 중요하다. 좋은 것은 더 갖고자 하기에 기억하게 되며, 좋지 않은 것은 미래에 피하기 위해 기억하려고 한다. 하지만 상황이 예견된 것이라면 이를 기억하기 위해 굳이 두뇌의 자원을 소모할 필요가 없어진다.

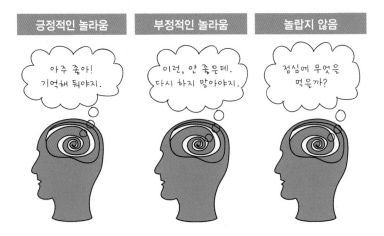

사람들이 슬롯머신을 좋아하는 이유는 예측 불가한 보상에 대한 기대 심리에서 비롯된다. 운에 따라 다양한 가능성이 존재하며 누가 언제 당첨될지 알 수 없기에 당첨이 되는 경우 더 큰 놀라움과 기쁨을 준다. 이러한 예측 불가함은 운동 경기나 코미디에서 재미를 느끼게 하는 요소이기도 하다.

코인을 잘 모으다가 갑자기 함정에 빠져 죽기도 하는 비디오 게임에서도 이런 요소를 관찰할 수 있다. 이런 예기치 못한 경험을 하면 패턴을 알아내고자 한다. 무엇이 이러한 결과를 낳았는지 찾아내려 한다.

하지만 안타깝게도 많은 온라인 교육 프로그램은 학습자에게 전혀 감흥이 없는 일관된 피드백을 제공한다.

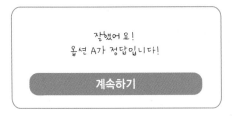

물론 일관성이 유용한 경우도 있다. 인지능력에 부담을 주지 않기 때문이다. 하지만 피드백 팝업창과 같은 인터페이스 요소가 계속 동일한 형태로 보여지면 일단 한 번 인지한 후로는 그 상자의 용도가 무엇인지 파악하려고 신경을 쓰지 않고도 식별할 수 있게 된다. 이렇게 일관성이 지나치면 사용자는 그 요소 자체를 아예 무시하게 된다.

새로운 컴퓨터 시스템에 대한 교육에서 강사가 "이 시스템의 37개 주요 기능을 하나씩 정의하며 알아보겠습니다."라고 말한다면 여러분은 "와, 흥미롭겠는데!"라는 생각이 들겠는가 아니면 "벌써 지겨워."라는 생각이 들겠는가?

그 찰나에 강사가 "농담이었습니다. 가장 중요한 기능 세 가지만 짚고 넘어가겠습니다. 나머지는 각자 설명서를 참고하세요."라고 한다면 여러분은 그 세 가지 기능이 무엇인지 집중하기 더 쉬울 것이다.

불일치

우리는 각자의 세계관에 부합하지 않는 무언가에 마주치는 경우에도 놀라게 된다. 머리 안에 정보를 저장할 곳이 마련돼 있지 않기 때문이다.

예를 들어 길을 걷다가 보라색 개를 봤다고 가정하자.

우리 두뇌에는 개에 대한 정리 체계(멘탈 모델)가 만들어져 있음을 이미 언급했다. 개라는 동물에 익숙하기에 상당히 자세한 멘탈 모델이 형성돼 있으며 대부분의 사람들은 개가 보라색일 수 있다고 생각하지 않을 것이다.

개를 관찰하며 개에 대해 기존에 알고 있는 특징(크기, 형태, 털의 느낌, 움직임, 소리)과 관찰 대상을 비교하다가 색상이 특이하다는 점을 인지하게 될 것이다. 알고 있는 개의 특징에 부합하는 여러 특징을 갖고 있으나 색상이 그렇지 않음을 인지할 것이다.

"보라색 개도 있나?" 또는 "개는 보라색이 없는데."라는 생각이 들 것이다.

이를 인지 불일치(인지부조화)라 하는데, 기존에 우리가 갖고 있던 세계관과 맞지 않을 때 발생하는 현상이다. 이러한 두 가지 상충된 사고를 어떻게 해결할까? 여기 제시된 개에 관련한 사례에 있어서는 다음과 같은 시나리오를 생각해볼 수 있다.

- 가엾은 개에 누가 스프레이 페인트를 뿌렸음
- 내가 헛것을 봄
- 보라색 개가 실제 존재함

마지막 시나리오에서 여러분은 자신이 갖고 있던 개에 대한 이해, 다시 말해 개에 대한 멘탈 모델을 확장해 개가 보라색일 수 있다고 받아들이게 된다.

이를 '배움의 순간teachable moment'이라고 표현하는 사람들이 있다. 학습자가 새로운 개념을 적극적으로 받아들여 배우기 가장 쉬운 순간을 의미한다.

코끼리는 호기심 많은 동물이다

어머니의 이메일 확인을 돕고자 컴퓨터 앞에 앉을 때면 AOL 웹사이트에서 시간을 한참 보내게 된다. AOL은 놀랍게도 내가 전혀 관심 없는 이슈에 대한 기사도 모두 링크를 클릭하게 만든다.

- 80년대 아역배우 중 현재 3명의 부인을 거느리고 있는 사람은 누구인가?
- 립밤을 바르지 말아야 할 여덟 가지 이유
- 형광등에 대한 놀라운 사실

위에 열거한 여러 주제에 전혀 관심이 없음에도 불구하고 호기심에 링크를 클릭하게 된다. AOL 웹사이트의 기사 제목 담당자는 필자의 호기심을 완벽하게 자극하는 법을 아는 것 같다. 얄팍한 호기심일지언정 나로 하여금 링크를 쫓아가게끔 만드니 말이다.

경제학 및 심리학 교수인 조지 로벤스타인George Loewenstein은 호기심에 대해 "사람들이 기존에 갖고 있는 지식과 상충된 정보를 인지했을 때 발동한다. 호기심으로 대변되는 일종의 결핍을 느끼게 되고 사람은 그 결핍을 채우기 위해 새로운 정보를 얻고자 한다."라고 설명한다.

코끼리는 호기심 많은 동물이기에 그 호기심을 자극하면 코끼리의 관심을 집중시킬 수 있다. 그렇다면 코끼리의 호기심을 어떻게 자극할까?

- **흥미로운 질문을 던진다.** 여러분이 던진 질문이 간단한 구글 검색을 통해 해결된다면 그것은 그다지 흥미로운 질문이 아니다. 학습자로 하여금 정보를 단순히 기억해내는 것을 넘어 이를 해석하고 적용하게끔 만들어야 한다. 단순 회상을 요하는 질문은 그다지 흥미롭지 않을 뿐 아니라 정보가 넘쳐나는 세상에 사는 우리에게 시간 낭비일 뿐이다.

- **궁금증을 유발하라.** 풀어야 하는 수수께끼와 같은 문제를 제시할 수 있는가? "토성에는 왜 고리가 있을까? 다른 행성에는 왜 고리가 없을까?"라는 질문으로 과학 수업을 시작하거나 프로젝트 관리 수업에서 프로젝트가 처참하게 실패한 사례를 먼저 소개하며 프로젝트 초기 문서에 어떤 문제점이 있는지 찾도록 하는 것은 어떨까? 호기심을 활용해 학습자가 문제를 해결해 나가게 하는 것은 유용한 교육 방식이 될 수 있다.

- **정보를 적절히 숨겨라.** AOL의 헤드라인이 필자를 매료시키는 데는 적절히 숨겨진 정보의 역할이 컸다. 부인이 여럿인 80년대 아역배우는 내가 알지도 못하는 배우일 수도, 내가 열광하며 시청하던 드라마의 주인공이었을 수도 있다. 누구인지 알지 못한다는 사실만으로 내 관심을 끌기에 충분하다. 사실을 알아내기 위해 결국 나는 링크를 클릭하게 되니 말이다.

교육 설계사는 학생이 완전한 정보에 쉽게 접근할 수 있게 해주려는 목표를 갖고 있다 보니 이렇듯 주요 정보를 숨기는 상충된 접근이 다소 어려울 수 있다.

- **적당한 도움을 주라.** 수학 교사이자 블로거인 댄 메이어(http://blog.mrmeyer.com)는 학습자에게 너무 많은 도움을 주지 말라는 철학을 갖고 있다. 그의 블로그에 따르면 문제를 너무 복잡하게 만들어 학습자가 어려움을 겪는다고 주장한다. 제시되는 정보의 양을 줄이면 학습자는 단순 공식에 숫자를 대입하는 것이 아닌 문제를 풀어나가는 법을 터득하게 된다고 한다. 문제를 해석하고 내용을 파악하는 것도 학습의 일부다.

흥미로운 질문을 던져라

19세기 교육자이자 작가인 샬롯 메이슨의 글을 살펴보자.

> 아이들은 모두 타고난 개성이 있으며 유아 교육은 유아의 특징을 고려해 실행돼야 하다 보니 아이의 주위 환경, 습관과 관련한 규칙, 생생한 아이디어의 표현이라는 세 가지 교육 요소를 활용해야 한다. 교육은 환경이고 규칙이며 삶이다. 교육이 환경이란 것은 유아로 하여금 별도로 설정된 '어린아이만의 환경'에 갇혀 있도록 해야 한다는 의미가 아니다. 익숙한 환경에서 자유로이 생활하고 경험하며 학습하는 교육 방식의 중요성을 의미한다. '어린아이 수준'에 맞추겠다고 환경을 바꾸는 것은 오히려 아이가 흥미를 잃게 만들 수 있다.

여러분이 위 내용을 교육 관련 수업에서 가르친다고 가정해보자. 학습자의 참여도를 높이기 위해 "샬롯 메이슨이 주장한 교육의 세 가지 요소는 무엇인가?" 또는 "교육이 환경이라는 샬롯 메이슨의 말은 어떤 의미인가?"와 같은 질문을 던져볼 수 있다.

하지만 이러한 질문은 단순 정보 기반의 질문으로 윗글에서 답을 그대로 긁어올 수 있다. 이런 질문 대신, 학습자로 하여금 문맥의 정보를 사용하고 적용하도록 유도하는 질문을 던져야 한다. 다음 예를 살펴보자.

- 교육자가 자연스런 가정환경을 교육에 활용하는 방법은 무엇일까?
- 메이슨은 환경을 어린아이 수준에 맞추는 것이 아이의 흥미를 잃게 만들 수 있다고 주장했으나 그렇게 해야만 하는 상황이 있지 않을까?
- 메이슨은 학교에서 인터넷 사용을 제한하는 것에 대해 어떤 의견을 갖고 있을까?

질문을 던질 때는 수강하는 학습자가 강의에서 습득한 정보를 그대로 읊게 하지 말고 새로운 사고나 의견을 정립하고 개념을 적용할 수 있게 하자.

다른 코끼리들이 모두 참여한다고 말하라

코끼리는 사회적 동물이므로 관심을 끌려면 사회적 활동이 가능케 해줘야 한다. 사람들은 다른 사람들이 참여할 때 더 관심을 갖기 마련이다.

MIT 미디어랩은 사람들이 가상 현실을 통해 가상의 인물들과 사교 활동 하는 실험을 진행했다(Okita 2008). 한 그룹에는 아바타를 사용하는 다른 사용자들과 사교하는 것이라고 설명했고, 다른 그룹에는 아바타가 사람이 아닌 컴퓨터라고 설명했다. 사실 두 그룹의 사용자는 모두 동일하게 컴퓨터와 교류하는 것이었다.

사람들은 자신이 실존 인물과 대화하고 있다고 여긴 경우 관심의 정도가 더 높았으며 더 많은 내용을 학습했고 실험 후의 테스트에서 더 좋은 결과를 보였다. 두 실험의 차이는 실존 인물을 대하고 있다고 생각하는지 여부였을 뿐이다. 정리하자면, 우리는 타인과 함께할 때 관심의 정도가 높아진다.

사회적 학습(소셜 러닝)은 여러 형태를 가질 수 있다. 그룹 프로젝트가 될 수도 있고 소셜 미디어를 활용한 형식에 구애받지 않는 지식 교환일 수도 있다. 전통적인 교육 환경에서는 교육자가 모든 지식의 제공자로서 정보를 학습자에게 일방적으로 전달했으나, 최근의 추세는 지식과 경험을 만들어내는 학습 환경에 학습자가 직접 기여한다.

코끼리의 참여도를 높이기 위해 협동, 경쟁, 사회적 검증 등의 사회적 교류 방식을 적용해보자.

협동

협동 학습에서는 코끼리의 관심을 끌기 위해 여러 '사회적 영향social influence'이 활용될 수 있다. 단체 활동을 통해 코끼리는 협상과 지원, 사회적 의무, 그룹 내부 구성원 간의 관계 등을 경험하며 참여도가 높아지고 주의를 집중하게 된다.

협동 학습의 장점은 코끼리의 관심을 끄는 것뿐이 아니다. 미국 버클리 대학University of California Berkeley의 필립 유리 트라이스맨Philip Uri Treisman은 소수 인종 학생(주로 흑인과 히스패닉계 학생들primarily black and Hispanic students)의 수학능력 개선을 위한 연구 결과를 발표했다. 그는 학생들의 과거 교육 수준이 낮거나, 가족의 지원이 부족하거나, 좋은 학습 습관을 기르지 못해 실력이 미흡한 것이라 생각했다.

하지만 학생들을 관찰하며 조사해본 결과, 그 예상이 잘못됨을 알게 됐다. 소수 인종 학생들은 매우 열심히 공부했고 가정적인 차원에서도 충분한 지원을 받고 있었다.

트라이스맨은 성적이 뒤처진 소수 인종 학생들과 성적이 우수한 동양인 학생들의 학습 습관을 비교하며 새로운 사실을 발견했다. 동양인 학생들은 주로 동료 학생들과 함께 공부하는 반면, 소수 인종 학생들은 독립적으로 공부했다.

동양인 학생들은 그룹으로 모여 공부하고 서로 도와주며 정보를 공유하고 함께 교류하며 공부하는 반면, 다른 소수 인종 학생들은 혼자 독립적으로 공부하는 습관을 갖고 있었다.

트라이스맨과 주변 교수들이 소수 인종 학생들 또한 함께 공부할 수 있는 환경을 조성하자 그 학생들의 성적은 향상됐고 다른 학생들과 견줄 만한 실력을 갖추게 됐다.

사회적 검증

로버트 치알디니는 본인의 저서 『설득의 심리학』(21세기북스출판사, 2019)에서 사회적 검증의 원칙에 대해 논한다. 사람들은 특정 활동에 타인이 참여하는 것을 보고 나면 그것이 더 가치 있다고 여기는 경향이 있다고 한다.

학생들이 동료 학생이 열심히 공부하는 모습을 보거나 과거에 수업을 청강한 학생들이 청강 후 성적이 좋아졌다는 사실을 알게 되면 더 열심히 공부하게 되고 성적도 좋아질 확률이 높다는 것이다.

대학에서 강의하던 시절, 필자는 학생들이 수업 시간에 자주 참여하고 발표할 기회를 만들었는데 강의 초기에 발표하는 학생의 수준이 결국 한 학기 동안 발표하는 다른 학생들 수준의 기준이 됨을 알게 됐다.

온라인 학습도 마찬가지다. 수업을 과거에 수강한 학생들과 그들의 학습 참여도를 알게 되면 학생 각자의 태도가 달라지곤 한다.

경쟁

경쟁에는 문제점이 존재한다.

경쟁은 즉각적인 긴장감을 만들어주는 소셜 메커니즘이다. 경쟁을 앞둔 운동선수는 실제 경합이 시작되기도 전에 먼저 심장 박동수 증가, 호르몬 분비, 피부의 변화 등 육체적인 반응을 경험한다.

경쟁이 코끼리의 관심을 집중시키는 유용한 방법이긴 하지만 교육 도구로서 부적합한 많은 문제점이 존재한다.

- **모든 사람이 경쟁을 즐기지는 않는다.** 경쟁을 좋아하는 사람들도 있으나 반대로 경쟁을 매우 싫어하고 과도한 스트레스를 받는 사람들도 있다. 적당한 긴장은 관심을 집중 시켜 학습의 효과를 높일 수 있지만, 과도한 스트레스는 오히려 부정적인 결과를 낳는다. 여러 연구 결과에 따르면 경쟁을 즐기는 사람에게 미치는 긍정적인 효과보다 경쟁을 싫어하는 사람이 받는 부정적인 영향이 더 크다고 한다.
- **경쟁은 학습자에게 이기는 법을 알려준다.** 이기는 방법을 교육하는 것이 무슨 문제냐고 묻는 이도 있겠지만, 이기는 것에 초점을 맞추다 보면 교육의 본질을 잃을 수 있다. 교육 자료를 이해하고 이를 활용하는 법을 익히는 데 집중하지 못하고 이기는 것이 주된 목적이 돼버릴 수 있다. 다시 말해, 교육이 단순히 "내가 이기는 데 도움이 되는 것"으로 전락해버리는 것이다.
- **경쟁은 장기적으로 효과적인 동기부여 수단이 되지 못한다.** 학습자로 하여금 경쟁이 아니면 주의를 기울일 필요가 없으며 중요하지 않다고 여기게 만들 수 있다.

경쟁이 코끼리의 관심을 집중 시켜 주긴 하지만, 꼭 필요한 경우에만 가끔 사용하도록 하자. 경쟁 요소가 가미된 게임을 통해 학습자의 관심을 유도할 수는 있지만, 동기부여의 주된 수단이 돼서는 안 된다.

반짝이는 것을 보여주라

시각 보조 교재, 유머, 보상 등 코끼리의 본능적인 반응을 끌어내는 시각적이고 실질적인 방법이 다양하게 존재한다.

시각적 요소는 신중하게 사용해야 한다

코끼리는 시각적 요소에 민감하므로 사용하는 이미지는 매우 중요하다.

예를 들어 이번 장 앞부분에 언급된 아래 내용은 그다지 흥미롭지 않다.

> 정지 표지판이 있거나 빨간 신호가 깜빡이는 교차로에 차량 두 대가 동시에 도착한 경우에도 좌측에 있는 운전자가 우측 차량의 운전자에게 양보해야 한다(미국 미네소타주의 운전자 지침서 41쪽).

하지만 시각적 요소를 가미하면 달라진다.

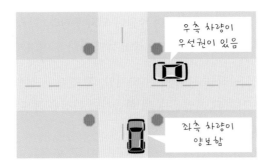

좀 더 다이나믹한 예로는 자동차 레이싱 게임을 생각해볼 수 있다. 비디오 게임은 코끼리를 매혹시키는 훌륭한 시각적 효과를 만들어낸다.

시각 효과를 만드는 방법에 대한 여러 훌륭한 참고서가 있다. 특히, 로빈 윌리엄스의 『디자이너가 아닌 사람들을 위한 디자인북』(라의눈출판사, 2016)과 코니 말라메드의 『Visual Design Solutions』(John Wiley & Sons, 2015)라는 서적을 권한다. 이 두 서적은 효과적인 비주얼 요소를 만드는 방법에 대한 가이드를 제공하긴 하지만 기억해야 할 몇 가지 사항이 더 있다.

시각적 요소를 사용하는 이유를 알아야 한다. 학습 자료에 사용되는 시각적 요소는 각기 다양한 목적이 있으며 각 요소를 사용하는 목적을 알면 유용하다. 시각적 요소를 사용하는 이유를 몇 가지 살펴보자.

- 장식: 그저 외형적인 이유 때문인 경우가 있다. 단락을 나누면 보기가 더 깔끔해진다. 도널드 노먼은 『감성 디자인』(학지사 출판사, 2010)이라는 저서에서 매력적인 것이 그렇지 못한 것에 비해 사용자로부터 더 긍정적인 반응을 이끌어내며 효과 또한 뛰어나다는 연구를 소개했다. 긴 문맥을 깔끔하게 나눔으로 해서 글이 시각적으로 더 매력적으로 보이게 만들 수 있을 뿐 아니라 가독성이 높아지며 이해하기가 수월해진다. 장식적인 그래픽 요소는 교육 자료에 사용되는 시각적 요소의 일부에 불과하며 주의를 기울여 사용해야 한다. 장식적 요소가 오히려 학습자의 주의를 산만하게 한다는 연구 결과도 있다(Thalheimer 2004).

가능하면 너무 흔한 이미지는 피하자. 예를 들어 악수하는 이미지와 같은 클립 아트는 이미 너무 많이 사용돼 독자에게는 식상해 보일 뿐이다.

- 진도: 진행 과정이나 단계를 설명할 때 시각적 요소를 사용하면 글만 사용할 때 대비 훨씬 효과적이다. 시각적 요소는 특히 시간의 흐름에 따른 진도와 진행 상태를 보여줄 때 유용하게 사용될 수 있다.

- 개념적 은유: 시각적 요소는 글로 표현이 어려운 개념이나 은유를 설명해줄 수 있다. 특히 인포그래픽은 복잡한 정보를 이해하고 소화하기 쉽게 만들어준다.

수학이나 데이터 분석 등의 분야를 공부했거나 숫자에 능통하지 않다면 숫자 기반의 데이터를 이해하고 의미 있게 사용하기 쉽지 않다. 숫자를 이해하는 데 필요한 멘탈 모델이 부재한 경우 시각적 요소는 숫자 정보를 어떻게 처리하면 될지 알려준다.

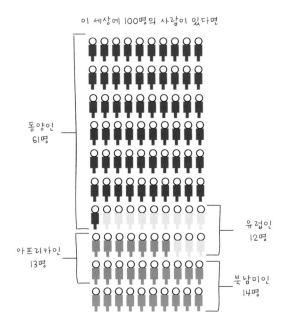

시각적 요소는 정보 부하를 줄여줄 수 있다. 언어 정보와 시각적 정보는 두뇌 안에서 다르게 처리된다. 그러므로 두 가지 정보를 효과적으로 함께 사용하면 학습자를 다량의 정보로 압도하지 않으면서 기억을 돕는 여러 방법을 제공할 수 있다.

교과서에는 시각적 정보에 비해 언어 정보가 훨씬 많다. 앞서 언급한 두뇌 안의 선반 비유를 생각해보면, 교과서를 사용하는 경우 학습자 두뇌의 시각적 선반에 남아 있는 공간이 언어적 선반에 비해 훨씬 많다. 1장에서 언급한 바와 같이 학습 유형(예를 들어 시각적, 청각적 또는 운동 감각을 통한 학습)은 그리 유용하지 않은데, 그 이유는 사람들이 대부분 시각적 학습자이기 때문이다. 시각 장애가 있지 않은 이상 사람들은 모두 시각적 정보를 통해 학습하므로 이러한 능력을 활용하지 않는 것은 마치 사람들의 손

한쪽을 묶어 두는 것과 마찬가지라 하겠다.

시각적 요소는 머릿속에 선반을 만드는 데 도움이 된다. 학습자에게 다량의 정보를 전달해야 하지만, 그들 머리 안의 옷장(저장할 공간)이 그리 크지 않다면 시각적 정보를 활용해 선반(정리 체계)을 새로 만들 수 있다. 시각적 정보 정리 체계는 두뇌에 전달된 정보를 구분하는 방법을 제공한다.

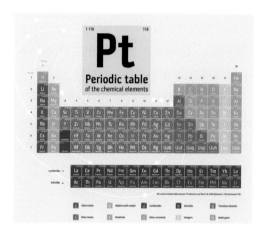

시각적 요소는 맥락을 제공한다. 앞서 맥락의 중요성에 대해 언급했는데, 시각적 요소는 상황에 대한 많은 맥락을 제공해준다.

- 시나리오 맥락: 많은 시간을 들여 글로 시나리오를 설명할 수도 있고 간단히 시각적으로 표현하는 방법도 있다. 시나리오의 맥락은 상황에 대해 다양한 정보와 인과 관계에 대한 이해를 제공한다.

- 감성적 맥락: 시나리오 맥락과 유사하게 이미지를 통해 많은 감성적 맥락을 얻을 수 있다. 글로 된 설명 없이 여러분은 아래 이미지에 대해 얼마나 이해할 수 있겠는가?

- 맥락적 트리거: 우리는 학습 환경 내에서 학습자로 하여금 특정 행동을 유발시키는 기폭제(트리거)에 익숙해지게 만들 수도 있다.

  일례로, 사용하지 않음에도 불구하고 전원에 연결돼 전기를 계속 소모하는 전자기기처럼 사람들이 인식하지 못하는 사이 발생하는 전기 소모에 대한 교육을 설계할 때의 일이다. 휴대폰을 충전기에 꽂으면 하룻밤 사이 충전이 완료된 후에도 충전기는 계속해서 전기를 소모하며 에너지를 낭비한다. 이 교육은 사람들이 충전 중인 휴대폰(기폭제)을 보면 에너지가 낭비됨을 기억하고 충전이 완료됐는지 확인한 후 코드를 뽑는 행동을 취하게 만들고자 했다.

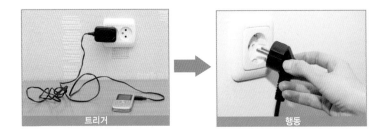

기폭제와 원하는 결과 행동을 시각적으로 연계시키는 것은 기억과 행동을 연결하는데 중요한 역할을 한다.

코끼리가 무언가를 갖고 놀게 하라

코끼리는 직접적인 체험에 민감하다. 따라서 코끼리 다루기가 어려워지면 실제 체험이 가능하도록 해주자. 청각, 시각 또는 육체적 자극을 활용해 코끼리의 관심을 집중시킬 수 있다. 불교에서는 사람의 쉽게 산만해지고 변덕스러운 마음을 "원숭이 마음"이라 일컫는다. 신경 과학 이론인 '신경활동이론'에 따르면 두뇌의 특정 영역이 집중적으로 사용될 시, 혈당과 같은 그 영역의 특정 자원이 고갈되며, 이로 인해 두뇌의 초점이 다른 영역으로 이동한다고 설명한다(Killeen 2013). 예를 들어, 카페에서 수학 숙제를 풀기 위해 집중하고자 많은 노력을 기울이다 보면 어느새 공식을 읽는 데 집중하던 두뇌는 피곤해지고 첫 데이트를 하는 옆자리 남녀의 대화에 귀 기울이던 두뇌의 다른 영역에 주의 신경이 옮겨갈 수 있다는 의미다.

원숭이를 직접적인 체험 활동에 참여 시켜 마음을 사로잡으면 원숭이가 집중하게 될 것이다. 수업이나 회의 중 낙서(직접적인 활동)를 하는 것이 집중을 도와준다는 연구 결과도 있다(Andrade 2009). 실제 과업과 직결된 체험 활동을 제공할 수 있다면 금상 첨화다.

맛, 촉감, 소리, 냄새 등도 부가적인 맥락을 제공하는 기억의 기폭제 역할을 할 수 있으며 물리적인 인터랙션 방식을 활용해 코끼리의 관심을 집중시킬 수도 있다.

실전에 필요한 지식을 가르친다면 실전을 위한 연습이 학습에 포함돼야 한다.

재미있게 만들라

재미는 주관적이기에 사람들은 서로 다른 요소에서 재미를 느낀다. 그렇다 보니 학습에 재미를 가미한다는 것은 어렵기 마련이다.

하지만 여러분이 대상 학습자를 잘 이해하고 학습 내용을 재미있게 만들 수 있음을 확신한다면 재미는 학습자를 교육에 적극 참여시키는 효과적인 방법이 된다. 무미건조한 문장보다는 웃긴 문장을 학습자가 더 잘 기억한다는 연구 결과도 있는데 유머가 관심을 더 잘 집중시키거나 웃긴 내용이 더 인상 깊기 때문일 것이다(Schmidt 1994).

유머를 교육에 활용할 예정이라면 과연 대상 학습자[audience]가 흥미롭다고 느낄지 그들과 먼저 확인해보자.

개구리 커스튬을 입은 새끼 고양이 사진을 보고 너무 웃긴다고 느끼는 사람이 있는가 하면 전혀 웃기지 않다고 생각하는 사람도 있을 것이다.

포상과 보상의 효과

코끼리의 관심을 끄는 또 다른 방법은 포상이나 보상이 있다는 사실을 알려주는 것이다.

그러나 유머와 마찬가지로 보상을 잘 활용하기는 쉽지 않다. 기본적으로 특정 행동에 대한 보상이 있으면 사람들이 그 행동을 취할 가능성이 커지는 반면, 처벌을 가하면 그 행동을 취할 가능성이 낮아진다.

보상 체계는 상황에 맞춰 잘 활용하면 효과적인 수단이 될 수 있지만 적용하기 쉽지 않다.

보상의 장점은 무엇인가

보상의 가장 큰 장점은 코끼리를 지속적으로 참여시킬 즉시성을 가지고 있다는 점이다.

예를 들어 경제 지식과 퇴직 후를 준비하기 위해 투자에 대해 공부하려고 관련 서적을 구매했다고 가정하자. 이 서적의 여러 유용한 정보 중에는 '급여 공제 수정하기'처럼 몇 달을 기다려야 적용해볼 수 있는 것도 있고, '퇴직 후 개인연금 적절히 배분하는 방법'처럼 여러 해를 기다려야 활용해볼 수 있는 정보도 있을 것이다. 이처럼 즉시 적용해볼 수 있는 정보가 부재하면 이 서적을 읽는 데 집중력이 떨어질 수 있다.

위 사례를 시뮬레이션 게임을 통한 금융투자 교육과 비교해보자. 게임에서는 아바타를 만들고 금융투자 포트폴리오를 설정하기 시작한다. 수년에서 수십여 년의 세월을 넘나들며 투자 결정을 내리고 금융 계획을 수정해가며 선택에 따른 결과의 차이를 확인한다. 새로운 투자 시나리오를 수립해 전과 다른 결과를 얻을 수도 있다.

게임의 시나리오는 피드백, 위험 요소, 문맥, 흥미롭고 재미있는 도전 등 코끼리의 관심을 유발하는 여러 요소를 갖추고 있다. 또한 학습 경험을 좀 더 매력적이고 실감 나게 해주는 즉각적 보상과 처벌 그리고 결과가 존재한다.

물론, 게임뿐 아니라 서적도 학습하는 이에게 보상을 제공할 수 있다. 매체의 종류로 인해 차이가 발생하는 것은 아니다. 정보 취득 자체를 즐기는 사람이라면 서적을 통한 기존 지식의 확인과 새로 얻은 이해만으로도 충분히 만족스러운 보상이 될 수 있지만, 이런 유형의 사람이 아니라면 성공적인 학습을 위해 도전을 통한 성취감과 구체적인 보상이 필요할 것이다.

위에 언급한 시뮬레이션 게임은 학습자로 하여금 학습한 정보를 게임에 즉시 적용해볼 수 있는 기회를 제공하기에 코끼리를 집중시키는 데 큰 수고가 필요 없다.

보상의 단점은 무엇인가

외적 보상external rewards은 엇갈린 결과가 나오기도 한다. 효과가 좋은 경우도 있지만, 잘못 사용하기 쉽다. 훌륭한 보상은 어떤 깨달음을 얻은 순간, 성공적인 노후 계획을 세웠을 때, 혹은 수수께끼를 푼 순간처럼 기쁨을 주는 매우 단순한 사건이기도 하며 보상이 실제 학습 경험과 연관 관계가 낮은 경우 훌륭한 것이라 볼 수 없다.

> **기억해야 할 점:** 외적 보상은 사람들의 의욕을 저하시킬 수 있다.

"이 강의를 마치면 상품권을 드립니다"처럼 마치 사탕을 주는 듯한 외적 보상은 얄 팍한 수단으로 동기부여에 매우 비효율적이다. 이런 방법은 애완동물에게는 효과적 일지언정, 사람들에게는 부적합하다. 이런 외적 보상을 나는 '상품권 효과'라 부른다. "만족스러운 상일지 모르겠지만 여러분이 노력한다면 저희가 맛있는 커피를 석 잔 쏘겠습니다!"라는 것과 마찬가지다. 특정 행동을 장려하거나 동기를 부여하는 데 비 생산적일 뿐 아니라 오히려 역효과를 낳을 수도 있다.

행동 경제학자인 댄 애리얼리^{Dan Ariely}는 한 실험에서 사람들에게 레고로 모형을 조립 하게 하고 조립한 모형에 대해 소액의 보수를 지불했다. 레고 모형이 완성되면 한 그 룹의 모형은 잘 전시해준 반면, 다른 그룹은 완성된 모형을 그들이 보는 앞에서 모두 해체하고 다시 상자 안에 넣었다(Ariely 2008).

두 그룹은 동일한 보수가 있었음에도 불구하고, 첫 번째 그룹 참가자들이 두 번째 그 룹 참가자들보다 훨씬 많은 레고 모형을 만들었다.

보수나 기타 외적 보상 없이 활동 그 자체를 목적으로 참여한 실험에서도 유사한 결 과가 발견됐다. 사람들에게 돈을 지불하기 시작하면 활동은 노동이 돼버려 실적과 동 기부여에 부정적인 영향을 미치게 된다. 예를 들어, 그림을 그리고 상으로 돈을 받는 아이들은 재미로 스스로 그릴 때보다 그림을 적게 그리기 시작한다. 보상이 포함되면 흥미로운 취미활동이 노동이나 의무가 돼버리는 것이다. 또한 본질이 활동 자체에서 보상으로 빠르게 변질될 수 있다(Kohn 1993).

이에 관련한 훌륭한 참고서로는 다니엘 핑크의 『드라이브』(청림출판 출판사, 2011)와 알피 콘의 『Punished by Rewards』(HoughtonMifflin, 1999)가 있다.

내적 보상 만들기

내적 보상은 훌륭한 동기부여 요인이 된다. 활동 자체에서 오는 만족감, 새로운 능력을 터득하는 데서 오는 기쁨, 새로운 기술을 적용할 수 있다는 기대감 등 내적 보상은 여러 형태를 띤다.

성공적인 내적 보상은 학습자에게 실질적인 도움이 되거나 만족감을 줄 수 있어야 한다. 예를 들면, 성취감을 느낄 수 있도록 학습을 설계하는 방법에 대해 앞서 언급했다.

〈초보자를 위한 포토샵〉
-레슨 1: 눈에 띄는 블로그 머리말 만들기
-레슨 2: 밋밋한 사진을 멋지게 변화시키기
-레슨 3: 앨범 커버 만들기
-레슨 4: 동생 결혼식 사진에서 전 여자친구 지우기

이런 학습은 눈으로 확인할 수 있는 만족스러운 결과물을 통한 내적 보상을 제공한다. 학습자에게 어떻게 다양한 보상을 제공할지 생각해보자. 그들이 완성한 결과물에 대해 커다란 별 스티커와 함께 1,000포인트를 줄 수도 있지만, 이 또한 외적 보상에 가깝다.

학습자가 결과물을 과시할 수 있도록 온라인 갤러리를 만들어 그 결과물을 전시하는 것이 더 이상적이다. 이런 형태의 보상은 내적 보상에 가깝다.

여러분이 결정할 수 없다

내적 보상을 설계할 때 짚고 넘어가야 할 점이 하나 있다.

학습자에게 무엇이 내적 보상인지는 여러분이 판단할 수 없다.

내적 보상은 유연성을 갖춰야 하며 학습자가 어느 정도 통제할 수 있어야 한다. 학습자에게 선택과 자율이 주어지지 않는다면 그들이 바라는 것을 여러분이 추측해서 결정하게 된다. 학습자를 잘 파악하고 있다면 그들이 원하는 바를 옳게 추측할 가능성도 있지만, 그들이 직접 결정할 수 있도록 최대한의 권한을 줘야 한다.

학습자는 본인이 무엇을 모르는지 인지하지 못하기에 지침과 목표가 필요하다는 주장은 수없이 들어왔다. 하지만 이것은 자율이 부족한 교육 환경에 대한 일종의 정당화라고 볼 수 있다. 아무리 초급 학생이라도 그들에게 권한을 주는 방법은 존재한다.

학습자에게 자율성을 주는 몇 가지 방법:

- 무엇을 학습할지 함께 결정하기
- 자료의 어디부터 시작하고 어떤 순서로 학습할지 함께 결정하기
- 어떤 과제나 프로젝트를 할지 직접 결정하게 하기
- 각자 질문, 프로젝트, 과제를 가져오게 하고 학습의 초점을 이를 풀어나가는 것에 맞추기

학습자에게 자율성을 제공하기 어려운 상황이라면 보상을 통한 관심 유도는 피하도록 하자. 강제적인 재미란 존재하기 어렵기 때문이다.

요약

- 학습자의 관심을 얻고 이를 유지시키고 싶다면 두뇌의 감성적인 측면(코끼리)뿐 아니라 이성적인 측면(기수)에도 관심을 기울여야 한다.
- 관심 끌기는 관심 유지와는 다르며 관심을 끌 때 사용하는 요소는 학습 자료의 본질에 가까워야 한다. 그렇지 않을 경우 오히려 방해가 되고 학습에 부정적인 영향을 끼칠 수 있다.
- 학습한 내용을 바로 적용해볼 수 있는 경우 학습자의 집중력은 더 높아진다. 따라서 필요한 타이밍에 맞춰 제공되는 교육이 효과적이다(just-in-time learning). 하지만 때를 맞추기 어렵다면 학습 내용의 유용성을 즉시 확인할 수 있도록 시나리오나 문제 해결 과제를 제시해보자.
- 학습자의 관심을 끌기 위해 이야기, 감동적인 여운, 긴박감, 놀라움, 호기심 등을 활용할 수 있다.
- 사회적 상호작용과 시각적 요소는 관심을 끌고 유지시키는 데 유용하다.
- 경쟁과 외적 보상은 학습자의 관심을 끌 수 있지만, 실질적 목표를 달성하는 데 방해가 되고 내적 동기에 부정적인 영향을 미칠 수 있다. 이런 방법은 매우 신중

히 사용하거나 피하는 것이 최선이다.

- 내적 보상은 학습자에게 선택과 자율이 주어질 때 효과적이다.

참고자료

- Andrade, Jackie. 2009. "What Does Doodling Do?" Applied Cognitive Psychology(January 2010). 24 (1): 100-106.

- Ariely, Dan, Emir Kamenica, and Dražen Prelec. 2008. "Man's Search for Meaning: The Case of Legos." Journal of Economic Behavior & Organization 67: 671–677.

- Bean, Cammy. 2011. "Avoiding the Trap of Clicky-Clicky Bling-Bling." ELearn Magazine, June. http://elearnmag.acm.org/featured.cfm?aid=1999745.

- Berns, Gregory S., Samuel M. Mcclure, and P. Read Montague. 2001. "Predictability Modulates Human Brain Response to Reward." Journal of Neuroscience 21 (April).

- Cialdini, Robert. 2005. "What's the Best Secret Device for Engaging Student Interest? The Answer Is in the Title." Journal of Social and Clinical Psychology 24 (1): 22–29.

- Deterding, Sebastian. 2011. "A Quick Buck by Copy and Paste," posted by Gamification Research Network. http://gamification-research.org/2011/09/a-quick-buck-by-copy-and-paste.

- Gailliot, M.T., R.F. Baumeister, C.N. DeWall, J.K. Maner, E.A. Plant, D.M. Tice, L.E. Brewer, and B.J. Schmeichel. 2007. "Self-Control Relies on Glucose as a Limited Energy Source: Willpower Is More Than a Metaphor." Journal of Personality and Social Psychology 92: 325–336.

- Haidt, Jonathan. 2006. The Happiness Hypothesis: Finding Modern Truth in Ancient Wisdom. New York: Basic Books.

- Jabr, Ferris. 2010. "The Psychology of Competition: Meeting Your Match." Scientific American Mind Nov/Dec: 42–45.

- Killeen, Peter R. 2013. "Absent Without Leave: A Neuroenergetic Theory of Mind Wandering." Frontiers in Psychology. 4: 373.

- Kohn, Alfie. 1993. Punished by Rewards: The Trouble with Gold Stars, Incentive Plans, A's, Praise, and Other Bribes. Boston: Houghton Mifflin.

- Loewenstein, G. 1994. "The Psychology of Curiosity: A Review and Reinterpretation." Psychological Bulletin 116(1): 75 – 98. Found via Stephen Anderson's excellent article on Johnny Holland.

- Mason, Charlotte. 1923. "Three Instruments of Education." Charlotte Mason's Original Homeschooling Series 6: 94. Copyrighted 2002 – 2003 by Ambleside Online.

- Minnesota Driver's Manual. www.dps.state.mn.us/dvs/DLTraining/DLManual/DLManual. htm.

- Okita, S.Y., J. Bailenson, and D.L. Schwartz. 2008. "Mere Belief of Social Action Improves Complex Learning." Proceedings of the 8th International Conference for the Learning Sciences.

- Pink, Daniel. 2009. Drive: The Surprising Truth About What Motivates Us. New York: Riverhead Books (Penguin).

- Schmidt, S.R. 1994. "Effects of Humor on Sentence Memory." Journal of Experimental Psychology: Learning, Memory, and Cognition 20: 953 – 967.

- Shiv, B. and A. Fedorikhin. 1999. "Heart and Mind in Conflict: The Interplay of Affect and Cognition in Consumer Decision Making." Journal of Consumer Research 26 (December): 278 – 282.

- Thalheimer, W. 2004 (November). "Bells, Whistles, Neon, and Purple Prose: When Interesting Words, Sounds, and Visuals Hurt Learning and Performance—A Review of the Seductive-Augmentation Research." www.work-learning.com/seductive_ augmentations. htm.

- Treisman, Philip Uri. 1990. "Academic Perestroika: Teaching, Learning, and the Faculty's Role in Turbulent Times." From an edited transcript of his lecture of the same name, delivered March 8, 1990, at California State University, San Bernardino. www2.ed.gov/about/offices/list/ope/fipse/perestroika.htmL.

- Vohs, Kathleen D. and R. J. Faber. 2007. "Spent Resources: Self-Regulatory Resource Availability Affects Impulse Buying." Journal of Consumer Research(March).

지식을 위한 설계

(학습자에게 시기적절한 도구를 제공하고
생선 잡는 법을 가르치는 법을 배우겠다.)

6장에서는 지식 전달 과정을 설계하는 데 존재하는 몇 가지 난제에 초점을 맞춰본다.

- 학습자가 기억할 수 있는가?
- 학습자가 이해하는가?
- 학습자에게 지침을 얼마나 제공해야 하는가?

학습 솔루션을 설계하는 과정에 대해서도 살펴보겠다.

학습자가 기억할 수 있을까?

기억에 잘 남는 콘텐츠를 만드는 방법을 몇 가지 살펴보자.

> **선반 기억하기:** 정보를 기억에 뚜렷하게 남게 하려면 두뇌 안에 그 정보를 저장할 수 있는 선반
> 이 미리 갖춰져 있어야 한다.

학습자가 스스로 기존 지식을 되짚어보게 한다

학습자는 일반적으로 학습 주제와 관련한 어느 정도 지식을 갖추고 있으며 그 지식을
여러분이 확인할 수 있다. 예를 들어 직무 기술서 작성법을 교육한다면 수강자들에게

직무 기술서에 들어갈 요소를 아는 대로 열거해보라고 질문한 후 여기서 수집한 목록을 기반으로 강의를 구성해보자.

학습자로부터 수집한 이러한 목록은 두 가지 기능을 한다. 먼저, 학습자가 자신의 기억 안의 선반을 더듬어가며 기존 지식을 되돌아볼 수 있고, 두 번째로 직무 기술서 작성을 위한 두뇌 선반이 어떻게 구성돼야 할지 능동적으로 생각하게 해준다.

목록 작성이 완료되면 누락된 사항은 추가하고 불필요한 부분은 삭제하는 등의 수정 과정을 거치게 되는데 이러한 과정을 보여줌으로써 학습자가 능동적으로 사고하게 만들 수 있다.

이를 통해 학습자는 여러분이 전달한 정보를 단순히 기억하기에 그치지 않고, 능동적으로 기존의 사고를 점검하고 수정해 나간다.

따라서 학습자에게 일방적으로 설명하기에 앞서 그들이 여러분에게 먼저 아는 지식을 공유하게 하는 방법이 있는지 고민해보자.

학습자가 자기만의 정보 체계를 구축하게 하자

메타 인지[1]는 사고에 고찰을 더하는 것을 의미하는 용어로, 본인이 어떻게 학습하는지 인지하는 것을 의미한다.

학습자가 자신의 메타 인지 안에서 적극적인 역할을 하도록 이끌어줄 수 있다. 예를

---

1   초인지 또는 상위 인지라고도 함 - 옮긴이

들어, 문제중심학습법은 의과대학에서 처음 고안된 교수법으로, 단순 정보 전달 교수법을 보완하고자 고안됐다(Barrows 1996).

학습에 대한 의욕이 가득 찬 의대생들은 일반적으로 정보 습득에 뛰어났으나 학습한 정보를 실전에 적용하는 데 어려움을 겪었다. 문제중심학습법은 이러한 의대생들이 학습한 정보를 잘 적용할 수 있도록 돕기 위해 개발됐다.

문제중심학습법의 사례를 살펴보자. 사회자(퍼실리테이터)가 소그룹의 학생들에게 특정 사례("흉통과 어지럼증을 호소하는 38세 여성이 있다.")를 제시하면 학생들은 이를 검토하며 진단을 시작한다. 진단 과정에서 발견된 정보를 화이트보드에 몇 가지 분류로 나눠 기록한다.

사실	생각	학습 이슈
우리가 무엇을 아는가?	우리의 가설은 무엇인가?	지식의 격차는 무엇인가?

학생들이 알고 있는 사실, 생각, 이해가 부족한 것을 화이트보드에 적어 명시적으로 확인할 수 있다. 학생들은 '학습 이슈' 항목에 있는 내용을 검토하고 다른 학생들과 의견을 공유하게 된다. 어떻게 설계됐는지에 따라 차이는 있겠으나, 이러한 문제중심 학습법은 기본적으로 학생들이 각자의 지식을 파악하게 해줄뿐더러, 지식이 부족한 영역에서 발생하는 격차가 어디인지 파악할 수 있게 해주는 중요한 의미가 있다.

학습자가 자신의 지식수준을 파악하는 또 하나의 방법으로, 내용이 열거된 목록을 보고 각 항목별 친숙도를 평가하게 하는 것이 있다. 학습을 진행하며 항목별로 이해도가 올라가거나 이해도가 생각보다 높지 않음을 깨달으면 그에 맞춰 친숙도를 조정할 수 있다. 이러한 평가 방식이 학습자의 숙련도를 정확히 측정해주지는 못하지만, 각자의 이해 수준을 파악하고 지식의 격차를 줄이는 데 집중할 수 있게 해준다.

끈끈함 유지하기

영화관에서 영화표를 확인하는 아르바이트를 한다고 상상해보자. 매일 수백 명의 표를 확인하게 될 것이다. 하루를 마칠 때, 그 많은 사람들 중 몇 명을 기억할 수 있을까?

눈에 띄던 사람들만이 기억에 남을 것이다. 이것은 여러분의 기억력이 좋지 않아서 때문이 아니라 당연한 현상이다. 그다지 중요하거나 특별하지 않다면 굳이 왜 기억해야 하는가?

하지만 문제는 기억하고자 하는 것을 기억하지 못할 때 발생한다. 4장에서 작업 기억의 정보 보유 기간이 매우 짧음을 확인했다. 반복을 통해 의도적으로 기억에 남기려

했다거나 기억에 남을 만한 중요한 것이 아닌 이상 작업 기억에 있는 대부분의 정보는 기억에서 사라진다.

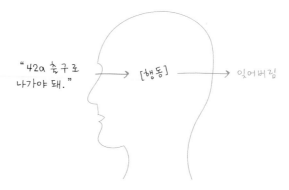

우리의 주목을 끌지 못하는 정보는 마치 물이 파이프를 지나가듯 기억을 스쳐 갈 것이다. 학습자 본인이 이미 이해하고 있다고 여기는 정보인 경우 특히 그러하다. 이미 알고 있는 것에 굳이 주의를 기울일 필요가 없지 않겠는가?

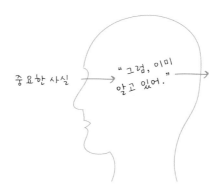

이와 같이 이미 잘 알고 있는 정보라고 인식할 경우 다음과 같은 두 가지 문제점으로 인해 주의가 필요하다. 먼저, 충분한 이해가 부족한 점이 문제 될 수 있다. 4장에서 무언가를 인지하는 것보다 기억하는 것이 어려움을 확인했다. 회상할 수 있다고 믿으나, 실은 식별만이 가능한 경우가 있는 것이다. 두 번째 문제는 잘못된 개념을 갖고 있거나 불완전하게 이해하고 있음에도 불구하고 정보를 이해하고 있다고 착각하는 경우에 있다.

동영상을 활용한 과학 개념 교육에 대한 연구(Muller 2008)에 따르면 명확하고 구체적인 시각적 자료를 통해 물리적 개념을 설명한 동영상을 시청한 학생들은 교육 자료가 이해하기 쉬웠다며 긍정적으로 평가했다.

반면, 다른 그룹의 학생들은 물리학 원칙에 대한 보편적인 오해를 바탕으로 한 논의를 펼치는 두 인물의 대화가 이어지는 동영상을 시청한 후 동영상에서 논의된 물리학 원칙에 대한 설명을 들었다.

물리학 원칙의 오해와 관련한 논의를 시청한 학생들은 동영상이 이해하기 수월하지 않다고 평가했다. 동영상에 나온 논의는 단순히 설명을 들었을 때보다 오히려 학생들을 혼란에 빠지게 했다. 하지만 실험 후의 효과 측정 결과, 두 번째 그룹이 첫 번째 그룹에 비해 내용 이해에 있어 현저하게 높은 점수를 기록했다.

두 번째 그룹이 동영상을 통해 혼란스러움을 느꼈을지언정, 더 깊은 이해를 할 수 있었던 것이다. 이런 결과가 나온 것은 두 번째 그룹은 동영상을 통해 본인이 오해하고 있던 내용 또한 점검하고 오해를 푸는 기회를 가졌기 때문이다.

마찰 만들기

학습은 복잡한 과정이지만, 이런 복잡함을 해결하기 위해 상호작용하다 보면 정보를 장기 기억으로 이동시키는 데 도움이 된다. 그러므로 학습자를 학습에 적극 참여시키길 권한다.

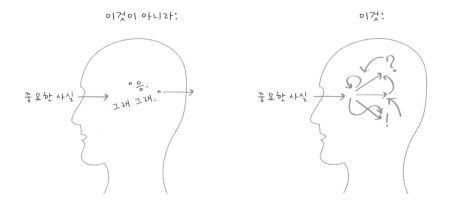

일방적으로 전달되는 강의나 페이지 넘기기에 바쁜 인터넷 강의 같은 수동적 교육은 학습자의 머리를 바로 스쳐 지나가 버릴 수 있다. 물론 학습자가 교육 내용에 관심이 있어 적극적으로 참여한다면 이러한 수동적인 정보 전달 방식마저 효과적인 교육이 될 수도 있다. 하지만 학습자의 관심이 낮아지면 이러한 학습 방식은 효과가 없어진다. 학습 자료와 "교감"할 수 있는 기회가 있어야 열의를 가진 학습자가 배움에 더욱 적극적으로 임할 수 있는 환경이 만들어진다.

교육 내용이 학습자의 머리를 스쳐 지나가 버리길 원치 않는다면 마찰을 만들어보자. 인지적 측면에서 이야기하자면, 학습자가 곱씹을 수 있게 만드는 것을 의미하며 '바람직한 어려움'이라 일컫기도 한다.

저명한 교육 심리학자 존 스웰러$^{John\ Sweller}$는 '인지 부하'라는 용어를 활용해 한 사람이 한순간에 처리할 수 있는 정보량을 설명한다(Sweller 1988). 그는 인지 부하를 내재적^{intrinsic} 인지 부하, 외재적^{extraneous} 인지 부하, 본유적^{germane} 인지 부하 세 가지로 구분하였다.

인터넷 강의를 통해 공룡 생물학을 학습한다고 가정하면 다음과 같이 이해할 수 있다.

- '내재적' 인지 부하는 학습 대상인 공룡의 세부 정보다.
- '외재적' 인지 부하는 컴퓨터 화면에 잘 맞지 않게 구현된 웹 인터페이스다. 노력과 주의를 기울여야 하나 정작 공룡에 대한 정보를 얻을 수 없다.
- '본유적' 인지 부하는 학생이 학습해야 할 개념과 상호작용할 수 있게 스스로 공룡 관련 과제를 만들어 오게 하는 것이다. 활동 자체가 내재적 특성을 보유하고 있지는 않지만 마찰을 통해 내재적 콘텐츠와 상호작용할 수 있게 해준다.

필자는 학습 설계의 주요 기능이 인지 부하의 철저한 관리라고 종종 설명한다. 외재적 인지 부하를 최소화하면서 마찰(본유적 인지 부하)을 증가시키는 방법을 알아내야 한다.

앞서 소개된 학습 경험에 상호작용을 더하는 여러 방법을 통해서도 마찰을 만들어낼 수 있지만 여기서 몇 가지 더 살펴보겠다.

말로 하지 말고 보여주라

훌륭한 이러닝 교육 설계사로 알려진 캐시 무어(www.cathy-moore.com)는 설계한 학습이 활동 중심인지 또는 정보 전달 중심인지 평가하는 점검 목록을 만들었다. 그중에는 **말로 설명하는지** 아니면 **보여주는지** 판단하는 항목이 있다.

> 학습자의 선택에 따른 결과를 보여주는 피드백: 학습자가 그 결과를 보고 결론을 내린다.
>
> vs.
>
> 학습자에게 명확히 "옳다" 혹은 "그르다"라고 말해주는 피드백: 학습자가 직접 결론을 내릴 수 없다.
>
> (Moore 2011)

말로 전달하기가 물론 수월하지만, 보여주기는 마찰을 만들어낼 수 있기에 중요하다. 따라서 설명을 해주기보다는 학습자가 상황의 이해를 위해 직접 고민하게 해야 한다.

소설의 주요 전개 방식도 말로 설명하기보다는 보여주기 방식을 채택한다.

> 모든 것을 말로 설명하면 시청자나 독자가 아무런 역할을 하지 못하는 반면, 보여주기는 시청자로 하여금 이야기를 직접 해석하고 참여할 수 있게 해준다.
> 완성된 내용이 일방적으로 전달되기보다는 스스로 조각조각 이야기를 짜 맞춰 나갈 때 청중은 더 큰 흥미를 느끼게 된다.
> 독자에게 할 일을 주자. 적극적인 참여 기회를 제공하고, 여러 단서를 바탕으로 결론을 직접 내려보는 과정을 통해 그들을 이야기에 참여시키고 이야기의 일부가 되도록 만들 수 있다.
> – 라니 다이앤 리치^{Lani Diane Rich}, 스토리윙크 데일리

소설의 상호작용 정도는 교실이나 이러닝 교육을 통해 이뤄지는 것만큼 높지 않으나, 글의 집필 방식에 따라 학습자의 참여도 수준이 달라질 수 있다.

이 사실을 보여주는 연구가 있다. 한 연구에 따르면(Kuperberg 2006), 실험자에게 쌍으로 된 문장이 주어졌는데 그중 어떤 문장 쌍은 매우 자연스러웠으나(X는 당연히 Y를 낳는다) 문장 간 연관성을 이해하기 위해 분석이 필요한 것도 있었고 연관성이 거의 없는 문장도 있었다. 이 연구에서 사용된 한 예를 보자.

> 본문: "다음 날 그의 몸에는 멍이 잔뜩 들어 있었다."

이 문장의 앞에는 다음 중 한 문장이 먼저 전개됐다.

> "조이의 형은 그에게 주먹을 날리고 또 날렸다."
> (높은 인과 관계 – X는 당연히 Y를 낳음)

> "조이의 형은 그에게 매우 화가 났다."
> (중급 인과 관계 – 약간의 상상이 필요함)

> "조이는 놀기 위해 이웃집에 갔다." (거의 무관함)

실험자들은 두 번째 문장에 많은 시간을 할애했다. 두 문장 사이에 연관성은 존재하나 그 연관 관계를 이해하려면 몇 가지 추측을 해야 하기 때문이다. 연구에 따르면 두 번째 문장을 살펴볼 때 사람들의 두뇌의 여러 영역에서 높은 뇌 활성 등급이 측정됐고, 향후 기억에도 더 잘 남았다.

연관 관계를 스스로 찾아야 하는 경우, 나중에 더 잘 기억하게 되는 것이다.

말해주기 대신 보여주기

말해주기	보여주기
"오늘 수업에서는 범죄자들이 증권 거래소에서 돈 세탁하는 다섯 가지 주요 방법에 대해 알아보겠습니다."	"여러분은 횡령한 불법 자금 80만 달러를 숨겨야 합니다. 돈세탁을 위해 가장 먼저 무엇을 해야 할까요? 다음 중 하나를 선택해보세요."
"여러분은 고객에게 A 냉장고를 추천했으나, 해당 고객에게 그 제품은 너무 고가입니다. B 냉장고가 더 적합한 선택이었을 것입니다."	"고객이 고개를 저으며 '생각해볼게요.'라고 말하고는 식기세척기 쪽으로 걸음을 옮겼습니다. 다음 고객에게는 다른 제품을 추천하면 좋은 결과가 있을지 살펴봅시다."
운전 교육 강사: "스쿨버스와 마주친 경우 규칙을 설명하겠습니다. 먼저, 신호가 깜빡이면…"	운전 교육 강사: "스쿨버스가 정지했을 때 가장 주의할 점은 무엇일까요? 사람들이 가장 걱정하는 것은 무엇이죠? 맞습니다. 바로 버스에서 내려 길을 건너는 학생들입니다."
"매우 격분한 여성이 식당으로 들어옵니다."	정장 차림의 50대 여성이 쾅 하는 소리와 함께 식당으로 들어와 다짜고짜 당신에게 "이것 보세요! 내가 이 식당에 항상 오는데 이렇게 무례한 대우를 받기는 처음이네요."라고 한다.
"프로젝트 관리에 있어서 가장 큰 문제 중 하나는 바로 범위 추가scope creep다. 범위 추가가 발생할 수 있는 상황을 몇 가지 살펴보자."	"학생 여러분, 이번 주에 프로젝트 클라이언트와 모두 회의를 진행했지요? 어떤 사안이 있었나요? 이번 주까지 제출해야 하는 과제에는 문제가 있나요?"

다음 세 가지 시나리오를 말해주기에서 보여주기로 전환하려면 어떻게 해야 할까? 해결책을 읽기 전에 각 시나리오를 다시 한번 살펴보자(물론 여기 제시된 해결책이 정답은 아니다).

시나리오 1: 다이어트 플랜 제시하기

다음과 같이 제시된 다이어트 플랜이 있다.

> 하루 섭취량 2,000cal의 식단입니다. 이 식단은 탄수화물 55%, 단백질 15%, 지방 30%를 포함하도록 신중히 구성돼 있습니다.

위 내용을 말해주기에서 보여주기로 어떻게 수정할까?

– 다음으로 넘어가기 전에 답이 무엇인지 잠시 생각해보자 –

해법 1

한 가지 방법은 인물을 직접적으로 관여시키는 것이다.

> 여러분은 탄수화물 55%, 단백질 15%, 지방 30%로 이뤄진 2,000cal의 균형 잡힌 식단을 구성해야 합니다. 각 분류별 음식을 적절히 골라 하루 식단을 계획하고 음식의 양도 함께 고려해야 합니다. 구성이 완료되면 선택된 음식에 대한 영양 정보가 제공될 것이며 이를 통해 균형이 잘 이뤄졌는지 그리고 조정돼야 할 부분은 무엇인지 확인할 수 있습니다. ■

시나리오 2: 보상 측정하기

급여 수준을 결정할 때는 대상의 경력과 자격 요건 그리고 비교 대상자의 급여 등을 고려해야 한다.

위 내용을 말해주기에서 보여주기로 어떻게 수정할까?

– 다음으로 넘어가기 전에 답이 무엇인지 잠시 생각해보자 –

해법 2

> 제인의 자격 요건과 회사의 현황을 살펴보자. 그녀가 승진해 여러분의 부서에 들어온다고

가정하자. 급여를 얼마나 지급할 것인가? 부서 내 타 직원 4인의 정보(자격 요건, 회사 경력, 급여)는 다음과 같다. ■

시나리오 3: 소프트웨어 학습하기

빨간색으로 표시된 부분을 클릭하면 고객 기록을 열람할 수 있다. 표시된 부분을 클릭한 후 **다음**을 누르면 다음 화면으로 넘어간다.

위 내용을 '말해주기'에서 '보여주기'로 어떻게 수정할까?

– 다음으로 넘어가기 전에 답이 무엇인지 잠시 생각해보자 –

해법 3

고객 기록 열람을 위해 화면의 어디를 클릭해야 하는가? 잘 모르겠다면 '도움말'을 살펴보거나 팁을 요청할 수 있다. ■

사회적 상호작용

학습에 마찰을 더하기 위해 대인 간 상호작용을 활용할 수 있다. 학습자는 고유한 관점과 경험을 갖고 있으며 이를 서로 공유하고 토론하는 과정을 통해 학습자는 주제를 더 잘 이해할 수 있게 된다.

논제는 토론을 통한 이해의 장을 만들어주며("성희롱이 조직 내에서 야기하는 결과에 대해 논의해보자.") 구체적인 목적이 제시되면 다음과 같은 효과도 얻을 수 있다.

- 무언가를 만들 수 있다.
- 협동을 통해 다른 학습자와 함께 서로 배울 수 있다.
- 다양한 관점에서 토론이 가능하다.
- 각자 조사하고 이를 공유한다(예를 들어 "좋은 예 또는 좋지 않은 예 세 가지를 조사하고 수업 시간에 발표한다.")

구인 광고 작성법을 교육한다고 가정하자. 학습자에게 다음과 같은 과제를 제시하고 작은 팀으로 나눠 함께 작업하도록 지시할 수 있다.

- 협동해서 구인 광고를 작성한다.
- 고용 평등 지침의 각기 다른 측면에 대해 조사하고, 수집한 정보를 수업 시간에 발표한다.
- 주어진 5개의 광고의 순위를 매기고 근거를 설명한다.
- 주어진 광고 중 순위가 낮은 광고의 문제점을 파악한다.
- 인터넷에서 훌륭한 구인 광고 사례 3개를 찾고 어떤 기준으로 판단했는지 수업 시간에 발표한다.

위 언급된 예시들이 충분하다고 볼 수 없으며 이러한 과제를 학습자에게 한꺼번에 모두 제시하기 또한 무리겠지만, 여기 활용된 사회적 상호작용은 학습 마찰을 만들기 위한 좋은 요인이 될 수 있으니 잘 활용해보자.

학습자의 이해 돕기

학습자가 단순히 기억하는 것이 아니라 이해할 수 있게 도와줘야 한다.

그들이 학습 내용을 잘 이해하려면 먼저 교육 내용이 올바른 것이어야 한다.

올바른 내용은 다음과 같다.

- 여러분이 계획하는 것보다 적은 분량
- 과하거나 부족하지 않은 적당한 디테일
- 학습하는 사람들에게 유관한 것
- 학습자의 머리 안 옷장(정보 정리 체계)에 저장될 수 있으며, 그 안에서 확장되거나 재배치될 수 있는 것

학습 설계의 주요 기능은 인지 부하의 철저한 관리라고 위에 언급한 것을 기억하라. 학습자가 정보량에 압도되지 않도록 하는 것도 여기에 해당된다.

적당한 분량의 콘텐츠

학습자에게 적당량의 콘텐츠란 어느 정보를 의미하는가? 여러분이 생각한 것보다 적은 양일 확률이 높다. 작업 기억의 공간이 제한적임에도 불구하고(4장에서 이에 대해 언

급했다) 교육자는 학습자에게 수용 가능한 것보다 많은 양의 정보를 전달하고자 할 것이다.

다음과 같이 생각해보자.

교육자료를 학습자에게 끊임없이 제공해줄 수는 있지만, 그 자료를 들고 다니게끔 할 수는 없다. 따라서 자료를 신중히 살펴본 후 학습자와 가장 연관성이 높을 만한 부분에 초점을 맞추자. 필수적인 것만 포함시키고 그 밖의 내용은 나중에 부가 자료로 제공한다.

예를 들어, 베이킹을 해본 적 없는 사람에게 애플파이 만드는 법을 가르친다고 가정하자. 파이 위에 크러스트 올리는 설명을 하며 응용으로 레티스 탑과 슈트로이젤에 대해 언급하거나, 증기 환기가 무엇이고 반죽을 너무 오래 치대면 밀가루의 글루텐이 어떻게 작용하는지 등, 주제를 벗어난 내용은 설명하지 말아야 한다.

베이킹에 익숙하지 않은 사람이라면 파이를 만드는 방법에 집중할 수 있게 해줘야 한다. 추가 정보는 얼마든지 나중에 설명할 수 있다.

학습자에게 제공할 세부사항의 분량은 어느 정도가 적당한지 오판하기 쉽다. 분량이 과한지 여부를 판단하려면 일단 학습자에게 직접 시험해보고 반응을 살펴보자.

평균 주의지속시간

학습자의 평균 주의지속시간에 대한 글을 종종 접한다. 여러분도 "성인의 평균 주의지속시간은 10분, 15분, 45분 미만입니다."와 같은 글을 본 적이 있을 것이다.

이 글이 옳다고 생각했다면 큰 오산이다.

집 근처 한 영화관은 연휴가 되면 〈반지의 제왕〉 시리즈를 연달아 상영하는데, 영화는 기존 극장판이 아닌 확장판이어서 많은 관람객이 영화를 관람하기 위해 연휴 때면 이 영화관을 찾는다.

관람 시간만 무려 11시간이 넘는데 이 관객들은 11시간을 버틴다. 그들의 주의지속시간이 11시간이라는 이야기다.

배고픔, 피로, 화장실 이용 등을 제외하고는, 사람들의 잠재적 주의지속시간에 한계란 존재하지 않는다. 하지만 집중하기 위해 '자신을 강요해야' 하는 경우 주의지속시간은 제한적이다. 코끼리 예시를 기억하는가? 코끼리가 호빗들과 즐겁게 뛰어놀고 있다면 코끼리는 주의가 잘 집중돼 있겠지만, 코끼리를 울타리에 가두면 주의지속시간이 감소한다. 건강보험 가입 절차에 대해 설명하며 누군가를 10분 동안 집중하게 만들기는 쉽지 않음을 생각해볼 수 있다.

이처럼 "주의지속시간은 몇 분이다."라고 정의하는 것은 불가능하다. 수면을 얼마나 취했는지, 아침 식사를 했는지, 해당 주제에 관해 관심을 갖고 있거나 동기부여가 됐는지, 강의가 단조롭거나 흥미로운지 등, 많은 변수가 영향을 미치기 때문이다. 그러다 보니 딱히 몇 분이라고 정의하기 어렵다.

'단순하고 빠르게 시작'해 청중의 반응을 점검해보며 조정해가는 것이 중요하다. 작게 시작해 진행하다 보면 콘텐츠가 부족한 경우 학습자가 혼란스러워하거나 질문하는 모습을 보일 것이다. 마치 구멍 난 에어 매트리스의 바람이 빠지듯 부족한 부분이 수면 위로 올라오게 된다. 하지만 너무 많은 분량으로 시작하면 어디가 문제인지 파악하기 어렵다. 학습자가 과도함을 명백히 느끼는 부분은 파악이 가능할 수도 있으나 양이 미묘하게 많은 부분들은 바로 식별이 가능치 않을 것이다.

앞서 학습자의 주의를 '끄는' 방법에 대해 논해봤는데 학습자들이 '계속' 흥미를 이어나갈 수 있도록 다음과 같은 시도를 해보자.

- **흥미로움을 유발하자.** 효과는 뛰어나지만, 수월하지 않다(코미디언도 아니니 말이다.). 하지만 영화, 텔레비전, 게임 등의 오락물을 통해 즐거움을 유발하는 방법을 배워볼 수 있다. 청중의 관심을 끄는 방법에 관한 좋은 참고서들이 있다. 칩 히스와 댄 히스의 『스틱!』(엘도라도, 2009), 낸시 두아르테의 『Resonate 공감으로 소통하라』(에이콘, 2013), 가르 레이놀즈의 『프리젠테이션 젠』(에이콘, 2008) 등의 책을 추천한다.
- **질문을 던지자.** 어떻게 답변할지 고민하는 과정을 통해 집중도가 올라갈 수 있다.
- **다양하게 만들자.** 여러 유형의 매체와 함께 발표, 실습, 과제 등을 함께 활용하자.
- **학습자가 서로 협동하게끔 유도하자.** 여러분이 모든 것을 진행하려고 하면 부담이 많이 될 수 있다. 학습자가 서로 상호작용하게 하라.
- **학습자가 만들어보게 하자.** 그저 말로만 실습이 아니라 그들이 직접 무언가 만들 수 있는 기회를 제공하자.

잘못된 이해

학습자가 잘못된 이해를 하지 않는지도 주의해야 한다. 오해를 방지할 수 있는 몇 가지 방안을 살펴보자.

이전 장에서 이미 살펴봤듯이 먼저 학습자가 무엇을 얼마나 이해하는지 확실히 파악해야 한다. 학습자가 질문에 답하고, 사례를 활용하고, 생각이나 개념을 설명하는 과정을 관찰하며 피드백의 순환이 이뤄질 수 있다.

'예제'와 '반례'를 사용하는 방법도 있다. 어렸을 적 치과에서 차례를 기다리며 「Highlights」라는 잡지를 본 적이 있는데, 거기에는 구프스와 갤런트라는 두 주인공이 나온다. 구프스는 항상 틀리는 반면, 갤런트는 항상 정답을 이야기한다. 구프스는 마지막 하나 남은 과일을 자기가 집어 먹지만, 갤런트는 친절하게 과일을 나눠 먹는다. 구프스와 갤런트에 관한 이 만화는 예제와 반례를 대조한 좋은 사례다.

이런 기법은 특히 잘못된 이해를 방지하는 데 효과적이다. 예를 들어, 필자의 대학원 시절 시장조사 설문지 작성법을 강의하던 담당 교수는 올바른 설문지 작성을 설명하기 위해 최악의 설문지를 검토하게 했다.

학습자에게 참/거짓 문항 작성법에 대해 가르친다고 가정해보자. 다음과 같은 지침을 제공할 수 있다.

참/거짓 문항 작성 지침
한 번에 한 가지만 질문한다.
암기가 아닌 지식을 확인하는 질문을 한다.
애매한 표현은 삼가도록 한다.

이 지침에 다음과 같이 예제를 보충해보자.

참/거짓 문항 작성 지침	예
한 번에 한 가지만 질문한다.	운전 시 앞차와 안전거리는 4초 규칙을 따라야 한다(참일까? 거짓일까?).

참/거짓 문항 작성 지침	예
암기가 아닌 지식을 확인하는 질문을 한다.	60kg 여성이 1시간 동안 12oz(약 360mL) 맥주 3병을 마셔도 혈중알코올농도가 법적 정상 범위 내에 있음을 확신할 수 있다(참일까? 거짓일까?).
애매한 표현은 삼가도록 한다.	운전 중 응급차의 사이렌 소리가 들리면 차량을 길 한쪽에 멈춰 세워야 한다(참일까? 거짓일까?).

예제를 제시하는 것이 이해에 '도움'이 되겠지만, 여기에 반례를 추가하면 어떨까?

참/거짓 문항 작성 지침	좋은 예	좋지 않은 예
한 번에 한 가지만 질문한다.	운전 시 앞차와 안전거리는 4초 규칙을 따라야 한다(참일까? 거짓일까?).	운전 시 앞차와 안전거리는 4초 규칙을 준수하던지 차량 두 대 정도 간격을 유지한다(참일까? 거짓일까?).
암기가 아닌 지식을 확인하는 질문을 한다.	60kg 여성이 1시간 동안 12온스(약 360mL) 맥주 3병을 마셔도 혈중알코올농도가 법적 정상 범위 내에 있음을 확신할 수 있다(참일까? 거짓일까?).	혈중알코올농도(%BAC)를 알아내는 공식은 혈중알코올농도(%BAC) = [(주류 알코올농도(%) X 5.14)/체중(kg) X 기초대사율(r)] − [0.15X 음주시간] 이다(참일까? 거짓일까?).
매한 표현은 삼가도록 한다.	운전 중 응급차의 사이렌 소리가 들리면 차량을 길 한쪽에 멈춰 세워야 한다(참일까? 거짓일까?).	운전 중 응급차의 사이렌 소리가 들리면 항상 즉각적으로 차량을 길 한쪽에 멈춰 세워야 한다(참일까? 거짓일까?).

위 제시된 개념을 명확히 하는 데 반례가 얼마나 도움이 되는가? 설문지 문항 작성법에 대한 모범 예시 다섯 가지를 제시하면서 그 반례를 대조하면 개념을 부가적으로 세밀히 설명하지 않아도 된다.

개념을 소개하기에 앞서 반례를 통해 정보를 먼저 전달하는 것도 매우 유용한 방법이다.

예를 들어, 직무 기술서 작성법을 가르친다면 학습자에게 허술하게 작성된 예제를 먼저 제시하고 문제점을 파악하게 만들자. 파악한 문제점을 바탕으로 학습자가 올바른 예제에 대한 지침을 작성하도록 지시한다.

학습자는 지침이 얼마나 필요한가?

학습자에게 방향을 제시할 때면 항상 조심스럽다. 설명이 불명확해 사람들이 혼란스러워 방황하게 되거나 불평을 쏟아낼까 염려가 되기도 한다.

학습자가 목표 없이 헤매지 않도록 학습 경험에는 방향이 함께 제시돼야 한다.

그렇다면 방향성을 어떻게 제시해야 할까?

사근사근 순서대로 지시사항을 전달했으니 그대로 따라 하면 문제없어요.

저는 큰 길이 표시된 지도를 먼저 그린 후 상세 경로를 연결하는 것이 좋아요.

듣는 사람이 큰 그림을 이해할 수 있게 실제 지도가 앞에 있지 않은 경우 나는 설명하고 싶지 않아요.

중요성이 간과되는 기술이 무엇인지 알아요? 나침반 보는 법입니다. 나침반으로 길 찾는 법을 익혀야 해요.

좌측은 정확한 설명이 포함된 세부사항들이 주어지는 경우고, 우측은 개념적이고 추상적으로 방향성이 제시되는 경우다.

방향을 어떻게 제시할까?

학습자의 학습 경험을 설계할 때 방향도 제시해줘야 한다면 그들이 원하는 목적지에 도달할 수 있도록 돕는 최선의 전략은 무엇일까?

단계적 지침

학습자가 전진해야 한다면 그들이 단계적으로 나아갈 수 있는 방법을 정확하게 제시해주자.

장점: 학습자는 주어진 지침에 맞춰 일을 상당히 빠르게 이행할 수 있을 것이다.

단점: 지침을 벗어난 예외 상황이 발생하면 학습자는 어찌할 바를 모르게 된다.

차근차근 순서대로 지시사항을 전달했으니 그대로 따라 하면 문제없어요.

여러분이 거주하는 동네를 모르는 사람에게 운전 경로를 설명한다고 가정하자. "큰 보라색 간판이 있는 미용실에서 턴하세요."라고 알려줬는데 지난주 그 미용실은 타투 시술소로 바뀌고 간판은 해골 그림으로 이미 덮여 있다고 생각해보자. 그렇게 되면 이 사람은 길을 찾지 못하는 것은 물론, 동네가 전혀 익숙하지 않다 보니 전체 그림에 대한 이해가 없어 어떻게 길을 빠져나가야 할지 알 수 없을 것이다.

지시가 너무 단순하면 학습자가 배울 수 없다.

익숙하지 않은 도시에서 운전할 때 필자는 항상 내비게이션을 애용한다. 지도를 들고 방향을 찾는 것보다 훨씬 쉽지만, 사실 도시를 파악하는 데는 도움이 되지 않는다. 새로운 장소에 익숙해지려면 지도를 사용하는 것이 낫다. 이것은 앞서 논의된 마찰과 연관이 있는데 학습자의 노력이 많이 요구될수록 기억에 더 잘 남기 때문이다.

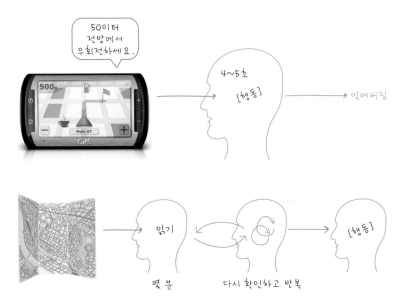

내비게이션은 마찰이 적은 수단이다. 단순히 목적지에 도달하는 것이 목표라면 정확한 경로나 내비게이션이면 충분하지만, 사람들이 목적지에 도달하는 법을 익히길 원한다면 그들이 더 많은 노력을 쏟을 수 있도록 해줘야 한다.

내비게이션 DIY - 개념과 규칙 배우기

학습자에게 문제해결에 필요한 여러 개념과 규칙을 가르칠 수 있다.

장점: 학습자가 제대로 배울 수 있다. 사막 한가운데 학습자를 떨어뜨리고 기본적인 도구만 줘도 살아남을 것이다.

단점: 지나치면 효과를 반감시킬 수 있다.

학습자의 이해도의 깊이가 중요치 않다면 신속하고 간단한 방법을 활용하자. 개념을 이해시키려면 장시간이 소요되며 단기간에 전문가가 되는 것은 비현실적이다.

중요성이 간과되는
기술이 무엇인지
알아요? 나침반
보는 법입니다.
나침반으로 길 찾는
법을 익혀야 해요.

길찾기 – 절충점

저는 큰 길이 표시된
지도를 먼저 그린 후
상세 경로를 연결하는
것이 좋아요.

듣는 사람이 큰 그림을
이해할 수 있게 실제 지도가
앞에 있지 않은 경우 나는
설명하고 싶지 않아요.

위 두 가지 방향 제시 방법은 장점보다 단점이 더 커 보인다. 상세 지시와 추상적인 개념 사이 중간쯤 절충점이 있을 것이다. 학습자를 목적지에 도착하게끔 해줘야 할 뿐 아니라 추가적으로 다음과 같은 능력을 갖추어야 한다.

- 학습자는 학습을 통해 습득한 내용을 다양한 상황에 적용할 수 있어야 한다.
- 예상치 못한 상황에서도 일을 해결할 수 있어야 한다.
- 목적지에 도달할 능력이 있음을 확신할 수 있어야 한다.

다양한 상황에 학습 내용 적용하기

특정 기술을 가르친다면 학습자가 학습한 기술을 현실의 다양한 상황에 적용할 수 있는 수준이 돼야 한다.

예를 살펴보자. 파워포인트로 봉투 모양 아이콘 만들기에 관한 튜토리얼을 접한 적이 있다(톰 쿨만의 http://www.articulate.com/rapidelearning을 참고하자.).

이 튜토리얼을 보고 내가 만든 작품은 다음과 같다.

디자인상을 받기에는 턱없이 부족하지만, 나름 많은 공을 들여 제작했다. 이 학습을 통해 필자가 멋진 아이콘을 몇 개나 더 만들었을까?

사실 이것 외에는 아무것도 만들지 못했다.

마치 내비게이션이 운전 경로를 알려주듯 튜토리얼을 따라 하다 보니 설명 없이 혼자 아무것도 만들 수 없었다. 커피 아이콘을 만들어보니 아래와 같은 결과가 나왔다.

내가 만들었음에도 불구하고 이 아이콘은 두루마리 휴지에 손잡이가 달린 것으로밖에 보이지 않는다.

무엇이 문제였을까? 아이콘 만드는 법을 단계별로 자세히 알려주는 튜토리얼의 문제는 아니었다. 튜토리얼에 나온 대로 봉투 아이콘을 만드는 데에는 아무런 문제가 없었다.

여러 아이콘을 별도 설명 없이 직접 창작할 수 있으려면 다음과 같은 기본 개념에 대한 이해와 기술을 갖춰야 한다.

- 광원을 어떻게 결정하는가?
- 그림자와 하이라이트는 어디에 추가해야 하는가?
- 그레이디언트와 투명도는 어떻게 입히는가?
- 이미지를 어떻게 구성해야 멋진 아이콘이 만들어지는가?

지식의 부족으로 인해 필자가 무엇을 모르는지도 정확히 파악하지 못하다 보니 위 목록에는 분명 누락된 내용도 많을 것이다.

뿐만 아니라 하나의 예를 통해 필요한 개념을 모두 배우기는 턱없이 모자라다. 그렇다면 이를 해결할 최고의 방법은 무엇일까?

옵션 1: 다양한 예제

다양한 예제를 많이 접해보는 방법이 있다. 이 과정을 통해 패턴을 인식하게 되면 반복 작업은 고민 없이 자동으로 처리할 수 있게 된다.

이 방법은 하지만 터득에 오랜 시간이 소요된다는 문제가 있으며 다양한 아이콘 제작법에 관한 자료도 필요하다.

교육하는 주제가 구체적이지 않은 경우에도 다양한 예제를 사용할 필요가 있다.

예를 들어 영업사원을 대상으로 고객과 관계를 구축하는 법을 교육한다고 가정해보자. 어떻게 교육해야 할지 정의하기 쉽지 않을 것이다.

친절해야 한다, 질문을 하라 등 팁을 제공할 수는 있지만, 어떠한 질문을 얼마나 던지고 상대방이 귀찮아하기 전에 언제 질문을 멈춰야 하는지 등의 판단은 본인의 감에 달렸다.

탄탄한 인간관계를 구축하는 방법은 설명을 통해 배우는 것이 아니라 타인을 관찰하고 여러 방법을 직접 시도해보며 파악하는 것이다.

명시적 규칙
시각적으로 확인 가능하며
명확히 설명할 수 있음

묵시적 규칙
시각적으로 확인 불가하며
명확히 설명하기 어려움.
경험, 훈련, 패턴 인식
등이 요구됨

명시적 규칙은 가르칠 수 있지만, 묵시적 규칙은 많은 예제를 접하며 패턴을 인식해야 터득할 수 있다. 영업사원은 관계 구축 사례를 공부하거나 인간관계의 미묘함을 파악하기 위해 직접 실전에 부딪혀봐야 한다.

커피잔 아이콘 만드는 법을 학습하려면 명시적 규칙이 필요하므로 예제만을 활용해 교육하기는 어려울 뿐 아니라 비효율적이다. 더 효과적인 다른 방법이 있다.

옵션 2: 예제 제시 후 개념 설명하기

일반적인 교육 방법은 개념을 먼저 설명하고 그다음 예제를 살펴보는 것이다.

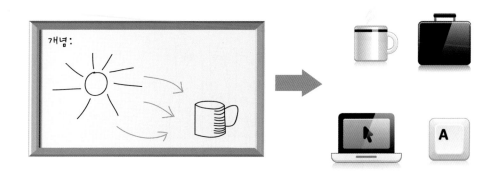

배경 정보가 부족한 상태에서 학습자로 하여금 바로 개념을 이해하도록 요구한다는 문제점은 있지만, 그래도 합리적인 접근법이라 하겠다.

옵션 3: 개념 설명 후 예제 제시하기

이전에 단 한 번 가본 행선지로 운전을 한다고 가정해보자. 어떤 경우 운전 경로를 기억할 확률이 높을까?

    a. 직접 운전했을 때
    b. 승객으로 동승했을 때

직접 운전할 때 많이 터득하게 된다.

개념을 처음부터 모두 설명하는 대신 학습자에게 예제를 제시하고 스스로 개념을 파악하게 만들자. 학습자가 개념을 모두 파악하고 나면 다른 예제에 직접 개념을 적용할 수 있게 된다. 단계로 나눠보면 다음과 같다.

    1. 예제를 몇 가지 제시한다.
    2. 학습자가 예제로부터 개념을 파악하게 한다.
    3. 예제를 바탕으로 개념을 명확히 하고 잘못된 이해를 바로잡는다.
    4. 학습자가 학습한 개념을 다른 예제에 적용시켜보게 한다.

문제 해결

단계적 접근에는 학습자가 어쩌다 잘못된 길에 발을 들여놓으면 꼼짝없이 길을 잃게 된다는 문제가 있다.

활용할 수 있는 배경지식이 없다면 예상치 못한 문제를 해결할 방안이 없다.

이런 경우 학습자가 현재 상황에 대해 큰 그림을 파악할 수 있어야 한다.

이렇듯 큰 그림을 보여주는 방법도 유용하지만, 다소 비직관적인 방법을 통해서도 학습자가 예기치 못한 상황을 풀어나가게 할 수 있다.

설명을 줄여라

문제를 풀고 변화에 대응할 수 있으려면 꾸준한 연습이 필요하다. 이미 5장에서 배웠듯이 모든 것이 논리정연하게 풀이된 예제에서는 학습자에게 연습의 여지가 주어지지 않는다.

예제의 부족한 부분을 학습자가 직접 채워나가게 하거나 목적지를 제시하되 도달하는 법을 자세히 알려주지 않는 등의 방법을 통해 연습의 기회를 만들어줄 수 있다.

이러한 접근은 '입맛에 맞게 양념하기' 식의 지침과 다소 유사하다. 정확한 답을 제시하는 대신 고민의 여지를 남김으로써 학습자가 스스로 생각하고 과정을 직접 해결해나가게 된다.

학습자가 본인의 능력에 자신감을 갖게 하라

필자가 봉투 모양 아이콘 만들기를 통해 얻은 가장 큰 것은 '상황이 허락한다면' 봐줄만한 아이콘을 직접 만들어낼 수 있다는 자신감이다.

설명서가 있으면 무언가 만들 수 있을 것이라고 생각하기는 했지만, 직접 한 번 해보고 나니 더욱 자신감이 생겼다.

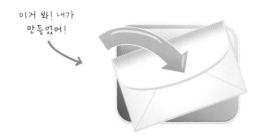

이거 봐! 내가
만들었어!

학습자가 자신감을 얻는 방법에는 여러 가지가 있다.

- **"학습 활동"을 넘어 실제 업무를 해보게 한다.** 학습한 내용을 토대로 무언가 성취할 수 있음을 경험하게 되면 그 지식을 나중에 적용할 때 자신감이 생긴다.
- **조기에 성공을 경험하게 해줘야 한다.** 처음부터 예외 사례와 주의해야 할 사항들을 모두 알려주고 싶겠지만, 학습자가 부담을 느끼지 않고 성과를 낼 수 있을 만한 과제부터 시작하는 것이 좋다.
- **본인의 문제를 풀어보게 하자.** 학습한 내용을 각자 당면한 과제에 적용해보게 한다.
- **스스로 풀게 하자.** 이미 위에서 언급했지만, 아무리 반복해서 강조해도 지나치지 않은 사항이다. 수동적으로 정보를 받아들이게 하지 말고 학습자 스스로 문제를 풀어나갈 기회를 제공하자.

『What the Best College Teachers Do』(Harvard Pub., 2005)라는 책에서 도널드 사리 교수는 이야기와 질문을 통해 학습자가 미적분을 분석적으로 접근하도록 유도하는 교육법에 대해 설명한다.

　　"나는 학습자가 학습을 완료할 즈음, 자신들이 미적분을 발명한 것 같은 자신감을 갖게 되길 바랍니다. 뉴턴보다 늦게 태어났기 때문에 발명할 기회를 놓친 것뿐이라는 생각을 갖게 하고 싶어요."

후속 과제

나는 마이클 알렌[Michael Allen]의 CCAF 모형을 자주 활용한다.

맥락Context**:** 프레임워크와 상태

도전Challenge**:** 맥락 내에서 행동에 영향을 미치는 자극제

활동Activity**:** 도전에 대한 물리적 반응

피드백Feedback**:** 학생의 행동이 효과적이었는지 평가

- 출처: 마이클 앨런의『Guide to e-Learning』(Wiley, 2016)

각 단계를 자세히 살펴보며 학습 설계에 어떻게 도움이 되는지 알아보자.

시나리오: 슈퍼테크

슈퍼테크라는 회사의 고객상담센터 직원 연수 프로그램을 기획해야 한다고 가정하자. 슈퍼테크의 신제품 스마트폰에는 흥미로운 기능이 몇 가지 추가됐는데, 이 기능으로 인해 고객센터 직원들은 수많은 소비자 불만 전화에 응대하느라 큰 어려움을 겪고 있다.

이렇게 기분이 언짢은 소비자를 상대해야 할 경우 상담원은 확인하기-분산시키기-도와주기의 3단계를 거쳐야 한다.

1단계: 맥락 판단하기

맥락을 판단할 때 필자는 주로 네 가지 질문을 한다.

- 재 상황의 맥락은 무엇인가? 작업의 흐름 중 어디에 해당되는가? 목적은 무엇이며 얼마나 자주 발생하는가?
- 상황의 정서적 맥락은 무엇인가? 학습한 내용을 실전에 적용할 때 학습자가 스트레스를 받거나 심적 압박을 받는가? 지루하거나 또는 방해가 많은 상황인가?
- 학습한 지식을 활용하라고 상기시켜 줄 요인이 있는가? 어떤 행동을 취해야 할지 알려주는 요인이 주변에 있는가?
- 물리적 맥락은 무엇인가? 학습자는 현재 어디에 있으며 주변에는 어떤 사물이 있는가? 그들은 무엇과 그리고 누구와 소통하고 있는가?

위 질문에 대한 아래와 같은 답은 슈퍼테크 직원 교육에 어떤 영향을 미치겠는가?

- **일반적인 맥락**: 고객 상담원은 매일 다양한 전화를 받는다. 그중 대부분은 일상적인 문의이며 최근 불만 전화가 늘고 있는 추세로 일반적으로 근무 시간 중 1~3통에 이르는 불만 전화를 처리하나 불만 전화가 없는 경우도 있다.

  이런 사실을 바탕으로 교육의 간격을 정할 수 있다. 상담원은 불만 전화를 한 번에 연이어 두 통 처리하게 되는 경우도, 단 한 통도 처리하지 않아도 되는 경우도 있다. 이런 경우 충분한 기간에 걸쳐 교육을 진행하면 상담원의 기억 유지 시간을 연장할 수 있다. 따라서 자료를 며칠에 걸쳐 배분해 교육하자. 이에 대해서는 다음 장에서 더 자세히 살펴보겠다.

- **정서적 맥락**: 상담원은 높은 스트레스 속에 근무한다. 시간당 할당된 통화 수를 채워야 하며 다양한 제품에 대한 지식을 보유하고 있어야 한다. 예전에는 화가 난 소비자의 전화는 상사가 담당했으나, 슈퍼테크의 신제품 스마트폰에서 발생한 문제로 불만 전화가 빗발치면서 상담원이 직접 전화를 해결해야 하는 상황에 놓이게 됐다. 고객이 매니저와의 통화를 요구하거나 폭력적인 언행을 하지 않는 이상 말이다. 상담원은 불만 고객을 응대하는 스트레스를 받으며 변화된 환경 속에서도 할당된 통화 수를 채워야 했다.

  교육을 맡은 강사는 화난 고객을 응대해야 하는 상담원이 제한된 시간 안에 마음을 다스리고 능숙하게 일을 처리하도록 도와줘야 한다. 이를 위해 고조된 감정 상태와 시간의 제약이 있는 상황을 구현해보자. 적당한 감정의 고조와 시간적 제약이 존재하는 상황에서 시작해 좀 더 극단적인 상황으로 옮겨가며 교육을 진행해보자.

- **기폭제**(트리거): 대화 상대방의 어조와 표현은 화가 난 정도를 알려준다.

  따라서 상담원이 고객과의 상담을 통해 어느 시점에 확인하기-분산시키기-도와주기 단계를 실시할지 가늠하는 데 도움이 되는 기폭제를 인지할 수 있도록 교육해야 한다.

  상담원은 고객이 화가 난 상태인지, 확인하기-분산시키기-도와주기 접근법을 언제 적용할지 여부를 판단할 수 있어야 할 뿐 아니라 고객을 어느 시점에 상사에게 넘길 필요가 있는지 결정할 수 있어야 한다. 이러한 결심 지점 훈련은 학습자에게 주어지는 과제와 활동에 포함돼야 한다.

- **물리적 맥락:** 상담원이 컴퓨터 화면에 보이는 버튼을 클릭하고 다음 전화 응대 준비가 됐음을 알리면, 전화가 연결되며 헤드셋을 통해 상담을 진행할 수 있다. 고객 정보는 자동으로 화면에 표시되지만, 상담원이 직접 정보를 검색해야 하는 경우도 있다. 시스템을 통해 고객의 구매 내역, 서비스 약정 내역 그리고 해당 고객과 다른 상담원들의 상담 내역을 확인할 수 있다.

위와 같은 업무 흐름을 고려해 컴퓨터나 통신용 헤드셋 중 어느 도구를 교육에 사용할지 적절한 판단이 필요하다. 이러한 물리적 맥락은 학습자에게 인지적 연관 관계를 만들어줘 향후 필요에 따라 정보를 쉽게 검색할 수 있도록 도와준다.

2단계: 도전

이번 단계에서는 학습자가 실전에서 직면할 실질적인 과제나 임무가 무엇인지 파악하는 것이 중요하다.

슈퍼테크 사례의 경우 실질적인 도전 과제는 정해진 수의 고객을 만족시키고 그들의 문제를 적절히 해결하는 것이다.

3단계: 활동은 무엇인가?

학습 경험의 활동 부분을 기획하는 다양한 방법이 있다. 다음 내용을 읽기에 앞서 학습자를 참여시킬 활동을 어떻게 기획할지 생각해보자.

– 다음으로 넘어가기 전에 답이 무엇인지 잠시 생각해보자 –

제안: 사전 활동

학습자에게 사전 준비를 시킴으로 해 학습의 효과를 높일 수 있다. 학습자에게 본인이 경험한 고객 불만 사례와 어떻게 대응했는지 기억해 보도록 미리 이메일을 보내자. 그에 대한 답변을 이메일이나 내부 시스템을 통해 취합하고 해당 사례와 예시를 교육과 훈련에 사용해보자.

제안: 인터넷 강의 시나리오 만들기

청중의 규모나 지리적 요건에 따라 인터넷 강의가 매우 실용적인 교육 방법이 되기도 한다. 학습자가 고객의 불만을 잠재우고 문제를 해결하기 위해 확인하기-분산시키기-도와주기 접근법을 활용하는 사례를 만들어보자.

여러 사례를 만들어볼 수 있을 것이다. 상사에게 상황을 알려야만 해결되는 경우와 고객이 사실상 화난 것이 아니므로 확인하기-분산시키기-도와주기 과정을 적용할 필요가 없는 경우도 있을 것이다.

효과적인 교육을 위한 첫 단계는 학습자와 차근차근 시나리오를 짚어보는 것이다. 비디오 게임을 처음 시작할 때 게임을 소개하는 자세한 설명을 본 적 있는가? 온라인 강의에도 유사 기법이 활용될 수 있다. 시간제한이 없는 시나리오를 통해 사용자(학습자)가 인터페이스 화면을 익히고 확인하기-분산시키기-도와주기 과정에 친숙해지도록 해주자.

학습자는 학습과 업무를 병행하다 보니 강의를 하루에 완료하지 못하고 완료하는 데 며칠 소요될 것이다. 예를 들어, 강의를 하루에 3회, 3일에 걸쳐 진행한다면 학습자는 학습 기간 동안 다양한 사례를 접하고 업무 현장에서 유사 사례가 발생 시, 학습한 내용을 즉시 적용해볼 수 있다. 또한 확인하기-분산시키기-도와주기 과정을 반복적으로 접함으로써 그 내용이 기억에 더 확고히 남게 만들 수 있다.

하지만 이러한 학습 방식은 여전히 단순 '인식'에 집중된 훈련일 뿐이며, 온라인 강의는 학습한 내용을 회상해 실전에 적용할 수 있게 하는 데 효과적인 교육 방법은 아니라는 점을 유의해야 한다. 컴퓨터는 학습자가 선택한 답에 대해 즉각적으로 정확한 피드백을 제공해주지만, 말하기 또는 쓰기와 같은 작업을 통해 회상할 기회가 주어지지 않기 때문이다. 다시 말해, 온라인 강의를 통해 확인하기-분산시키기-도와주기 접근법을 가르칠 수는 있지만, 연습을 통해 기술을 연마시키는 데에는 효과적이지 않다.

허접한 프로토타입

이전 장에 제시된 이미지가 파워포인트로 대충 급하게 만들어진 것처럼 보인다면 그 이유는 사실 그렇게 만들어졌기 때문이다. 의뢰인에게 개념을 설명하기 위해 빠르고 간단한 이런 프로토타입을 활용하곤 한다. 온라인 교육의 세부적인 제작 과정은 이 책에서 다룰 수 없으나 단기간에 시제품을 만들어내는 데 활용하는 래피드 프로토타이핑Rapid Prototyping 기술은 컨셉과 디자인을 간단히 스케치하는 데 매우 효과적이다. 필자는 일반적으로 프로토타입 제작 전의 디자인 스토리보드 작업에 많은 시간을 할애하지 않는다. 목표와 청중 그리고 맥락이 정해지면 레이아웃을 결정하고 바로 프로토타입을 제작한다. 프로토타입 제작을 위한 여러 도구가 있지만, 얼마든지 파워포인트만으로도 하이퍼링크를 사용해 실용적인 프로토타입을 간단히 제작할 수 있다.

제안: 역할극 활용하기

성난 고객을 응대할 때의 정서적인 맥락은 역할극 없이 가장하기 쉽지 않다. 실제 사람과 사람 간 상호작용이 유선상 일어나므로, 역할극 또한 강의실 또는 전화를 통해 이뤄지게 해보자.

역할극은 강사 또는 동료 학습자와 할 수 있다. 강사가 화난 고객 역을 더 잘 수행할 수 있겠지만, 학습자 간 역할극은 그들에게 더 많은 훈련 기회를 제공하므로 매우 유용하다.

학습자에게 먼저 캐릭터의 성격과 대화 주제를 간략하게 설명한 뒤 몇 가지 역할극을 예시로 재연한 후 학습자끼리 직접 해보게 하자. 역할극 평가를 위해 체계적인 피드백 평가지를 제공하고 서로 평가하며 학습한 내용이 잘 적용됐는지 판단해보게 하자.

제안: 블렌디드 러닝 (복합 교육)

프로젝트 범위가 허용하는 경우, 위 전략을 모두 종합해 사용해보자. 문제를 다양한 관점에서 접근하게 해줄 뿐 아니라 역할극에 이러닝 시나리오를 도입해 확인하기-분산시키기-도와주기 과정을 친숙하게 만드는 데에 효과적인 방법이 될 것이다. 효과적인 학습을 할 수 있다. 이런 과정을 통해 학습자는 강의실에서 단순히 설명 듣는 것을 넘어 적극적으로 참여하며 학습할 수 있다.

제안: 후속 활동과 업무 설명서

학습자가 학습한 행동을 지속해 나가기 위해서는 꾸준한 지원이 필요하다. 예를 들어, 확인하기-분산시키기-도와주기 접근법의 여러 전략이 담긴 업무 설명서를 제공할 수도 있고 템플릿을 제공해 학습자 본인이 자신의 업무 설명서를 직접 만들도록 할 수도 있는데 이렇게 직접 작성한 내용은 그들에게 더 의미 있을 것이다.

학습이 완료된 후에 후속 이러닝 자료를 한 주에 한 번씩, 몇 주간 보냄으로써 학습자가 학습한 내용을 더 잘 기억할 수 있도록 도울 수 있다. 인트라넷 상에 학습자가 토론할 수 있는 포럼을 만들어 화난 고객에 효과적으로 대응하는 전략이나 사례를 서로 공유하게 할 수도 있다. 참고할 만한 유용한 팁은 모든 학습자에게 이메일로 공유해보자. 이와 같은 여러 방법은 학습자가 교육 과정과 내용을 지속적으로 기억할 수 있도록 도울 것이다. ∎

4단계: 피드백을 어떻게 제공할 것인가?

피드백을 제공하는 방법을 구체적으로 살펴보자. 물론, 활동의 형태에 따라 어느 정도 그 방법이 결정되기도 한다.

이러닝 시나리오의 피드백

이러닝 교육 과정에서 피드백을 제공하는 방법은 다양하다. 고객이 말로 표현하는 방식이나 얼굴 표정, 어조를 통해 보여줄 수도 있고, 고객의 화가 진정되는지 아니면 더 화가 심해지는지 판단해주는 '화 지수'를 보여줄 수도 있다. 이러한 방법들은 단순한 말해주기가 아닌 보여주기 방식의 좋은 사례다. 꼭 필요하다면 "좋은 선택이에요!"라 며 말해주기 식의 전형적인 방법을 사용할 수도 있지만, 가능하다면 최대한 보여주기 방식을 사용하길 권한다. 궁극의 피드백은 결과다. 학습자가 고객에게 성공적으로 응대하지 못했다면 성공할 때까지 계속 시도해봐야 한다.

역할극에서의 피드백

얼굴을 직접 마주 보고 하는 역할극의 피드백은 이러닝의 피드백만큼 명확하지 않다. 학습자가 주어진 옵션 중에서 답을 선택하는 것이 아니라 아무 의견이나 말할 수 있기 때문이다. 피드백의 효과를 높이기 위해 다음을 고려해보자.

- '고객 역'을 맡은 사람 또는 관찰자에게 평가지를 제공해 학습자가 학습한 절차를 얼마나 잘 준수했는지 기입하게 한다. 객관식과 단답형 주관식을 혼합해 작성이 간단하지만 자유롭게 기술할 수 있도록 구성한다.
- 위와 유사한 평가지를 만들어 학습자 본인의 역할극을 평가하게 한다.
- '고객 역'을 맡은 이에게 본인의 분노 정도를 표시하는 '분노 카드'를 준다. 학습자가 고객을 효과적으로 진정시키면 고객은 분노 카드를 학습자에게 카드를 주고, 화가 다시 심해지면 카드를 돌려받을 수 있다. 학습자가 80% 이상의 카드를 받으면 해당 고객에 대한 포인트를 얻는다.

지속되는 코칭 피드백

실제 성과에 대한 지속적인 코칭이야 말로 최고의 피드백이다. 이를 위해 상사는 주기적으로 직원의 콜센터 주 업무인 전화 상담 내용을 모니터링하고 상세 피드백을 제시해야 한다.

요약

- 메타 인지와 기존 지식을 상기시키는 전략을 통해 기억의 저장과 인출을 돕는다.
- 교육에 있어서 어느 정도의 마찰은 필수 요소다. 너무 쉽게 얻은 답은 기억에 오래 남지 않는다. 기억에 장기간 남게 하려면 학습자는 교육 자료를 지속적으로 참고해야 한다.
- 사회적 상호작용은 학습에 마찰을 더하는 효과적인 방법이다.
- 가능하다면 말로 설명하기보다 보여줘라.
- 적절한 분량은 생각보다 적다. 훌륭한 콘텐츠에는 충분하지만 넘치지 않는 디테일이 있어야 하며, 학습자와 관련성이 높아야 한다.
- 강의 시작에 반례를 소개하거나, 강의 중간에 소개해 학습자의 잘못된 이해를 바로잡을 수 있다.
- 학습자에게 도움을 어느 정도 제공할지 결정하라. 모든 순간마다 학습자의 손을 잡고 일으켜주고자 하는 충동을 이겨내라.
- 성공적인 학습 경험은 학습자에게 마치 자신이 적분을 발명한 듯한 자신감과 성취감을 제공해줘야 한다.
- 효과적인 학습 경험을 설계하기 위해 CCAF(맥락^{Context}, 도전^{Challenge}, 활동^{Activity}, 피드백^{Feedback}) 방법을 적용해보자.

참고자료

- Bain, Ken. 2004. What the Best College Teachers Do. Cambridge: Harvard University Press.

- Barrows, Howard S. 1996. "Problem-Based Learning in Medicine and Beyond: A Brief Overview." New Directions for Teaching and Learning: Bringing Problem-Based Learning to Higher Education: Theory and Practice, No. 68. Wilkerson, Luann and Wim Gijselaers (Eds). San Francisco: Jossey-Bass.

- Heath, Chip and Dan Heath. 2007. Made to Stick: Why Some Ideas Survive and Others Die. New York: Random House.

- Kuperberg, Gina R., Balaji M. Lakshmanan, David N. Caplan, and Philip J. Holcomb. 2006. "Making Sense of Discourse: An fMRI Study of Causal Inferencing Across Sentences."

NeuroImage 33: 343 – 361.

- Moore, Cathy. 2011. Checklist for Strong Learning Design. Cathy Moore: Let's Save the World from Boring Training. http://blog.cathy-moore.com/2011/07/checklist-for-strong-elearning.

- Muller, D. A. 2008. "Designing Effective Multimedia for Physics Education." PhD thesis (School of Physics, University of Sydney).

- Rich, Lani Diane and Alastair Stephens. 2011. "Show and Tell." StoryWonk Daily. http://storywonk.com/storywonk-daily-102-show-and-tell/.

- Sweller, John. 1988. "Cognitive Load During Problem Solving: Effects on Learning." Cognitive Science (June). 12 (2): 257 – 285.

기량(기술) 향상을 목적으로 한 설계

(이 장에서는 사람들이 자전거로 오르막길을 계속 오를 수 없기에
그들에게 휴식을 주지 않으면 임의로 휴식을 취한다는 사실을 학습한다.)

기량 개발하기

기량을 개발시키는 교육은 쉽지 않다. 교육자와 학습자 양쪽의 시간과 노력 그리고 연습을 필요로 한다.

1장에서 기량인지 아닌지 여부를 판단할 때 활용할 수 있는 질문을 살펴봤다.

훈련이나 연습 없이 능숙해질 수 있는 것인가?

답이 "아니다"라면 기량과 관련한 문제를 대면하고 있음을 알 수 있다.

여기서 짚고 넘어가야 할 점이 있다. 많은 학습 경험은 기량을 향상시키는 대신 그저 기량을 '소개'하고 끝나곤 한다.

기량에 대한 소개가 목적이었다면 아무 문제 없다. 입문 교육은 학습자로 하여금 기량에 친숙해지도록 하는 분명 필요한 첫 번째 과정이다. 윈드서핑이나 타말레[1] 만드는 법 혹은 엑셀 스프레드시트 편집에 대한 1시간짜리 입문 교육은 이런 기술에 대한 간단한 소개로 충분하다.

하지만 학습자의 기술을 연마시키거나 기량을 향상시키기 원한다면 그 이상이 필요하다.

---

1   옥수숫가루, 다진 고기, 고추로 만드는 멕시코 음식의 한 종류 - 옮긴이

기량을 향상시키려면 **연습**과 **피드백** 두 가지가 매우 중요하다.

연습

학습자에게 단순히 정보를 전달해서는 그들이 업무에 능숙해질 수 없다. 영업사원이 제품의 특징을 암기해 숙지할 수는 있겠지만, 이것은 영업력을 갖추기 위한 필요 사항의 일부에 불과하다.

업무에 능숙해지려면 관련 기술과 지식을 활용하는 많은 연습이 필요하다. 그러나 학습자에게 주어지는 훈련은 종종 일회성에 그쳐 턱없이 부족하기 마련이다. 예를 들면, 기업에서는 영업사원에게 제품의 기능에 대해 2시간 동안 교육을 실시하고는 그들이 이제 제품을 능숙하게 팔 수 있을 것이라고 기대한다는 말이다.

여기서 알아야 할 점은 이런 방법으로 '학습한' 지식은 연습을 거쳐야 장기 기억에 저장될 수 있다는 사실이다. 현장에서 실제 업무를 통한 연습과 훈련이 필요하다.

음. 사계절 차광이 필요하다고 하셨죠? 알겠습니다. 옵션을 확인해보죠. 유사한 것이 있을 텐데 잠시만요.. 좀 찾아봐야겠네요.

학습자에게 연습 기회를 제공해주지 않으면 그들은 스스로 연습을 할 텐데, 이것은 그다지 효과적이지 못할 수도, 올바른 방향의 연습이 아닐 수도 있다.

적합한 제품을 찾으려면
여러 단계를 거쳐야 하는데
그러지 말고, 보통 중간
사이즈가 다 맞긴 해요.
게다가 서류 작업도 훨씬
간단합니다.

따라서 학습자에게 연습 기회를 제공해주지 않으면 그들의 실력 또한 만족스러운 수준으로 발전하기 어렵다. 여기서 두뇌를 다시 살펴보자.

새로운 정보를 학습할 때 두뇌에서는 어떤 작용이 일어나는가? 생각하고 노력을 기울이는 동안 사람들은 몸에서 많은 양의 글루코스를 소비한다. 글루코스는 단당으로 몸의 주요 에너지원의 하나다.

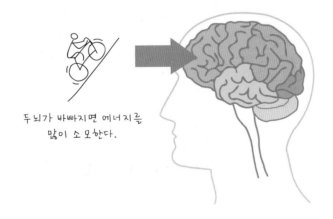

두뇌가 바빠지면 에너지를
많이 소모한다.

방대한 양의 새로운 정보나 지식을 습득하는 것은 마치 자전거를 타고 오르막을 올라가는 것과 같다.

합리적 사고 능력을 조절하고 집중하는 데 활용되는 뇌의 전두엽을 많이 사용하게 되는데 그러다 보면 쉽게 과부하가 걸린다. 새로운 정보를 너무 많이 학습하려다 머리가 아팠던 경험이 있을 것이다.

기존 지식을 사용할 때는 어떠한가? 이미 학습한 행동을 실행에 옮기는 경우 뇌는 그렇지 않은 경우 대비 더 효율적으로 작동하며 글루코스를 더 적게 소비한다.

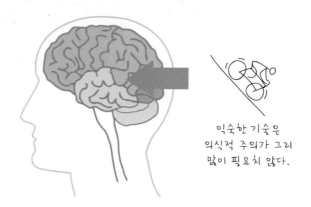

익숙한 기술은 의식적 주의가 그리 많이 필요치 않다.

학습된 익숙한 행동을 취하는 것은 자전거로 내리막을 내려가는 것에 비유할 수 있다.

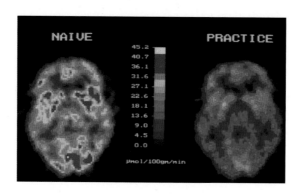

위 이미지(Haier 1992)는 같은 사람이 테트리스 게임을 처음 할 때(좌)와 몇 주간 동일한 게임을 했을 때(우) 뇌의 글루코스 소비량을 각각 보여준다. 더 어려운 레벨의 테트리스 게임을 하더라도 게임에 익숙해진 뇌는 훨씬 적은 양의 에너지를 소모한다.

연습 구조화하기

연습의 목표는 능숙도를 높이고 무의식적 능력을 갖추는 데 있다. 원하는 학습 경험의 범위에 따라 현실적인 목표일 수도 그렇지 못할 수도 있겠지만, 기본적으로 학습의 목표는 그러한 방향으로 가야 한다.

구조의 문제: 새로운 정보가 너무 많은 경우

대부분의 학습 경험은 많은 양의 새로운 정보 사이에서 구조화된다. 방대한 분량의 새로운 지식을 통해서 말이다.

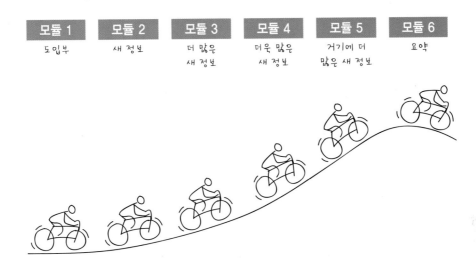

이런 과정은 학습자를 매우 힘들게 한다. 초급 학습자가 학습 과정 내내 자전거를 타고 오르막길을 오르게 하고 싶은가?(자전거 이미지는 내가 앨런 인터랙션에서 근무할 당시 작업한 것을 토대로 만들어 졌으며 앨런 인터랙션의 허가를 받고 사용했음을 알린다).

학습 경험을 구조화하는 다른 방법은 없을까? 학습을 위한 또 다른 구조로는 위 접근 방법을 오가며 학습자가 지식을 완전히 이해하고 익힌 후 다음 단계로 넘어가게 하는 방법이 있다. 게임은 흔히 이러한 구조를 띤다.

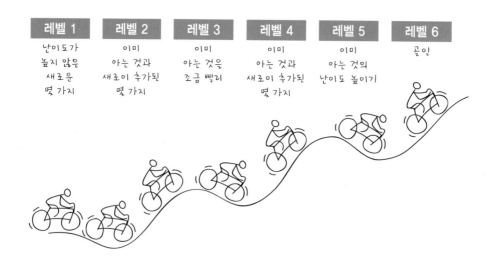

레벨 1	레벨 2	레벨 3	레벨 4	레벨 5	레벨 6
난이도가 높지 않은 새로운 몇 가지	이미 아는 것과 새로이 추가된 몇 가지	이미 아는 것을 조금 빨리	이미 아는 것과 새로이 추가된 몇 가지	이미 아는 것의 난이도 높이기	골인

학습자가 언덕을 오르다 어려움을 경험하면 이겨낼 때까지 계속 시도하도록 해줘야 한다. 이렇게 하면 학습자는 어느 정도 단련이 된 후 난관에 봉착하게 될 것이며 본인의 능력을 계속 갈고닦을 수 있다.

효과적인 연습은 몰입하는 것과 같다

무언가에 너무 집중한 나머지 1시간이 지났는데 겨우 15분이 지난 것처럼 느껴진 적이 있는가?

이런 경험을 해봤다면 체코의 심리학자 미하이 칙센트미하이[Mihaly Csikszentmihalyi]가 지칭한 '몰입[Flow]'을 경험한 것이다. 여기서 말하는 몰입이란 '모든 삶과 관련된 즐거움, 의미 창조, 삶의 질 향상의 변화 과정'을 설명해준다.

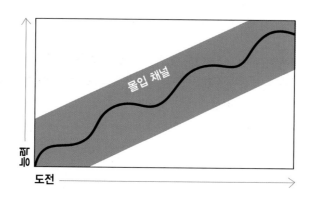

칙센트미하이의 몰입 모델$^{flow\ model}$에는 여러 측면이 있는데 능력과 도전 사이의 균형이 핵심 중 하나다.

학습자가 마주한 도전 과제의 난이도가 너무 높아 본인의 능력을 벗어난다면 학습자는 실망감과 좌절을 일찍 맛볼 것이나, 난이도가 너무 낮으면 지루함을 느끼게 된다. 반면, 중간 난이도의 과제는 학습자에게 만족감을 주는 도전이 될 수 있으며 난이도가 살짝 낮다면 학습자로 하여금 한숨 돌리며 뿌듯함을 느끼는 기회가 될 수 있다.

'도전과 능력 가능한 범위 사이의 균형'을 유지하는 것은 몰입의 기본 중 하나이며 학습 훈련은 학습자가 도전과 만족감을 느끼는 사이에서 균형을 맞춰 나가야 한다.

차이에 집중하기

학습자에게 숨돌릴 기회를 제공하면 그들이 차이에 집중할 수 있다는 장점이 있다. 새로운 정보만이 지속적으로 주어지면 마치 오르막을 오르는 것과 같을 것이다.

오르막길에서는 모든 것이 새롭고 중요하다 보니 오히려 중요한 것이 없는 듯 느껴질 수 있다.

그러나 경험의 균형이 맞춰지면 새로운 정보가 시야에 더 잘 들어온다.

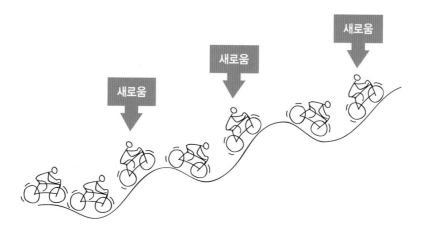

시야에 더 잘 들어오는 것은 물론, 새로운 지식의 유입으로 인한 부담이 적기에 새로운 정보를 흡수할 여유도 생긴다.

학습자에게 쉴 틈을 주지 않으면 그들은 스스로 휴식을 취할 것이라는 사실을 명심하자.

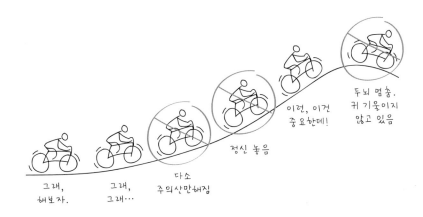

구조화 연습은 어떤 모습일까?

그렇다면 실전에서는 어떠할까? 영업사원 겸 수리공인 직원들로 구성된 큰 팀을 보유한 의뢰인이 있었다. 그들이 판매하는 제품은 다양하고 복잡했으며 직원들은 이 기기들을 수리하는 기술을 익혀야 했기에 업무를 익히는 데에는 가파른 학습 곡선이 있었다. 그 의뢰인은 직원의 역할에서 영업사원이 먼저이고, 수리공은 두 번째라는 인식이 뿌리 박혀 있었기에 직원들의 영업 능력 향상에 큰 관심을 갖고 있었으며, 직원들은 자신의 업무를 자기 사업처럼 직접 담당해야 했기에 그에 적합한 기술과 지식이 필요했다.

신입 직원들은 본사에서 2주간의 교육을 받았다. 최대한 많은 양의 지식을 전달하고 난 후 신입 직원들은 관리자와 함께 직업 체험$^{job-shadowing}$과 피드백 라이드 얼롱^{feedback} $^{ride-along2}$을 실시했다.

---

2 여기서는 학습자가 관리자 옆에서 관리자가 수행하는 모든 업무를 직접 지켜보고 함께 피드백을 공유하며 나누는 것을 의미한다. - 옮긴이

의뢰인은 그것도 모자라 이러닝 교육을 추가하고자 했다. 신입사원들은 쉴 틈 없이 2주 동안 자전거로 오르막을 오르듯 교육을 받았다. 마치 피트니스 센터의 개인 라커 크기의 공간에 5년 치 입을 옷을 쑤셔 넣으라는 요구와도 같다. 예상 가능하듯 학습자는 다량의 정보를 흡수하는 것은 물론, 이해해서 자기 것으로 만드는 데 큰 어려움을 겪고 있었다. 그 결과, 대부분의 직원은 실무에서 무작정 부딪히며 업무에 필요한 기술과 지식을 습득했다. 이런 과정을 통해 스스로 살아남는 생존 본능이 강한 기업 문화가 만들어졌지만, 의뢰인은 교육 효과를 높이고 직원의 능력을 나날이 더욱 발전시켜줄 교육을 제공하고자 했다.

수정된 커리큘럼은 다음과 같다.

- 직접 참석하는 초기 교육을 2~3일 정도로 줄인다.
- 경험이 많은 직원과 직업 체험을 실시한다.
- 남은 교과 과정은 20회 이상의 영업 전화 실습을 통해 두세 달에 걸쳐 진행한다.
- 이러닝을 통해 학습한 내용을 기반으로 실무에 적용할 수 있는 후속 과제를 제공한다.
- 직원들 주어진 업무를 완수할 때 필요한 능력(기술, 제품, 영업 등)을 갖췄는지 확인하는 실무 평가 제도를 도입한다.
- 필요시 후속 수업이나 보충 수업의 기회를 제공한다.

위 프로그램은 학습자가 단번에 모든 지식을 습득하도록 요구하기보다는 적절한 기간에 걸쳐 점차적으로 학습해 나갈 수 있도록 구성됐다. 이러닝 교육이 마무리돼갈 즈음 학습자는 실무를 통해 상황과 맥락을 파악할 수 있을 만한 경험이 쌓이게 된다.

또한 관리자는 평가 시스템을 활용해 학습자의 부족한 점은 무엇인지 신속히 찾아내고 이러닝 학습 자료와 일대일 코칭을 통해 이를 보완해 나간다. 이렇듯 개선된 교육 프로그램은 피드백의 순환을 통해 직원의 업무에 필요한 능력을 확인하고 이를 향상시켜줄 수 있게 됐다.

적절한 기간에 걸쳐 연습시키기

사람들에게 필요한 연습량과 연습의 빈도는 무엇일까?

시나리오: 재활용하기

여러분이 작은 마을의 분리수거 담당자로서 마을 주민들에게 분리수거법을 가르쳐야 한다고 가정하자.

마을 주민 대부분은 환경에 제법 관심 있는 편이기에 분리수거 교육에 참석시키는 데는 큰 문제가 없었지만, 주민들이 분리수거 지침을 올바로 따르지 않는다는 사실을 알게 됐다.

교육을 마친 후 첫 분리 수거는 제대로 실천했으나, 그 이후 올바른 방법을 곧 잊어버리는 듯했다. 종이, 캔, 유리 등 일반적인 품목은 2주에 1회, 플라스틱, 건전지 등의 비일반적 품목은 한 달에 1회 수거된다는 점도 문제의 요인이었다. 비 일반적인 품목의 수거 주기를 기억하는 것이 쉽지 않았다.

학습을 효과적으로 만들기 위해 연습 기간을 어떻게 구성해볼까?

– 다음으로 넘어가기 전에 답이 무엇인지 잠시 생각해보자 –

이 문제를 해결하기 위해 몇 가지 방안을 생각해볼 수 있다.

- 기존 수업에 분리수거 실습 시간을 30분 추가하고 이를 통해 주민들이 분리수거 방법을 제대로 익히게 한다.
- 주민들이 학습한 내용을 기억할 수 있도록 2주 동안 매일 이메일과 함께 분리수거 연습 게임 링크를 보낸다.

- 교육 후 1년간 한 달에 한 번 분리수거 연습 게임 링크를 보낸다.

기억을 가장 장기간 유지시킬 수 있는 방안을 하나 선택한다면 어떤 것이 가장 적합할까? ■

이 질문에 대해서는 사실 제법 많은 연구가 이뤄졌다. 연습은 한꺼번에 이뤄지는 것이 효과적일까? 아니면 시간을 두고 점차적으로 이뤄지는 것이 좋을까?

그 답은 무엇을 학습하는지에 따라 달라지긴 하지만, **적절한 시간에 걸쳐 분배해 점차적으로 진행하는 것이 바람직하다.**

무언가 처음 학습할 때, 사람들은 배운 내용을 잘 기억하기 위해 충분한 시간을 갖고 공부하길 원한다. 하지만 **이 시점**에 필요 이상의 연습을 하는 것은 오히려 부정적인 결과를 줄 수 있다.

그렇다면 얼마나 기다려야 하는가?

일반적인 예상과 달리 연습 간 주기가 길수록 기억에 더 오래 남는다. 적당한 주기를 가늠하기 위해 학습 내용을 얼마나 자주 실행에 옮길지 따져보자.

예를 들어, 이메일에 사진 첨부하는 법을 연세 드신 이모님께 설명한다고 가정하자. 사진 첨부 방법을 제대로 알려드려 일주일에 한두 번씩 이모 댁을 방문해 시연하는 일을 방지하고자 한다. 이모님은 얼마나 자주 연습을 해야 할까?

이메일 사진 첨부 작업의 빈도를 생각해보고 그에 맞춰 일주일에 1~2회 정도 연습하여 이모님이 무리 없이 혼자 작업할 수 있도록 도와드리면 될 것이다. 연습의 빈도는 정보의 검색과 활용 빈도에 맞춰져야 하기 때문이다.

위 방법이 현실적으로 불가하다면 최소한 며칠 간격을 두고 연습을 시행하길 제안 한다. 강화 학습 시행 전 수면을 취하면 기억 유지에 도움이 되기 때문이다. 수면은 학습한 것을 견고하게 하는 효과가 있으므로 연습 사이에 며칠 간격을 두면 학습의 효과를 높일 수 있다.

분리수거 교육의 경우 분리수거 하는 용품과 시점이 사람들에게 가장 큰 문제를 야기했으니, 한 달에 한 번씩 규칙을 상기시켜주는 방법이 최선의 방법이라 하겠다. 분리수거를 1~2일 앞두고 분리수거 연습 게임을 보내주면 분리수거 일이 임박했다는 사실을 상기시켜줄 뿐 아니라 필요시 참고자료가 될 수 있다.

연습량은 얼마나 필요한가?

필요한 연습량에 영향을 미치는 몇 가지 요인이 있다.

- **결과가 얼마나 다양한지:** 환자의 혈압을 재는 올바른 방법은 한 가지이나 웹사이트를 디자인하는 올바른 방법은 셀 수 없이 많다. 웹사이트 만들기처럼 변수가 많은 경우 혈압 재기처럼 변수가 적은 경우 대비 더 많은 연습이 필요하다.
- **오류율은 얼마나 낮아야 하는지:** 승무원을 위한 교육 프로그램을 만든다면 안전에 관한 지침이 음료 서비스에 관한 지침에 비해 오류율이 낮아야 한다. 오류가 다소 용인되는 경우 대비 오류가 낮거나 없어야 하는 경우 더욱 많은 연습이 필요하다.
- **자동성은 얼마나 필요한가:** 학습자가 높은 수준의 자동성 또는 무의식적 능력을 갖추려면 고강도의 연습이 필요하다.

- **얼마나 빠르게 반응해야 하는가:** 드물게 발생하는 상황에 학습자가 신속하게 반응해야 한다면 많은 연습과 역할극 그리고 적당한 기간을 둔 강화 훈련이 학습 경험에 포함돼야 한다. 학습자에게 업무 보조가 제공된다면 그 자료를 언제, 어디서 찾을 수 있는지 그들이 명확히 인지해야 한다.

피드백

연습이 효과적이려면 학습자는 자신의 성과에 대해 표현할 수 있어야 한다. 그릇된 연습은 아예 안 하느니만 못한 결과를 낳을 수 있으며, 특히 기량 향상이 필요한 경우 연습은 더욱 중요하다. 잘못된 기술이 몸에 익으면 나중에 이를 고치는 데 많은 노력이 든다.

이전 장에서 말로 설명하지 않고 직접 보여주기, 인과 관계에 기반해 피드백 전하기 등 훌륭한 피드백의 특징을 몇 가지 살펴봤는데, 여기서는 연습과 기량 향상을 위한 피드백을 제공할 때 고려할 사항을 알아보자.

피드백의 빈도

여러분은 비디오 게임을 하며 "와! 이 게임 대단한데. 내 액션에 따라 피드백 메커니즘이 완벽하게 돌아가잖아!"라고 말했을 것이다.

물론, 이런 생각을 하지는 않았을 것이다. 하지만, 만약에라도 이런 생각을 했다면 스스로를 학습 고수라고 인정해도 좋다.

게임을 여기서 다시 언급하는 이유는 게임이 기량 향상을 위한 작은 실험과 같으며 게임에서 제공되는 다양한 유형과 빈도의 피드백 메커니즘은 사람들의 게임 기량을 개발시키는 데 매우 유용하기 때문이다. 최신 게임들은 대부분 피드백이 몇 초마다 제공되며 아무리 느린 게임도 몇 분에 한 번씩은 제공된다.

그렇다면 일반 학습자는 학습 중 피드백을 얼마나 자주 받을까? 최악의 경우로 중간고사와 기말고사 단 두 번 성적이 평가되는 대학 수업을 생각해볼 수 있다. 성적이 나온 후에야 학습자가 지난 몇 '달'간 수업을 제대로 이해하지 못했음을 알게 된다.

하지만 여기서 반가운 소식은 맥락이나 도전, 활동, 피드백 모델을 적용하거나 구조화된 목표를 두고 커리큘럼을 구성한다면 상당히 많은 피드백 기회를 얻을 수 있다는 사실이다. 피드백의 빈도를 높여줄 기회를 항상 모색해보자.

피드백의 다양성

좀비를 최대한 많이 제거해야 하는 비디오 게임을 하고 있다고 가정하자. 그리고 좀비를 죽일 때마다 "잘했어요. 좀비를 성공적으로 해치웠습니다! 계속 버튼을 클릭해 게임을 이어가 주세요!"라는 문구가 적힌 창이 뜬다고 하자.

나는 이 시점에서 이것은 최악의 게임이라고 하겠다.

피드백의 빈도수가 높아야 하지만, 피드백은 '다양한 방식'으로 제공돼야 하기 때문이다.

게임 사례를 다시 생각해보자. 비디오 게임은 소리, 포인트 수, 캐릭터의 반응, 게임 점수, 시각적 단서 등 여러 피드백 수단을 활용한다. 부딪히고 부수는 등의 액션이 없는 보드게임이나 유아용 게임도 설명을 통해 달라진 결과를 전달하는 피드백 메커니즘을 가지고 있다. 〈모노폴리〉 게임은 잘못된 사업적 판단의 결과에 대해 장황한 설명을 하는 대신, 돈을 잃어 파산하거나 감옥에 가는 등의 결과를 통해 결과를 맛보게 해준다.

후속 코칭

학습 경험을 마친 후 제공되는 피드백은 훌륭한 코칭과도 같다. 이런 피드백은 학습자의 잘잘못은 무엇인지, 잘못했다면 향후 어떻게 해야 하는지, 학습자가 이해할 수 있게끔 도와줘야 한다.

빈도 또한 중요하다. 직장에서는 일반적으로 인사고과가 1년에 한 번 시행된다. 과연 이런 방식이 자기 발전에 얼마나 도움이 되겠는가?

굳이 답하자면, 이런 방식은 크게 도움이 되지 않는다. 코칭과 피드백을 연 단위로 제공하는 것은 마치 먼 미래의 날씨를 예측하는 것과 같이 정확도가 낮고 관련성 또한 낮다.

후속 코칭을 언제 할지 일정을 미리 파악해 두면 크게 도움이 된다. 일정 수립도 학습 경험 설계의 중요한 한 부분이다.

- 언제부터 후속 점검을 할 것인가?
- 무엇을 평가해야 하는가?
- 어떤 평가 기준을 적용해야 하는가?

이러한 질문은 학습자로 하여금 목표를 향해 나아갈 수 있게 해준다.

세부 고려 기준: 명확하고 표준화된 평가 기준을 적용해 피드백이 더욱 유용하게 만들어야 한다. 피드백 평가지 또는 체크리스트는 학습자가 자기 평가를 할 수 있게 해주며 실질적인 고려 사항과 평가 기준을 스스로 계속 인식할 수 있도록 도와준다.

그 밖의 후속 관리 방법

주어진 학습 환경에서 후속 코칭이 진행되기 어렵다면 학습자를 후속 관리하는 다른 방법이 있다.

- 인터넷 게시판을 만들어 학습자가 서로 경험을 공유하도록 장려한다.
- 주기적인 이메일을 통해 예시와 조언 그리고 자기 평가의 기회를 제공한다.
- 각자 작업한 것을 게시판에 올리고 서로 피드백을 주고받을 수 있는 가상 평가 세션을 마련한다.

성취를 위한 설계

학습자는 학습을 완료하고 나면 학습한 기량을 발휘해 필요한 실무를 현장에서 담당할 수 있어야 한다. 예를 들어 미술과 학생이 그래픽 디자인 기술을 학습했다면 브로슈어 디자인, 웹사이트 레이아웃 구성하기, 로고 만들기 등의 작업을 할 수 있어야 한다. 학습 경험 설계 시 '성취' 단계를 활용할 수 있다. 예를 살펴보자. 앞서 3장에 소개된 레스토랑 매니저 토드를 기억하는가? 토드를 비롯한 신입 매니저를 위해 새로운 트레이닝 프로그램을 만든다고 가정해보자. 교육 대상은 레스토랑의 여러 실무 경험(서빙, 주방 보조 등)을 보유하고 있으며 이제 매니저 역할을 새로 맡았다.

수업은 출퇴근 기록지를 확인하는 기본적인 업무에서부터 레스토랑의 마켓 포지셔닝과 같이 사업에 관련한 전략 수립까지 모든 영역을 아울러야 한다.

기존 수업의 구성 모듈은 다음과 같다.

- 직원 고용 및 관리
- 안전 관리
- 재료 주문과 재고 확인
- 주류와 음료 판매
- 음식점 재정 관리
- 고객 서비스
- 위생과 품질 관리
- 마케팅과 홍보

기존 수업에도 분명 훌륭한 내용이 포함돼 있지만, 학습자는 업무에 있어서 여전히 어려움을 겪는 것으로 보였다. 수업 중에는 어려움을 겪지 않았음에도 불구하고 실제 업무를 시작하자 수업 중 학습한 많은 부분을 망각할 뿐 아니라 기억하는 내용도 업무에 적용하는 데 어려움을 겪었다. 결국 실무에 부딪히며 필수적으로 알아야 하는 내용만 머리에 남았으며 교육 기간 동안 학습한 많은 지식은 큰 낭비로 보여졌다. 또한 일상 업무는 파악했다 하더라도 대부분의 학습자는 전략적인 관점을 갖는 데 여전히 어려움을 겪었다.

기술을 연마하기 위해 반복과 연습이 얼마나 중요한지 앞서 논의했다. 하지만 기존의 교육 방식으로는 그러한 반복과 연습이 불가하다. 안전 위반 사례를 즉각 인지하는 능력이 매니저에게 매우 중요한 기술임에도 불구하고 학습자는 수업을 마치고 나면 학습 내용을 되짚어보지 않았다.

레스토랑 매니저를 위한 교육은 실전에 필요한 기술을 가르쳐 그들이 실무에 투입됐을 때 충분한 준비가 되도록 해야 한다. 그저 정보나 지식을 전달하는 것이 아니라 기량 향상을 도와줘야 한다. 학습자에게 연습 기회를 충분히 제공하고, 그들을 여러 상황에 다양하게 노출시키려면 수업을 어떻게 설계해야 할까? 게임에 기반한 구성을 적용한 사례를 하나 살펴보자.

게임의 구조

우리는 앞서 게임이 기량과 전문성을 개발하는 데 좋은 방법이 될 수 있음을 살펴봤다. 그렇다면 게임이 어떻게 이런 효과를 만들어내는지 좀 더 심도 있게 살펴보자.

제임스 폴 지James Paul Gee는 학습을 위한 비디오 게임을 연구한 학자로, 기량과 전문 지식을 다음과 같이 설명했다.

> 전문성은 학습자가 학습한 기량을 계속 반복해 거의 자동적이 됐으나 난관에 부딪혀 기존 지식을 다시 점검하거나 새로운 기량 또는 지식을 학습해야 하는 경우에 갖춰진다. 그러면 학습자는 훈련을 통해 새로운 기량을 다시 익혀 자동적인 수준에 이르게 되고 그러고 나면 또다시 도전을 경험하게 된다.
>
> 훌륭한 게임은 전문성의 개발과 충분한 연습, 전문성의 검증 후 새로운 도전과 새로운 연습이 다시 반복되는 과정으로 구성된다. 이런 과정이 바로 게임의 이상적인 구성이다 (Gee 2004).

게임이 이런 전문성의 순환을 구조화하는 방법 중 하나는 사용자에게 즉각적, 단기적, 중기적, 장기적 성취감을 안겨주는 것이다.

예를 들어, 〈다이너 대시Diner Dash〉라는 비디오 게임은 플로Flo라는 이름을 가진 웨이트 리스가 주인공이다. 게임을 하는 여러분의 즉각적인 목표는 사람들을 앉히고 주문을 받은 후, 음식을 서빙하고 테이블을 정리하는 것이다. 단기적인 목표는 여러분이 식당 아르바이트 시간을 잘 마치는 것이며, 중기적 목표는 더 좋은 음식점으로 업그레이드하는 것이고, 장기적 목표는 결국 이 게임에서 이기는 것이다. 여러분이 낮은 목표에서부터 실패한다면 다음 목표를 달성할 수 없으며 능숙한 수준이 될 때까지 계속 연습해야 한다.

게임 연구학자 세바스찬 디터딩Sebastian Deterding은 다음과 같은 그림을 사용해 구조화된 목표의 흐름structured flow of goals을 설명한다(Deterding 2011).

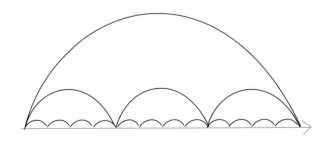

단기적 목표가 먼저 달성돼야 중장기 목표 달성이 가능하며, 결과적으로 전체적인 목표 달성이 가능해진다.

영업 교육에 이런 구조를 적용해보면 다음과 같은 목표를 세울 수 있다.

기간	목표
즉각적 목표	다양한 고객에 대한 정보와 그들의 니즈에 대한 데이터 수집하기
단기적 목표	고객별 니즈에 기반해 제품과 영업 방법 결정하기
중기적 목표	고객으로부터 원하는 바 얻어내기(판매, 미팅 잡기, 추천받기)
장기적 목표	분기 실적 목표를 달성하고 하와이 여행 상품 받기

고객의 니즈 파악하기, 제품의 특장점 파악하기, 영업 방법 학습하기 등 꼬리에 꼬리를 무는 교육 대신 연속성 있는 목표를 수립하고 각 목표를 달성할 때까지 연습해보는 것이다.

이러한 교육 방식은 경찰관이 테러 위험신호를 인지하는 교육에 적용되기도 한다 (Allen Interactions 2010).

기간	목표
즉각적 목표	각기 다른 사건 현장에서 관련 데이터 수집하기
단기적 목표	테러로 보고해야 하는 사건이 무엇인지, 그러한 근거는 무엇인지 파악하기
중기적 목표	사건 2~4건의 사건 수사 완료 후 순찰 근무 마무리하기
장기적 목표	테러리스트 공격 차단하기

학습 경험을 위와 같은 방식으로 구조화하면 다음과 같은 큰 이점이 있다.

- 실생활에서 이행하는 실제 행동 양식을 연습할 수 있다.
- 필요한 부분을 완전히 숙달한 후 다음 단계로 진행할 수 있다.
- 주어진 개념과 관련 자료에 충분한 노출을 통해 숙련도를 높인다.
- 주어진 환경에서 목표를 달성하고 구체적인 피드백을 얻을 수 있기에 성취감 또한 어느 정도 맛볼 수 있다.

- 도전의 난이도가 높아지고 새 목표가 지속적으로 수립됨에 따라 학습자가 교육에 적극적으로 임할 수 있게 된다.

그렇다면 학습에 어떻게 적용할까?

마라톤 경주를 신청하고 당일이 돼 행사장에 도착했는데 이 경주는 자유 경주라 서쪽으로 알아서 26마일 뛰어가면 결승선이 보일 것이라는 안내를 받았다고 가정하자.

서쪽 방향으로 26마일이란 정보가 명확하긴 하지만, 이 정보만으로 여러분은 자신이 얼마큼 달렸는지, 맞는 방향으로 달리고 있는지 알 수 없을 것이다. 학습자는 다음 어디로 향해야 하는지 알고 싶어 하며 그곳으로 향하는 동안 자신이 어떻게 하고 있는지 피드백을 받고 싶어 한다.

이제 레스토랑 매니저 교육 사례로 돌아가 보자.

단기적, 중기적, 장기적 목표를 세운다면 교육 과정을 어떻게 구성할 수 있을까? 아래 정리된 답을 살펴보기 전에 각자 답을 생각해보자.

기간	목표
즉각적 목표	담당 근무 시간 중 발생한 여러 이슈에 적절히 대응하기(지각한 종업원, 불만족한 고객, 문서 작업, 매출 계산, 안전 문제 등)
단기적 목표	저녁 근무 시간을 성공적으로 마치기
중기적 목표	재정 업무, 재고 관리, 식재료 주문, 종업원 관리 등 주간 업무 성공적으로 마치기
장기적 목표	고용 문제, 메뉴 기획, 마케팅, 다음 분기를 위한 전략 구상 등을 포함해 분기를 성공적으로 마무리하기

이 경우 학습자는 종업원 감독, 문서 작업, 재고 부족 해결 등 음식점을 제대로 운영하기 위해 즉각적으로 필요한 기술을 습득하는 데 먼저 집중해야 한다.

그 후 한 걸음 물러나 일정 관리, 장기간 지속되는 종업원 문제, 재고 관리, 재정 관리 등 음식점 경영에 필요한 주간 업무에 집중한다.

위 단계가 완료돼야 분기별 경영계획, 직원 채용, 팀워크 만들기, 마케팅, 메뉴 기획, 식재료 주문 등의 문제로 넘어갈 수 있다.

이렇게 하면 한 번에 한 주제만 학습하고 다음 주제로 넘어가는 대신, 한 주제에 관해 시간을 갖고 반복적으로 학습할 수 있다는 장점이 있다. 예를 들어, 안전 관련 이슈라면 근무 교대 시점에서는 해당 시간에 발생할 수 있는 사건을 주제로 살펴보고, 주간 단위로는 주간 안전 점검을 살펴보고, 분기 단위로는 안전 기록을 개선하는 방법을 살펴볼 수 있다. 이렇게 하면 안전에 대한 주제가 교육 과정 중 여러 번 반복 학습된다.

다음 목표가 무엇인지 항상 인지하고 다음 단계에 무엇을 해야 할지 안다는 것은 칙센트미하이의 '몰입' 모델의 또 다른 특징 중 하나이기도 하다. 이러한 구조는 학습자가 콘텐츠에 적절한 시간을 두고 노출되게 해주며 다음 목표 또한 인지할 수 있어 콘텐츠의 전개를 파악하는 데 도움이 된다.

요약

- 기술을 가르치려면 연습과 피드백 두 가지 요소가 필요하다.
- 학습자는 여러분과 함께 혹은 혼자 연습할 것이며, 혼자 연습하는 방식은 여러분의 마음에 탐탁지 않을 수도 있다.
- 뇌 기능은 연습을 통해 더 활성화된다.
- 새로운 지식의 지속적인 주입은 학습자를 지치게 할 수 있으니 피하는 것이 좋다. 진도를 나가기 전 학습자가 새로운 정보를 소화하고 이에 능숙해질 수 있는 기회를 주는 것이 바람직하다.
- 학습자에게 휴식을 주지 않으면 그들은 스스로 휴식을 취할 것이다.
- '몰입'이란 도전과 능력의 균형을 통해 만들어지는 참여의 형태다.
- 연습의 주기는 시간을 두고 분배돼야 한다.
- 구조화된 목표를 주고 실제로 성취감을 느끼게 해 참여를 장려한다.
- 행동 양식을 형성시키려면 다방면의 피드백을 자주 제공해야 한다.
- 학습자의 성과를 평가할 때, 가능하면 그들이 실제 업무를 이행하게 한다.

참고자료

- Allen Interactions. 2010. Custom e-Learning: Allen Interactions—Law Enforcement Response to Terrorism. www.youtube.com/watch?v=Vt8xkOTqwjg.

- Csikszentmihalyi, Mihaly. 1990. Flow: The Psychology of Optimal Experience. New York: HarperCollins.

- Deterding, Sebastian. 2011. Don't Play Games With Me! Presentation on slideshare.net; www.slideshare.net/dings/dont-play-games-with-mepromises-and-pitfalls-of-gameful-design?from=ss_embed, slide 63.

- Gee, James Paul. 2004. "Learning by Design: Games as Learning Machines." Gamasutra magazine. www.gamasutra.com/gdc2004/features/20040324/gee_01.shtmL.

- Haier, R.J., B.V. Siegel Jr., A. MacLachlan, E. Soderling, S. Lottenberg, and M.S. Buchsbaum. 1992. "Regional Glucose Metabolic Changes after Learning a Complex Visuospatial/Motor Task: A Positron Emission Tomographic Study."Brain Research 570: 134 – 14.

- Thalheimer, Will. 2006. "Spacing Learning Events Over Time." Work-Learning Research, Inc. www.work-learning.com/catalog.

동기를 위한 디자인

(경험을 통한 학습이 항상 옳은 학습 결과를 의미하지 않는다는 것과
코끼리는 습관의 동물이라는 사실을 학습한다.)

우리는 '학습'을 위한 동기에 대해 앞서 살펴봤다(코끼리를 기억하는가?). 8장에서는 학습자가 아는 것을 '실행'하게 만드는 데 동기를 부여하는 것은 무엇인지 살펴보자. 학습자는 필요한 지식과 기량을 갖추었음에도 불구하고 올바른 행동을 하지 않기도 한다. 학습 설계사로서 이 문제를 완벽히 해결할 수 있다고 볼 수는 없지만, 적어도 도움을 줄 수 있는 요소들은 있다.

실행을 위한 동기

지난 몇 년간 수많은 연구 결과는 운전 중 핸드폰으로 문자를 보내는 행위가 매우 위험한 행동임을 보여주었다.

충격적인 결과인가?

운전 중 문자를 보내는 행위가 위험하다는 것은 사실 그리 놀라운 일이 아니다. 그렇다면 사람들은 이런 위험 행위를 왜 지속하는가? 그 답을 정확히 파악할 수는 없지만 아래와 같은 이유 때문일 것으로 예상한다.

- "좋지 않은 생각이고 난 하지 않을 거야."(내가 하면서 죄책감을 느끼는 경우를 제외하고)

- "좋지 않은 생각이지만, 가끔만 하고 매우 조심할 거야."
- "다른 사람이 하면 좋지 않은 생각이지만, 나는 잘 하기 때문에 해도 괜찮아."
- "응? 뭐가 문제야?"

위 언급한 답변들은 보면 문제점이 '아는바'가 아닌 '실행'에 있음을 확인할 수 있으며 지식에 초점을 맞춰 접근하면 달라지는 것이 없을 것임을 알 수 있다.

그렇다면 사람들은 옳지 않은 생각임을 이미 '알면서' 그 행동을 굳이 왜 '하려고' 할까? 이 사람들이 현명하지 않기 때문이 아니다. 이 문제가 지식에 기반한 것이 아니라면, 추가적인 지식은 도움을 주지 못한다.

여기서 우리는 앞서 다뤘던 코끼리와 기수에 대한 이야기를 다시 살펴볼 필요가 있다. 기수는 '알고' 있지만, 코끼리는 여전히 '실행'에 옮기는 경향이 있다.

기수: 인지적, 언어적인 사고에 기반한 두뇌

코끼리: 자동적, 감정적이며 본능에 기반한 두뇌

경험을 통한 학습

사람들이 "알고 있어요. 하지만…"이라는 말을 하는 이유는 '경험'에 의한 것이다. 물론 경험은 인간의 삶에 매우 중요한 것이지만, 이는 또한 문제를 야기시키기도 한다. 게다가 코끼리는 추상적인 지식보다 경험에서 큰 영향을 받는다.

예를 살펴보자. 운전 중 문자를 보내다 사고로 이어지는 경우는 10건 중 1건이라고 가정하고(실제 통계는 아니다) 두 운전자의 경험을 살펴보자.

운전 중 문자 보내기

	운전사 1	운전사 2
1번째 시도	문제없음	문제없음
2번째 시도	골치 아픈 경미한 사고 발생	문제없음
3번째 시도	문자 하지 않음	문제없음
4번째 시도	문자 하지 않음	문제없음
5번째 시도	문자 하지 않음	문제없음
6번째 시도	문자 하지 않음	문제없음
7번째 시도	문자 하지 않음	문제없음
8번째 시도	문자 하지 않음	문제없음
9번째 시도	문자 하지 않음	문제없음
10번째 시도	문자 하지 않음	사고 발생

2명의 운전자 모두 경험을 통해 학습하는데 운전자 2의 경우, 운전 중 문자 보내는 것이 '문제없다'는 것을 경험을 통해 학습하게 됐다. 사고가 발생하기 전까지는 문제가 없었기 때문이다.

이런 연유로 사람들은 행동의 결과가 장시간 후 발생하는 경우 어려움을 겪는다. 코끼리는 즉시성의 동물이기 때문이다. 전형적인 "알고 있어요. 하지만…" 예를 살펴보자.

"알고 있어요, 하지만…"과 관련된 전형적인 행동들

사례	즉각적 결과	지연된 결과
흡연	너무 좋은 니코틴의 자극	폐암
퇴직 대비 저축	줄어든 여유 자금	늘어난 자금
운동	힘들어	훌륭한 식스팩
도넛	음…	체중계 위에 올라가지 말아야지

코끼리는 미래에 얻을 수 있는 이득을 위해 현재의 희생을 감래하도록 요구받지만 결국, 현재 일어나는 사건과 즉각적인 결과에 설득당한다. 기수는 미래에 발생할 결과와의 연관 관계를 인지하고 있으나 코끼리를 설득하기에 그 정보는 너무 추상적이다.

기억하라, 변화는 어렵다

흡연처럼 고치기 쉽지 않은 행동 습관을 다루는 것이 아닐지라도, 변화에 많은 노력이 필요하다면 코끼리의 공감을 통해 그 작업이 훨씬 수월해질 수 있다.

특히, 익숙해진 기존의 행동 양식을 변화시키려면 많은 노력이 필요하다. 코끼리는 습관의 동물이기에 코끼리가 좌측으로 이동하는 것이 습관화됐다면 우측으로 이동시키는 데는 상당한 의식적인 노력이 요구될 것이다.

학습 행동에 영향을 주는 방법들을 살펴보기 전에 한 가지 부분을 명확히 짚고 넘어가고자 한다. 여기의 어떤 것도 학습자를 '통제' 또는 '조정'하려는 것이 아니다. 명령을 준수하게 하려는 것도 아니며 학습자가 성공적으로 행동을 변화시킬 수 있는 환경을 설계하는 데 목적이 있다.

학습자가 무언가 학습할 때 갖는 경험은 그들이 미래에 내리는 결정에 차이를 만든다.

행동을 위한 설계

학습자의 동기를 보다 강화하는 데 도움을 주는 전략으로는 무엇이 있을까?

기술수용모델

기술수용모델^{TAM, technology acceptance model}(Davis 1989)이란 어떤 사람이 새로운 첨단기술을 수용할 때 어떤 변수들이 영향을 끼치는지 살펴보는 정보체계에 관한 이론이다. 이 이론에 대해서는 상당한 연구가 진행됐으며, 이에 대한 비판 의견에도 불구하고 필자는 해당 이론이 상당히 유용하다고 본다. 이 이론의 중심에는 두 가지 변수가 있다.

인지된 유용성	인지된 사용 용이성
학습자는 이 변화가 자기 자신에게 유용할 것이라고 보는가?	학습자는 이 변화가 사용에 용이하거나 이행하기 용이할 것이라고 보는가?

그리 복잡한 것이 아니다. 누군가 기술을 사용해주길 기대한다면 사람들은 그 기술이 실제로 유용하며, 사용하기 어렵지 않다고 믿을 수 있어야 한다.

기술수용모델은 첨단기술의 수용에 대한 논의이지만, 다른 여러 분야에도 적용될 수 있다.

필자는 새로운 첨단기술이나 시스템, 연습의 도입이 필요할 때 기술수용모델을 항상 염두에 두고 다음과 같은 질문을 해본다.

- 새로운 행동 양식은 진정 유용한 것인가?
- 유용하다면 학습자는 유용한지 어떻게 알 수 있는가?
- 새로운 행동 양식은 활용이 용이한가?
- 용이하지 않다면 여기에 어떻게 도움을 줄 수 있는가?

혁신 확산

또 다른 유용한 이론은 에버렛 로저스^{Everett Rogers}의 명저 『개혁의 확산』(커뮤니케이션북스, 2014)에 소개됐다. 아직 읽어보지 못했다면 이 책을 읽어보기를 권장한다. 흥미로운 사례 연구들과 유용한 정보가 풍부하다. 수용자로 하여금 혁신을 수용할지 안 할지 여부를 결정하는 데 영향을 미치는 인지된 속성은 무엇인지 살펴보자.

상대적 이점 Relative advantage: 특정 혁신이 선행하는 아이디어보다 얼마나 우수하다고 인지되는지를 의미

적합성Compatibility: 특정 혁신이 잠재 수용자의 기존 가치, 과거 경험 그리고 욕구에 얼마나 부합한다고 인지되는지를 의미

복잡성Complexity: 특정 혁신이 얼마나 적용하기 어렵다고 인지되는지를 의미

관찰 가능성 Observability: 특정 혁신의 결과가 다른 사람에게 얼마나 잘 보이는지를 의미

시험 가능성 Trialability: 혁신을 제한적으로 시험해볼 수 있는 기회를 의미(Rogers 2003)

혁신확산 이론이 기술수용모델과 중첩되는 부분이 있긴 하지만, 새로운 시스템을 위한 학습 경험을 설계 시 필자는 다음 사항을 점검하곤 한다.

- 학습자는 새로운 시스템이 더 낫다고 믿을 것인가?
- 적합성 문제를 다뤄야 하는가?
- 복잡성을 줄이기 위해 무엇을 할 수 있는가?
- 학습자는 시스템이 사용되는 모습을 관찰할 기회가 있는가?
- 학습자가 스스로 시도해볼 기회가 있는가?
- 학습자가 새로운 시스템을 사용해보고 성취감을 느낄 수 있는 기회가 있는가?

어떤 사람이 정말 하기 싫어하는 일이 있다면 그와 관련한 학습 지침을 아무리 잘 설계해봐야 별다른 효과를 보지 못할 것이다. 또한 새로운 시스템이나 프로세스, 아이디어의 수준이 낮거나 실행이 어렵다면 학습자에게 아무리 여러 번 시도할 기회를 준다고 하더라도 결국 실패할 것이다.

자기 효능감

자기 효능감Self-efficacy이란 일을 성공적으로 수행해내는 본인의 능력에 대한 믿음이다. 근본적으로 자기 효능감은 해낼 수 있다는 힘을 주는 작은 엔진과도 같다(나는 할 수

있다고 생각해. 나는 할 수 있다고 생각해).

이 책의 초반부에서 중학생 대상의 마약 및 음주 예방 교육 사례를 소개했다(www.projectalert.com). 이 교육에서는 학생의 저항에 대한 자기 효능감을 개발시켜주는 것이 매우 중요했다.

마약, 담배, 술에 관한 동료 집단의 압력은 전형적인 "알고 있어요. 하지만…"이란 변명을 늘어놓게 되는 사례다. 예를 들어, 흡연이 나쁘다는 사실을 몰라서 학생들이 흡연을 시작하는 것이 아니다. 몰라서 흡연하는 것이 아니라 다른 이유가 존재하는 것이다. 올바른 결정을 내려야 하는 상황에 심리적 압박이나 많은 스트레스가 동반되는 경우가 있다. 하지만 자신 있는 행동은 이러한 상황에서도 큰 차이를 만들 수 있다.

예방 수업에 참여하는 학생들은 이런 상황에 어떻게 대처할지 계속해서 연습한다. 어떻게 대응할지 준비하고, 역할극을 통해 연습한다. 동료 학생들은 수업 시간을 통해 같은 상황에 처했을 때 어떻게 대처할지 각자의 대처 계획에 대해 논의하며 서로 자신감을 심어줄 수 있다.

할 수 있다는 자신감에 더해, 주어진 과제나 필요 기술을 본인이 제어할 수 있다고 느끼는 것도 큰 도움이 된다.

사회 심리학자 겸 발달 심리학자인 캐롤 드웩Carol Dweck은 초등학교 5학년 학생들을 대상으로 실험을 진행했다(Mueller & Dweck 1998). 학생들이 여러 문제 유형을 풀게끔 했고 문제 풀이를 마쳤을 때, 학생의 절반에게는 "이 문제를 푼 것을 보니 똑똑하네요."라고 말했고, 나머지 절반의 학생들에게는 "이 문제를 푸느라 고생했네요."라고 말한 뒤 학생들에게 다음 과제를 제시했다.

드웩은 실험의 결과를 다음과 같이 설명했다.

> 우리는 지능에 대한 칭찬이 학생들의 마음가짐을 고정시키는(지능이란 고정적인 것이며, 그들
> 이 이미 갖추고 있음) 반면, 노력에 대한 칭찬은 그들이 성장을 위한 마음가짐(능력은 노력을 통
> 해 발전됨)을 갖추게 한다는 사실을 알게 됐다. 우리는 다음 과제로 학생들에게 새로운 것을
> 학습할 수 있는 도전적인 문제와 성과가 보장되는 쉬운 문제를 제시했다. 그 결과, 지능에
> 대한 칭찬을 받은 학생들은 난이도가 낮은 문제를 원했고 노력에 대한 칭찬을 받은 학생들
> 은 도전적인 문제를 통해 배움의 기회를 얻고자 했다.

이어지는 과제에서 지능에 대한 칭찬을 받은 학생들은(본인이 제어 가능한 것이 아님) 처
음보다 문제 풀이 결과가 좋지 않았으며 노력에 대해 칭찬을 받은 학생들은(본인이 제
어 가능한 것임) 더 좋은 결과가 나타났다.

노력의 결과에 대한 칭찬이 아이들에게 제법 효과적임을 확인할 수 있다. 그렇다면
성인 학습자의 자기 효능감은 어떻게 향상시킬까?

시나리오: 마리아나(다시 등장!)

1장에서 언급된 마리아나의 사례를 다시 한 번 살펴보자. 마리아나는 기업 내 IT 지
원팀의 신임 관리자다. 마리아나는 훌륭한 IT 지원 부서의 직원이었으며, 현재는 승
진해 5명의 IT 담당 직원을 관리하게 됐다.

인사팀은 마리아나를 신임 관리자 교육에 보냈고 거기서 마리아나는 계약직 직원 관
리를 위한 문서 작업과 직속 부하들에게 시기적절하게 피드백을 제공하는 코칭 방법
을 배웠다.

마리아나의 처음 몇 주는 다소 험난했다. 다른 관리자들은 문서 업무에 어려움이 없
어 보였으나 마리아나는 수많은 문서를 처리하느라 정신이 없었고 자신이 무엇을 잘
못하고 있는지 알지 못했다. 몇몇 팀원이 늦게 출근하기 시작했지만, 윗사람 행세한
다고 비난받는 것이 두려워 지적하기를 피하고자 했다. 그녀가 배운 코칭 방법을 적
용해봤지만, 약간의 효과를 보이는 직원도 있는 반면, 전혀 먹히지 않는 직원도 있었

다. 마리아나가 더 바빠지자 코칭에 필요한 모든 학습 과정을 제대로 마칠 수 없었다. 마리아나는 이러한 교육이 그다지 도움이 되지 않는다고 여기게 됐다.

마리아나의 상사는 그녀가 힘든 시간을 보내고 있음을 감지했고, 그녀를 위한 관리자 훈련 수업을 더 마련하고자 한다.

마리아나의 자기 효능감을 장려할 수 있는 학습 경험을 설계하려면 어떻게 해야 할까?

– 다음으로 넘어가기 전에 답이 무엇인지 잠시 생각해보자 –

상사 또는 유용한 피드백을 줄 수 있는 사람과의 역할극을 통한 연습이 첫 시작점이 될 수 있다. 코칭 방식을 효과적으로 활용하고 있는 다른 관리자들을 신중히 살펴보며 실무에 어떻게 적용하는지 직접 관찰할 수도 있다. 학습한 코칭 방식을 활용해 큰 문제를 해결하려 하기보다는 작은 문제들에 먼저 적용해본다. 작은 문제들을 해결해 나가다 보면 더 큰 문제들도 해결할 수 있는 자신감이 생길 것이다. 또한 비판 대신 팀을 긍정적으로 발전시키는 활동을 통해 직책자로서 자리매김할 수 있다. 이런 과정을 통해 마리아나는 관리자라는 자신의 위치에 대한 자신감을 얻을 수 있으며 여러 난관을 마주했을 때 큰 도움이 될 것이다. ▪

새로운 행동에 대한 두려움, 걱정이나 불안감이 주된 문제일 경우, 연습이 특히 중요하다.

손 씻기와 관련한 예시에서 다른 동료의 손 세정 습관에 대해 잘못된 행동이라고 지적하는 것에 대해 논의해봤다. 누구도 동료와 이런 불편한 대화를 하고 싶지 않을 것이다.

의료 전문가들이 이런 대화의 불편함을 뛰어넘는 유일한 방법은 연습뿐이다. 담배와 술을 권하는 친구들에게 거절하는 방법을 연습하던 학생들과 마찬가지로 의료 전문가들은 동료들에게 환자를 진료하기 전 손 세정제를 사용하도록 자연스럽게 권하는 방법을 연습해야 할 것이다.

모델링(따라 하기)과 연습

마리아나의 예를 통해 다른 사람을 관찰하는 것과 자기 효능감을 발전시키기 위한 연습의 중요성에 대해 살펴봤다.

이런 연습에는 자기 효능감을 발전시키는 것 외에도 여러 이점이 있다. 이미 알다시피 코끼리는 습관의 동물이고 직접적인 경험을 통해 학습하는 것을 즐긴다(운전 중 문자 보내기 예시에서 운전사 2를 기억하는가?).

잘 다듬어진 경로

방향을 전환하려면 노력이 필요하다. 학습자에게 정형화된 행동을 관찰하고 이를 연습할 기회를 만들어주면 학습자가 향후 그 행동을 실행에 옮길 가능성이 크게 높아진다.

연습을 통해 행동을 습관으로 자리잡게 만드는 또 다른 방법은 학습자와 함께 직접 과정을 밟아보도록 학습을 설계하는 것이다. 학습자 스스로 자신이 당면한 과제와 업무를 처리하기 위해 지식과 기술을 적극적으로 활용하게 만들자. 학습자가 이론에서 실습으로 넘어가는 동안 동행해줘야 한다.

학습을 보다 생동감 있게 만들고 학습자의 참여를 독려하기 위해 시나리오를 활용하는 방안에 대해 이미 여러 번 언급했는데, 학습자가 직접 경험하는 문제나 과제를 활용하면 더없이 훌륭한 교육이 될 수 있다.

몇 가지 예를 살펴보자.

학습 경험의 주제	설계
더 나은 인사 고과 작성법	가능하다면 학습자가 직접 작성해야 할 부분을 수업 시간에 가져오게 하고, 관련 활동과 토론을 준비한다. 수업을 통해 학습자는 실제 사용할 수 있는 인사 고과 초안을 작성하게 된다.
소득 신고서 작성 방법	학습자가 직접 세금 신고서를 작성하게 만든다.
태국어 구사	학습자가 직접 이야기하고 싶은 주제를 선택하고(예를 들어 자녀, 음악, 음식, 정치, 자기소개 등), 이에 관해 태국어로 구사할 수 있도록 도와준다.
프로젝트 관리	학습자가 직접 프로젝트 문서와 현안을 가져오게 하고, 수업의 일환으로 이 문제들에 대해 토론한 후 해결 방안을 모색하게 한다.

이 전략에는 몇 가지 유용한 점이 있다. 먼저, 학습자로 하여금 교육 내용을 실전에 어떻게 적용할지 생각해볼 수 있게 해준다. 가능성을 생각해보고 장애물에 어떻게 대처할지 고민해볼 수 있다.

두 번째로, 주변의 도움과 지원이 가능한 상태에서 연습할 기회가 마련된다.

세 번째로, 학습자는 이미 투자를 한 것이다. 행동 경제학자들은 '매몰 비용'과 손실 회피에 대해 설명하며 사람들은 자신이 이미 투자한 것을 포기하는 행위를 매우 두려워한다고 말한다.

네 번째로, 그들이 업무 환경에 돌아왔을 때 이미 준비됨을 느낄 것이다. 새로운 것을 시작할 때는 항상 장벽이 있기 마련이나, 학습자가 미리 학습을 통해 업무를 파악하고 있다면 노력이 덜 필요할 것이다.

따라서 학습자가 학습한 내용을 각자의 상황에 대입시킬 기회를 최대한 제공하자.

사회적 증명

앞서 코끼리의 주의를 끌기 위해 다른 코끼리들이 어떤 행동을 취하고 있는지 알려주는 방법이 있음을 확인했다.

그러나 사회적 증명(5장에서 사람들이 자신의 행동 척도를 주위 사람들의 행동에 두는 경향이 있음을 언급했다)은 이목을 집중시키는 데 유용할 뿐 아니라 특정 행동을 장려하는 데도 많은 도움이 된다.

교육자가 모든 영역의 전문가는 될 수 없으므로 저명한 사람이나 존경하는 이의 견해와 조언을 구하고 이를 인용하는 것도 효과적이다. 그들이 유용하다고 알려준 것이라면 시도해볼 만하지 않겠는가? 필자에게도 무엇을 시도해보라고 권한다면 두 번 생각하지 않고 그들이 하라는 대로 할 정도의 영향력을 가진 몇 명의 지인이 있다.

필자가 참여했던 프로젝트 중에는 시작부터 CEO나 관련 임원으로부터 "이번 프로젝트는 굉장히 중요합니다."라는 메시지를 전달받은 경우가 여럿 있었다. 내가 담당할 프로젝트가 경영진으로부터 기대와 지원을 받고 있다는 사실은 나에게 권한과 책임이 부여된 듯한 느낌을 준다.

하지만 실제 교육 프로젝트를 진행함에 있어서 가장 중요한 의견을 제시할 사람은 누구일까? CEO일까? 아니면 여러분보다 다섯 배나 많은 경험을 가지고 있는 옆자리 직원일까? 아마존에서 서적을 구매할 때 여러분은 누구의 의견에 귀를 기울이는가? 출판사의 광고성 문구인가 아니면 배울 것이 없다는 독자 19명의 의견이겠는가?

마약 방지 프로젝트(ALERT)는 영향력 있는 사람들을 활용해 아이들에게 마약 복용의 폐해를 인지시킨다. '영향력 있는 사람'이란 상황에 따라 다르겠지만, 13세짜리 중학생은 누구의 의견에 가장 많은 가치를 두겠는가?

부모님?   선생님?   경찰관?   16세 고등학생들?

사람마다 다를 수도 있지만, 아무래도 중학생들에게 큰 영향력을 발휘하는 것은 고등학생 선배이다. 그런 이유로 ALERT 프로젝트는 성인의 강의 대신 십대 청소년의 경험담을 활용해 옳은 결정을 내리는 방법에 대해 알려준다.

그렇다면 여러분이 소속돼 있는 조직에서 또는 대상 학습자에게 가장 영향력 있는 사람들은 누구이며 그들의 의견을 어떻게 하면 눈에 띄게 할 수 있을까? 다음을 살펴보자.

- **사람들이 성공을 과정, 절차, 기술과 함께 설명하게 한다.** 사내 게시판, 토론 포럼, 이메일 혹은 조직에서 이미 사용하고 있는 여러 전달 매개체를 활용할 수 있다. 모범 사례가 되는 사람에 대한 간략한 기사를 제작해볼 수도 있다.

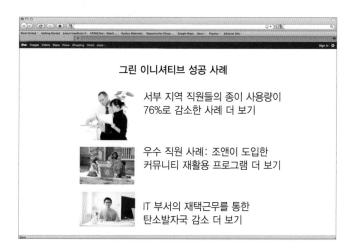

- **오피니언 리더의 참여를 먼저 유도한다.** 학습 경험의 설계와 제작 단계부터 오피니언 리더를 참여시켜야 한다. 그들이 경험한 사례를 공유하거나 학습 내용을 지지해줄 수 있는가? 학습자를 멘토링해줄 수 있는가?

- **진척도를 보여주라.** 게임에서도 누가 높은 점수를 땄는지 기록한 순위를 보여주곤 한다. 낮은 점수가 공개돼 기분 상한 사람들이 생길 수 있지만, 발전해 나가는 사람들을 보면 용기를 얻고 자극받을 수 있다.

본능의 중요성

코끼리는 동료의 격려와 같은 외부 요인뿐 아니라 직접적인 경험과 강한 감정에도 영향을 받는다. 직접적이고 시각적인 자극과 본능이 학습자의 결정을 바꿀 수 있다는 말이다.

예를 들어, 5장에서 살펴봤던 과일 샐러드와 케이크 중 하나를 선택하는 실험에서 케이크가 앞에 실제로 놓여 있는 경우 사람들은 케이크를 선택할 가능성이 높다는 사실을 확인할 수 있었다. 선택의 대상이 추상적인 것이었다면 사람들은 자제력을 발휘해 과일 샐러드를 선택했을 것이다.

또는

그렇다면 사람들이 운전 중 문자 메시지를 보내는 예제는 어떻게 하면 좀 더 본능적이고 직접적으로 와닿게 표현할 수 있을까?

다음을 살펴보자.

- 「뉴욕 타임스」는 운전 중인 사람이 문자 메시지로 산만해진 경우 차선을 얼마나 잘 변경할 수 있는지 확인해보기 위해 게임을 하나 제작했다. 이 게임은 방해에 대응할 때 사람의 반응 시간이 얼마나 느려지는지 측정하는 데 초점이 맞춰져 있다. 본인의 한계를 경험할 수는 있으나 유감스럽게도 이 게임은 키보드 버튼을 눌러 차선을 변경하는 현실감이 낮은 모의실험이었다.
- 2009년 영국 웨일스에 위치한 궨트 주 경찰서는 자동차를 타는 10대 여성 운전자

가 나오는 동영상 제작을 후원했다. 그 운전자는 휴대폰으로 문자를 보내며 운전을 하던 중 자동차가 중앙선을 넘어 결국 반대쪽에서 달려오는 자동차와 정면충돌했다. 동영상에는 이 끔찍한 사고 현장이 상세하고 생생하게 묘사돼 있었다.

위 두 사례는 모두 본능적인 부분을 포함하고 있다. 하나는 직접 경험이며 다른 하나는 감정적으로 충격을 주는 동영상이다. 두 사례를 활용해서 얻은 결과에 대한 정보는 없지만, 개인적인 경험을 말하자면 운전 중 문자 메시지를 확인하고 싶을 때면 예전에 봤던 그 충격적인 영상이 떠오르곤 한다.

두려움을 일으키는 전술이 행동을 변화시키는 데 실패하기도 하고 더 많은 연구가 필요하긴 하지만, 본능을 강하게 자극하는 경험이 긍정적인 효과를 만드는 것 같다.

후속 조치의 필요성

앞서 언급한 제안과 전략이 모두 유용할 수는 있지만, 다음을 항상 유의해야 한다.

> **변화는 사건이 아니라 과정이다.** 학습자의 행동을 변화시키려면 과정을 통해 반복적으로 강화해야 한다.

변화를 강화하는 방법은 이미 다뤘기에 새롭지 않지만, 중요한 핵심이니 다시 한 번 강조한다. 인내심을 가져라! 모든 학습자가 강한 의지와 뚜렷한 목적을 갖고 시작해 새로운 해결 방안이나 혁신을 시도하려는 노력을 할지라도, 변화가 강화되지 않으면 결국 의지가 흔들리기 마련이다. 변화가 장기간 어떻게 강화될지 고려하고 생각해야 한다.

요약

- 학습 설계사가 염두에 둘 두 가지의 동기가 있다. 학습을 위한 동기와 행동을 위한 동기다
- "알고 있어요. 하지만…"이라는 말을 듣는다면 동기를 위한 설계가 필요하다는 단서일 수 있다.

- 지연된 보상이나 결과가 있을 때 "알고 있어요. 하지만…"이라는 상황이 자주 발생한다.
- 우리는 경험을 통해 학습하지만, 경험을 통해 '잘못된 것'을 학습하는 것은 문제다.
- 시각적 피드백이나 결과가 부족하다는 것은 동기 부족으로 인한 문제의 보편적인 특성 중 하나이다.
- 우리는 습관의 동물이다. 단기간에 학습해야 하는 경우 힘들 수 있지만, 새 습관을 개발하도록 지원해줄 수 있다면 유용한 특성이 될 수 있다.
- 학습자에게 영향을 끼칠 수 있으나 그들을 통제할 수는 없다.
- 학습 설계는 새로운 정보가 학습자에게 어떻게 유용하고 이용이 용이한지 보여줄 수 있어야 한다.
- 학습자가 새로운 과정이나 절차를 관찰하고 직접 시도해볼 기회를 제공해줘야 한다.
- 학습자는 새로운 도전이나 기술에 대해 자기 효능감을 느낄 수 있어야 한다.
- 학습자는 불안을 이겨내고 자신감을 가질 때까지 익숙하지 않거나 어려운 행동 양식을 연습해야 한다.
- 예시로써 오피니언 리더들을 적극 활용하라.
- 본능적 경험은 추상적 경험보다 더 효과적일 수 있다. 이 주제에 관한 연구가 계속 진행되고 있음에도 불구하고 말이다.
- 변화는 사건이 아닌 과정이다.

참고자료

- Bandura, Albert. 1977. "Self-efficacy: Toward a Unifying Theory of Behavioral Change." Psychological Review 84: 191 – 215.

- Dance, Gabriel, Tom Jackson, and Aron Pilhofer. 2009. "Gauging Your Distraction." New York Times. www.nytimes.com/interactive/2009/07/19/ technology/20090719-driving-game.htmL.

- Davis, F. D. 1989. "Perceived Usefulness, Perceived Ease of Use, and User Acceptance of Information Technology." MIS Quarterly 13(3): 319 – 340.

- Dweck, Carol S. 2007. "The Perils and Promises of Praise." Educational Leadership 65 (2): 34–39.

- Fogg, BJ. 2011, 2010. Behavior Model (www.behaviormodel.org) and Behavior Grid (www.behaviorgrid.org).

- Mueller, Claudia M. and Carol S. Dweck. 1998. "Intelligence Praise Can Undermine Motivation and Performance." Journal of Personality and Social Psychology 75: 33–52.

- PSA Texting and Driving, U.K. 2009. www.youtube.com/watch?v=8I54mLK0kVw. Described at www.gwent.police.uk/leadnews.php?a=2172. Rogers, Everett M. 2003. Diffusion of Innovations (5th edition). Glencoe: Free Press.

습관을 위한 디자인

(코끼리에게 계획과 터가 잘 닦인 길을
제공하는 것이 중요함을 학습하자.)

습관이란 무엇인가?

습관이란 '저절로 익혀져 거의 무의식적인 상태가 된 획득된 행태'를 의미한다.

우리는 모두 습관에 대한 기본적인 이해를 가지고 있다. 여기서는 습관을 어떻게 숙련시킬 수 있을지에 대해 살펴보자.

프로젝트 매니저 2인에 관한 이야기

린다Linda와 안 메이An Mei는 소프트웨어 개발 업체의 프로젝트 매니저로 근무하고 있다. 두 사람은 프로젝트 관리 전문가로서 수년간 근무하고 있다. 이런 두 사람이 매우 힘든 한 주를 보내고 있는 일화를 소개하고자 한다. 프로젝트 매니저로서 매일 겪는 도전에 이 두 사람이 어떻게 대응했는지 살펴보자.

직면한 문제: 계약자가 제품 납기일을 몰랐다고 주장하고 있다.

린다   안 메이

우리가 이에 대해 분명 논의했어. 이메일 보낸 편지함에 날기이이 명시된 이메일이 있을 거야.

일정이 변경되면 모든 팀원의 서명이 필요하기 때문에 팀원들이 사실을 알고 있어.

직면한 문제: 개발자들이 미팅에 늦게 도착함.

린다   안 메이

골치 아프지만, 이런 일이 발생하기도 하지. 먼저 시작하면 나중에 내가 반복해야 할 거야.

내가 회의를 정시에 시작한다는 걸 아는데 왜 늦는 거지?

직면한 문제: 고객이 과거 프로젝트에 대한 업데이트를 필요로 함.

린다   안 메이

프로젝트 담당자가 지난달에 퇴사했어요. 담당자의 파일을 이관받은 사람이 누구인지 찾는 중이에요.

나는 프로젝트 주요 단계가 마무리될 때마다 전체 파일을 저장해 놓아요. 최종 버전은 서버에 저장돼 있어요.

여기서 안 메이와 린다의 차이점은 반드시 전문지식에 기인한 것은 아니다. 두 사람 모두 프로젝트 관리 전문가 자격증 시험인 PMP를 거뜬히 통과했을 만큼 프로젝트 관리 역량을 충분히 보유하고 있다.

이 두 사람의 차이점은 커뮤니케이션과 조직성 그리고 만약의 사태를 대처하는 습관에 기인하는 것으로 보인다. 필자가 프로젝트 매니저와 업무를 함께해 본 경험에서도 이러한 부분을 경험할 수 있었다.

그렇다면 습관 설계와 학습 설계가 공유하는 공통점은 무엇일까? 좋은 습관이 성공을 위한 중요한 요소라면 이런 습관의 발전을 어떻게 하면 강화시킬 수 있을 것인가?

습관의 구조

이미 습관의 의미("저절로 익혀져 거의 무의식적인 상태가 된 획득된 행태")를 살펴봤지만 습관을 좀 더 세부적으로 살펴보는 일은 보다 유용할 것이라고 판단된다.

- **획득된 행태.** 습관화하고자 하는 행동은 일반적으로 학습이 필요하다. 예를 들어, 치아 관리를 위한 치실사용은 선천성에 기인하지 않으며 이는 후천적인 학습이 요구된다. 많은 습관과 마찬가지로, 치실 사용은 특별히 학습해야 하는 복잡한 행동이 아니다. 제법 간단히 학습할 수 있으며 많은 기술을 요하지 않는다. 그럼에도 누군가에게 치실 사용에 대해 가르친다고 해서 마치 마법을 부리듯 그 사람을 즉각적으로 정기적인 치실 사용자로 바꾸지는 못한다. 습관의 학습은 필요 단계이나 습관화가 되기까지는 학습만으로 불충분하다.

- **기폭제**(트리거). 습관 형성에 관한 여러 이론은 습관을 활성화시키는 기폭제에 대해 논한다. 새로운 행동에 임의적으로 연결하는 기폭제도 있고("아침에 첫 커피 한 잔을 마실 때, 나는 비타민을 섭취하려고 한다") 하루 일과 중 자연스럽게 발생하는 기폭제도 있다("직속 부하직원이 이메일로 파일을 보내면 그에 대한 피드백을 전달하기 위해 몇 분의 시간을 할애한다"). 거의 무의식적인 단계의 행동은 그 행동을 활성화시켜주는 무언가가 필요하다. 스탠포드 대학교 설득 기술 연구소[Persuasive Technology Lab]의 비제이 포그[BJ Fogg] 소장은 그가 주창한 행동 모델(행동 = 동기 + 능력 + 트리거)의 핵심이 기폭제라고 설명했다.

- **동기.** 8장에서 다뤘던 모든 동기에 대한 문제, 특히 자율성[autonomy]이 여기에 모두 적용된다. 습관이란 누군가 지시해서 생긴 것이 아니다. 습관이란 직장 내에서 요구되는 행동 양식일 수 있으며 이 행동은 시간이 지나면 자동적으로 바뀔 수 있다. 하지만 업무 절차에 대한 자율성과 통제권이 있어야 적극적인 동기부여가 가

능하며 이러한 조건이 수반돼야 업무 환경에서 요구되는 여러 습관이 일상화될 수 있다. 동기만으로는 습관이 형성되는 것은 아니다. 그랬다면 연초에 등록한 피트니스 센터에 시간이 지나도 모두들 열심히 다닐 것이다.

- **피드백.** 시각적인 피드백이 결여된 습관은 가장 습득하기 어려운 습관으로 여겨진다. 『습관의 힘』(갤리온, 2012)의 저자인 찰스 두히그[Charles Duhigg]는 그의 저서에서 시트르산과 민트오일, 펩소던트 등의 물질을 혼합해 만들어진 자극적이고 깔끔한 향이 어떻게 양치 행동을 강화시키는 지에 대해 논했다. 화한 맛을 내는 화학물질이 실제 치약의 양치 효과에 영향을 끼치지 않음에도 말이다. 피드백이 지연되거나 부재한 습관은 종종 획득하기 가장 어려운 습관으로 여겨진다. 예를 들어, 운동을 통해 즉각적인 엔도르핀 충동을 느낄 정도가 아니라면 매일 즐기는 조깅을 통한 건강 효과를 경험하기까지 몇 주에서 몇 달이 걸린다. 눈에 보이는 이득이나 효과 없이 행동을 유지한다는 것은 어려운 일이다. 따라서 사람들은 운동을 시작하면 어떤 방식으로든 효과를 측정하거나 수치화하려고 하다 보니 핏비트[Fitbit] 같은 피트니스 트래커를 활용해 운동의 효과를 좀 더 빠르게 확인하기도 한다.

- **연습 또는 반복.** 우리가 이미 정의 내린 바에 따르면 습관이란 거의 무의식적인 상태가 된 것을 의미한다. 습관이 자리잡으려면 7번 해봐야 한다든지 21일이 걸린다는 등 소요 기간에 대한 의견을 들어봤을 것이다. 그러나, 안타깝게도 습관의 내재화를 위한 기간은 상황에 따라 달라진다. 습관 행동의 복잡함이나 난이도에 영향을 받으며, 습관화를 지원해줄 수 있는 환경, 피드백의 존재여부, 습관을 만들어가는 사람의 동기 등에 따라 차이가 발생한다.

- **환경.** 습관 형성에는 환경이라는 요소가 습관을 얼마나 잘 지지해줄 수 있는지가 매우 중요하다. 11장에서 자세하게 논의하겠지만, 치실을 생활화하는 습관을 형성하고자 한다면 치실이 필요한 때와 장소에 치실이 준비돼 있을 경우 사용할 가능성이 높아진다. 습관을 지지해주는 환경에는 사회적 지원도 포함되는데 운동 파트너나 진행사항을 감독하며 조언해줄 사람이 여기에 해당된다. 반면, 원치 않는 습관을 깨고자 한다면 환경에 존재하는 기폭제를 제거해야 한다.

취침 전 스마트폰을 보며 많은 시간을 할애하는 습관에서 벗어나고자 하는 사람이 있다고 가정하자. 디지털 세상에 빠져 취침 시간이 점점 늦어지고 있음을 깨달았다. 운전 중 산만해지는 습관을 단절하고자 스마트폰을 트렁크에 넣는 사람들이 있듯이 스마트폰을 침실에서 치워버릴 수도 있지만, 간혹 밤 중에 가족의 연락이 오는 경우가 있어 전화벨 소리를 놓치지 않아야 한다. 결론적으로, 이 사람은 침대 옆 탁자에 상자를 놓고 그 안에 폰을 넣어둠으로써 전화벨 소리를 들을 수 있지만, 스마트폰을 통해 야기되는 시각적인 기폭제를 제거해 침대에 누워 폰을 사용하며 시간을 낭비할 가능성을 제거했다.

자동화의 이점

자동화에 대해 반복해서 언급했는데 자동화란 "거의 무의식적인 상태"가 된 것이라고 앞서 정의 내렸다.

무의식적으로 행동에 옮기는 자동화 단계에 이르지 않고서는 습관이 존재할 수 없다. 자동화나 무의식, 자기도 모르게 하는 등은 모두 코끼리와 연관된 개념이다.

터가 잘 닦인 길

습관을 처음 형성할 때 의지가 필요하다. 노력을 요하는 습관은 그만큼 많은 의지력이 요구되지만, 그 과정을 견뎌내고 나면 자동화돼 작업 수행이 수월해진다.

습관이 일단 자동화되고 나면 행동을 실행에 옮기는 것이 옮기지 않는 것보다 수월해진다. 안전벨트 착용에서 이 점을 알 수 있다.

여러분은 안전벨트를 항상 착용하는가? 아니라면 안전벨트를 착용하는 습관을 지금부터라도 들여야 할 것이다.

항상 안전벨트를 착용하는 습관을 갖고 있는 사람이 안전벨트 착용을 하지 않은 경우 어떤 일이 발생할까? 예를 들어, 다른 자리에 주차하기 위해 짧은 거리를 안전벨트 없이 운전했다고 가정해보자. 시간당 2km의 속력으로 주행하는 것도 아니고, 주위에 다른 차량이나 위험한 장애물이 없다 하더라도 무언가 잘못한 느낌이 들 것이다. 사고의 위험에 처할 가능성은 희박하지만, 벨트 착용을 하지 않을 시 느끼게 될 불편한 마음은 무시할 수 없을 것이다.

운전을 안 한다면 다른 사례를 생각해볼 수 있다. 항상 타던 버스나 기차에서 평소와 달리 그다음 역에서 내리는 경우라든지 아침에 일상적인 일과를 지키지 않은 날을 생각해보자.

행동을 실행할지 말지를 결정할 때는 이 행동을 실행에 옮기는 노력과 잠재적인 이점 사이의 균형이 이뤄져야 한다. 안전벨트 착용에는 명백한 이점이 있지만, 그 이점을 경험할 기회는 드물다. 천 번 넘게 벨트를 착용하는 동안 사고가 한 번도 일어나지 않아 실제 안전벨트의 이점을 경험하지 못할 수도 있는 것이다. 안전벨트 착용 시마다 의식적으로 처음과 동일한 의지력을 행사해야 한다면 눈에 보이는 혜택 없이 지속해서 노력을 기울이기는 매우 어려울 것이다. 행동이 습관으로 자리잡으면 이 행동을 반복하는 데 필요한 노력이 감소한다. 따라서 안전벨트 착용이 자동화되면 이를 위해 기울여야 하는 노력이 크게 줄어들 것이다.

습관의 격차 알아보기

그렇다면 절차나 기량과 습관의 차이를 어떻게 파악할 수 있을까? 두 사이에 공통된 부분이 있을 수 있지만 지속적인 노력과 자동화가 큰 차이점이라 볼 수 있다.

대부분의 습관은 기량을 요하지 않는다. 치위생사가 치실사용법을 설명한다면 상세 내용에 귀 기울이지 않을 것이다. 치실질은 기법의 문제가 아니기 때문이다. 주기적으로 치실을 사용하고 있지 않다면 치실사용법을 몰라서가 아니라 습관이 자리잡지 못했기 때문이다. 따라서 치실질에 의식적인 노력이 요구되지 않도록 자동화하는 방법을 알아봐야 한다.

습관과 습관이 아닌 것의 격차가 뚜렷하지 않다면? 많은 행동의 격차는 기량 향상과 습관의 형성을 모두 중복해 요할 수 있다.

필자는 대학생 시절 대출 신청서 데이터 입력 업무를 한 적이 있다. 대출 신청서에 많은 숫자를 입력하다 보니 키보드에 있는 숫자 키패드 사용에 꽤 익숙해졌다.

아직까지도 숫자를 입력해야 하는 경우 키보드의 숫자 키패드를 사용하는데 숫자 키패드가 없는 노트북을 사용할 때는 매우 어색함을 느낀다.

연습이 필요한 숫자 키패드 사용법을 과거 익히지 않았다면 이런 습관이 형성되지 않았을 것이다. 이 경우 필자가 키패드를 사용할 줄 아는 것(기량)이 습관이라고 볼 수 있다. 키패드가 있으면 나는 의식적인 판단 없이 '자동으로' 키패드를 사용하곤 한다.

위 사례는 모두 간단명료하다. 이제 좀 더 복잡한 행동을 살펴보고 각 행동의 어느 부분이 습관인지 판단해 보자. 먼저, 시간관리에 대해 살펴보겠다.

예시: 시간 관리

시간 관리는 공과 사에 모두 매우 중요한데 이런 시간 관리를 일 측면에서 살펴보기로 하자. 시간 관리는 습관이라고 할 수 있는가?

시간 관리는 여러 행동으로 이뤄진 큰 집합체로써 습관이라고 일컫기에는 무리가 있지만, 여러 습관을 '포함'한다.

프란시스 웨이드Francis Wade는 그의 저서 『Perfect Time-Based Productivity』(Create Space Independent Pub, 2017)에서 시간 관리를 작은 행동 여러 개로 이뤄진 것이 아닌 몇몇의 작은 행동을 포함한 연속된 큰 행동들의 집합체(기록하기, 비우기, 버리기, 실행에 옮기기, 저장하기 등)로 정의하였다.

웨이드는 기록하기capturing란 "추후 있을 인출 및 처리 작업을 위해 안전한 곳에 시간 수요(예: 과제나 해야 할 일)를 저장하는 과정"이라고 정의한다. 그렇다면 해야 할 모든 일을 어떻게 관리해야 할까?

시간 관리는 필자가 어려움을 겪고 있는 부분이기도 하다. 해야 할 일을 이메일 인박스에 기록해 놓거나, 메모지에 적어 컴퓨터 모니터에 붙여 놓거나, 수첩에 적어 놓거나, 핸드폰의 일정 관리 앱에 기록하거나 단순히 기억에 의존하기도 한다.

웨이드는 저서에서 아래와 같은 몇 가지 훌륭한 방법을 소개했다:

- **기억에 의존하지 말고 항상 기록할 수 있는 수단을 준비하라.** 해야 할 일을 기록할 수단을 항상 갖추는 습관을 들여야 한다. 수첩, 스마트폰 앱, 음성 녹음기 등 본인에게 가장 적합한 도구를 찾아 항상 지니고 다니는 습관을 들이자.
- **수동으로 기록하기.** 두 번째 습관은 기록용 장치를 지니고 다니는 데 그치지 말고 실제 '사용'하는 것이다. 수동 기록이란 수첩에 필기하거나 스마트폰 앱에 내용을 기록하는 작업이다.
- **기록 내용 취합하기.** 이메일, 문자, 앱 등 여러 곳에 산재돼 있는 해야 할 일 목록을 한 개의 주된 기록 수단에 취합하는 작업이다.

이런 작업에 고난이도의 기술 또는 가파른 학습 곡선이 요구되지 않는다. 간단한 작업이지만, 시간 관리 훈련의 일부로 자리잡게 하려면 해당 행동들이 자동화된 습관으로 자리잡아야 한다.

맥락과 기폭제

다양한 행동의 맥락과 기폭제는 각기 다르다. 예를 들어, 앞서 소개된 첫 번째 수동 기록 장치를 지참하는 행동을 위한 맥락은 아침에 출근 준비를 하는 시점 또는 퇴근 준비를 하는 시점이 되겠다.

기폭제	행동
외출 준비하기	수첩 넣었는지 확인하기

수동으로 기록하는 두 번째 행동에 대한 맥락은 다소 상이하다. 여기의 기폭제는 누군가 여러분에게 어떤 업무를 지시하거나 여러분이 해야 할 일이 기억난 상황일 것이다.

인식된 유용성	인식된 용이성
누군가의 요청	수첩에 요청사항 기록하기
해야 할 일이 기억남	수첩에 해야 할 일 기록하기

두 번째 행동은 맥락의 예측이 더 어렵다 보니 다소 복잡하다. 회의, 복도에서 마주친 사람과의 대화, 전화 통화 등 다양한 경로를 통해 해야 할 일이 발생할 수 있다. 기폭제가 훨씬 다양하다 보니 주변의 기폭제를 인지하고 이를 직관적으로 행동에 연결하는 것이 매우 중요하다.

점검할 질문들

습관의 격차를 인지하고 이해하는 데 있어 필요한 질문을 몇 가지 살펴보자.

- 사람들이 지속적, 자동적으로 해야 하는 행동인가?
- 이 행동을 세분화해보면 습관이 보이는가?
- 여기에 포함된 세부 맥락과 기폭제는 무엇인가?
- 기폭제는 가변적 또는 예측 불가능한 시점에 발생하는가?
- 이 행동이 더 큰 과정의 일부는 아닌가?
- 벗어나야 하는 바람직하지 못한 습관이 있는가?

습관을 위한 디자인

성공적인 습관 형성을 위한 해결책은 무엇일까? 이 질문에 대한 연구는 계속되고 있다. 높은 비용이 수반되는 여러 건강 관련 문제는 개인의 일상적인 건강 습관에 영향을 받는다. 그러다 보니 헬스케어 산업은 습관 디자인에 많은 관심을 기울이며, 스탠포드 대학과 MIT 대학은 습관을 형성시키는 행동과 뇌 기능을 해독하는 연구를 진행하고 있다.

소프트웨어 산업 또한 습관 형성에 큰 관심을 갖고 있다. 사용자의 하루 일상의 일부가 되는 앱을 개발하기 위해 소프트웨어 디자이너들은 습관 형성에 대해 연구한다. 사람들이 건강한 식생활을 하도록 돕거나, 이메일 인박스를 효과적으로 관리하거나, 집중력을 키워주는 등 사용자가 유용한 습관을 기르는 데 도움을 제공하기 위한 목적으로 개발되는 앱도 있다.

습관 형성에 관한 연구는 계속되고 있는데 습관 형성에 도움이 되는 것으로 밝혀진 전략을 몇 가지 살펴보자.

실행 의도

실행 의도에 대해 많은 연구를 한 피터 골위처^{Peter Golwitzer}는 아래와 같이 '실행 의도'에 대해 설명한다.

> 실행 의도란 "~한다면 ~할 것이다"와 같은 조건부 계획으로, 예상되는 중요한 상황과 개인의 목표를 성취하는 데 효과적인 반응을 연결하는 역할을 한다. 목표는 개인이 원하거나 이루고자 하는 것을 구체화하는 반면("나는 어떤 행동을 하려고 한다!"), 실행 의도는 예상된 중요한 상황을 실제 직면했을 때 목표를 이루기 위해 개인이 취할 행동을 설명한다.("Y라는 상황이 발생했을 때, 목적이 분명한 Z라는 행동을 취할 것이다!")

따라서 금연을 결정했다면 금연이라는 목표 이상의 무언가가 반드시 필요하다. 금연을 실천하기 위한 실행 의도가 필요하다는 것이다.

다음 예를 보자.

> 흡연 욕구가 생기면 주의를 다른 곳으로 돌릴 것이다.

상황 Y("흡연 욕구가 생기면")와 행동 Z("주의를 다른 곳으로 돌릴 것이다")가 있다. 이렇게 정의하면 단순히 금연하겠다는 목표만을 갖고 있을 때보다 효과적이지만, 구체화를 통해 그 효과를 더욱 증가시킬 수 있다.

> 스트레스를 받아 흡연 욕구가 생기면 누나에게 전화를 건다.
> 무료함에 흡연 욕구가 생기면 핸드폰 게임을 한다.
> 점심 식사 후 흡연 욕구가 생기면 외출해 5분간 산책을 한다.
> 동료들과 함께 있는 자리에서 흡연 욕구가 생기면 껌을 씹는다.

심리학자 로이 버메이스터^{Roy Baumeister}에 따르면 난처한 상황에 어떻게 대처할지 판단하거나 의지력을 행사할 때 많은 노력이 필요하다고 한다. 결정을 미리 하면("Y가 발생하면 Z를 한다"), 취해야 할 행동이 명확해지고 실행에 옮길 때 필요한 인지 자원이 보다 많이 확보된다.

학습자에게 학습 경험의 일부로써 본인이 예견하는 중요한 상황을 파악하고, 적절히 대응하기 위한 행동 전략을 수립하게 한다(예: 관계가 껄끄러운 직원과 X라는 문제가 있을 때 나는 Y 행동을 취할 것이다). 학습자가 각자 실행 의도를 스스로 정의하고 구체화해 보는 것은 매우 중요하다.

습관 축소시키기

습관이라는 개념이 너무 추상적으로 다가온다면 축소시켜보자. 훌륭한 서적인 『스위치』(웅진지식하우스, 2010)의 저자 칩 히스와 댄 히스^{Chip and Dan Heath} 그리고 작은 습관^{Tiny Habits} 프로그램의 창시자 BJ 포그^{BJ Fogg}는 최소 단위의 생산적 행동을 식별하고 거기에 집중하는 것의 중요성에 대해 강조했다.

행동이 습관화됐을 때의 편의성에 대해 앞서 설명했지만, 행동의 습관화에 너무 많은 노력이 수반된다면 행동을 세분화할 수 없을까?

예를 들어, 의자에 앉아 있는 업무 시간 중 주기적으로 자리에서 일어나 스트레칭하는 습관을 형성하고자 하는데 처음부터 요가 동작을 풀세트로 하는 것은 부담스러운 일이 될 것이다. 대신, 팔을 뻗어 보거나 잠시 일어서는 것으로 시작하고 이런 행동이 습관으로 자리잡고 나면 거기에 새로운 동작을 추가해 나간다. 이렇게 단계적으로 접근하는 것이 습관을 전체적으로 한 번에 자리잡게 만드는 것보다 수월하다. 습관으로 고착시키고자 하는 행동에 여러 세부 행동이 포함돼 있다면 이를 작은 단위 행동으로 나눠 접근하도록 하자.

연습과 피드백

가장 명백한 해결책이 가장 어려운 것인 경우도 있다. 연습과 피드백의 경우가 그러하다. 8장에서 동기부여에 대해 논의하며 언급한 바와 같이 시각적인 피드백이 부재한 경우 행동의 습득이 매우 어렵다.

프란시스 웨이드Francis Wade의 시간 관리 예시에 따르면 시간 관리는 종종 실체가 없는 것처럼 느껴질 수 있다고 한다. 시간 관리가 잘못됐을 때의 부정적인 결과는 인지하지만, 세부 행동들은 즉각적인 결과를 보이지 않기 때문이다. 해야 할 일을 잊고 기록하지 않았다면 그로 인한 결과는 그 일을 해야 하는 시점을 놓치고 행동을 실행에 옮기지 못한 후에야 드러날 것이다.

웨이드는 시간 관리 행동을 시각화하기 위해 수준에 대한 체계를 만들었으며 여기에 태권도 체계와 동일한 색상 체계를 도입했다. 각 행동 항목별로 본인의 시간 관리 수준을 판단할 수 있는 자기 진단 체계가 있다.

시간 관리 수준 판단하기

행동	흰색	노란색	주황색	녹색
수동 기록 장치를 항상 지니고 다니기	드물거나 전무함 ☐	가끔 ☐	자주 ☐	거의 항상 ☐
기억에 의존하는 대신 수동 기록 장치를 사용하기	드물거나 전무함 ☐	가끔 ☐	자주 ☐	항상 ☐
자동 기록 장치 취합하기		시작함 ☐	가끔 ☐	지속됨 ☐
백업을 위한 여러 수단 갖추기		시작함 ☐	가끔 ☐	항상 있음 ☐
현재 단계:	☐	☐	☐	☐

※ 출처: 프란시스 웨이드의 완벽한 시간 기반의 생산성. 사용 승인됨.

피트니스 트래커, 다이어트 일기장, 습관 관리 앱 등 다양한 자가 관리 수단에 동일한 이치가 적용된다. 그렇다면 행동을 보다 시각화하고 연습을 강화하려면 어떻게 해야 할까?

장애물 줄이기

습관을 위한 디자인을 계획할 때 행동을 보다 쉽게 만드는 방법이 있는지 점검해야 한다. 행동을 실행하는 데 방해가 되는 장애물을 줄이는 방법은 없을까?

필자는 거주하던 지역은 겨울이 상당히 길었는데, 겨우내 충분히 햇빛에 노출되기는 여간 어려운 일이 아니다. 그래서 의사는 비타민 D 섭취를 권장했지만, 비타민 섭취를 매일 잊지 않기 또한 수월치 않았다.

아침에 커피를 마시는 습관이 있는 필자는 비타민 섭취와 커피 마시는 행동을 연결함으로써 비타민 섭취를 습관화 하는 데 성공했다.

필자는 주로 재택근무를 하는데, 아침 기상 후 가장 먼저 커피 한잔을 만든다. 물이 끓는 동안 부엌을 서성이는데 이때 커피 병 옆에 비타민을 놓기만 해도 비타민을 섭취해야 함을 기억하기 훨씬 수월해진다. 어차피 물이 끓기를 마냥 기다리고 있던 시간이기에 비타민 섭취하는 행동을 추가하는 것에 큰 노력이 들지 않는다. 이렇게 하면 기존 습관에 새로운 행동을 어렵지 않게 연결할 수 있다.

학습 디자인에 적용하기

그렇다면 위 학습한 습관 관련 사항을 어떻게 학습 디자인에 적용해볼 수 있을까? 다음을 살펴보자.

- **학습자가 실행 의도를 세우게 한다.** 학습자에게 템플릿과 함께 실행 의도를 직접 수립할 기회를 제공하자("X가 발생한다면 나는 Y를 할 것이다").
- **습관을 설명하고, 학습자에게 브레인스토밍하도록 지시한다.** 그들에게 목표를 제시하고, 어떻게 하면 목표를 성취할 수 있을지 고민해보게 한다.
- **습관 양성에 시간을 투자하게 한다.** 습관 형성을 위해 충분한 시간이 주어지면 습관

체득 과정을 강화할 수 있다. 예를 들어, 직원들에게 새로운 습관을 양성시키고자 한다면 매달 첫 주 습관의 일부를 직원들에게 소개하고 그 습관을 배양할 수 있도록 남은 한 달 동안 독려하는 행사를 진행할 수 있다. 이렇게 하면 습관을 발전시키는 데 충분한 시간이 확보된다.

- **장애물을 줄인다.** 장애물을 줄이는 방법을 찾아보고, 학습자에게도 장애물을 직접 줄일 수 있는 방법을 고안해낼 기회를 제공한다.
- **점검 수단을 만든다.** 습관을 시각화할 방법을 찾아본다.
- **습관을 기존 행동과 엮는다.** 학습자가 새로운 습관과 엮을 수 있는 기존 습관을 찾도록 도와준다.
- **환경을 바꾼다.** 습관을 발전시킬 수 있는 환경을 구성하기 위해 환경을 어떻게 변화시킬지 연구하게 만든다.
- **기폭제를 식별한다.** 학습자가 각자 환경에서 기폭제를 관찰하고 식별하도록 과제를 주고 발표하게 한다. 이를 통해 학습자가 새로운 행동을 도입하기 전 기폭제를 찾는 훈련을 시킬 수 있다.

자율성과 컨트롤에 대한 마지막 발언

모든 학습 활동에서 학습자 본인이 학습에 대한 컨트롤을 갖는 것은 매우 중요하며 이는 습관의 발전에 있어 더욱 그러하다.

누군가에게 습관을 강요할 수 없음을 재차 강조한다. 습관을 개발시키는 것은 쉽지 않음은 물론, 억지로 강요받을 경우 습관이 제대로 자리 잡을 확률은 매우 낮다.

선택사항이 아닌 습관도 있다. 예를 들어, 의료 관련 종사자에게 손 씻기는 선택이 아닌 필수이지만 이 습관을 어떤 방식으로 개발시킬지는 선택사항이 될 수 있다.

요약

- 습관이란 거의 무의식적인 상태가 되면 나타나는 획득 행동 형태를 의미한다.
- 지식과 기술을 갖추고 이미 동기부여 된 상태라도 습관에 의해 성과가 달라질 수 있다.
- 습관의 형성은 그 습관의 기폭제를 식별하고 그에 적절히 반응할 계획이 수반돼

야 한다.

- 습관을 강제할 수 없다. 사람들 스스로 습관의 형성에 참여해야 한다.
- 습관의 형성에는 연습과 피드백이 필요하다.
- 환경의 변화, 습관의 축소, 현존하는 행동과의 연결은 습관 형성의 가능성을 높여준다.

참고자료

- Bandura, Albert. 1977. "Self-efficacy: Toward a Unifying Theory of Behavioral Change." Psychological Review 84: 191-215.

- Baumeister, Roy and John Tierney. 2012.Willpower: Rediscovering the Greatest Human Strength. Penguin Books.

- Duhigg, Charles. 2014. The Power of Habit: Why We Do What We Do in Life and Business. New York: Random House.

- Fogg, BJ. "The Fogg Behavior Model." Retrieved May 05, 2015, from www.behaviormodel.org.

- Habit. (n.d.). Dictionary.com Unabridged. Retrieved May 05, 2015, from http://dictionary.reference.com/browse/habit.

- Heath, Chip and Dan. 2010. Switch: How to Change Things When Change Is Hard. Crown Business.

- Kahneman, Daniel. 2011. Thinking, Fast and Slow. Farrar, Straus, and Giroux.

- PSA Texting and Driving, U.K. 2009. www.youtube.com/watch?v=8I54mLK0kVw. Described at www.gwent.police.uk/leadnews.php?a=2172.

- Rainforest Alliance, "Follow the Frogs." www.rainforest-alliance.org.

- Rubin, Gretchen. 2015. Better than Before: Mastering the Habits of Our Everyday Lives. New York: Crown Publishers.

- Wade, Francis. 2014. "Perfect Time-Based Productivity: A Unique Way to Protect Your Peace of Mind as Time Demands Increase." Framework Consulting Inc. / 2Time Labs.

10

사회적 학습과
무형식 학습

(학습은 직선 도로가 아니며 종종 누구를 아는지가 중요함을 배워보자.)

여러분이 속한 조직에서 학습은 어떤 형태인가?

10장을 시작하기에 앞서, 필자는 사회적 학습과 무형식 학습에 대한 전문 지식을 갖고 있는 여러 지인과 대화를 나눴다.

그중 조직성과 전략가이자 사회 학습과 무형식 학습 전문가인 마크 브리츠[Mark Britz]는 다음과 같이 설명했다.

> 학습이 이뤄지는 환경의 사진을 찍어 학습이 어디서 일어나는지 살펴보면 단순히 교실에만 국한되지 않음을 알 수 있다."

제인 보자스[Jane Bozarth]는 자신이 저술한 책 『Show Your Work』(Pfeiffer Pub., 2014)에서 "학습은 어떤 형태일까?"라는 주제의 교사가 만든 핀터레스트 게시판[1]을 예로 들며 브리츠의 주장을 훌륭히 설명해주고 있다. 그 게시판에 소개된 대부분의 이미지는 전통적인 교실 형태를 탈피해 사람들이 직접 과업을 실행하는 모습에 초점을 맞추고 있다(Bozarth 2014).

---

1 핀터레스트는 온라인 이미지 공유 플랫폼으로 사용자가 다양한 주제별 보드를 만들어 온라인상의 다양한 이미지를 타 사용자들과 공유하는 것이 해당 플랫폼의 주된 기능임. – 옮긴이

위 언급한 방법론을 한 번 적용해보자. 여러분의 회사나 업무 환경의 사진을 찍었다고 가정하자.

"와, 이렇게 보니 내 동료들이 다 잘 차려입고 멋있는데! 이 사진을 회사 소개 자료에 사용해도 되겠어!"라는 첫 마디가 나올 것이다.

자, 이제 사진 감상을 마쳤다면 학습이 어떻게 진행되는지 살펴보자.

- 동료 한 사람이 다른 동료로부터 고객 제안서 관련 조언을 받고 있다.
- 또 다른 동료는 후임에게 그녀가 담당할 신규 업무를 어떻게 수행해야 하는지 방법을 설명하고 있다.
- 어떤 동료는 흥미로운 기사를 게시판에 붙이거나 직장 내부 포럼에 게재한다.
- 어떤 동료는 트위터 피드를 모니터링하며 네트워크에 연결된 다양한 사람들이 오늘은 어떤 주제에 관심을 갖는지 확인한다.
- 어떤 동료는 프레젠테이션 파일을 핸드폰에서 열람할 수 있는 형식으로 저장하는 방법을 구글에서 검색하고 있다.

위 사례는 모두 무형식 학습과 사회적 학습의 좋은 예라 할 수 있다.

> **무형식 또는 사회적 학습**: 본 학습은 교실이나 이러닝 수업과 같은 정형화된 학습 외에 발생하는 거의 대부분의 학습 형태를 포괄한다.

제이 크로스Jay Cross는 그의 저서 『Informal Learning』(Pfeiffer Pub., 2011)에서 이런 학습 형태를 사람들이 업무를 완료하기 위해 학습하는 무형식적이고, 임의적이며, 즉흥적인 방식이라고 설명했다.

사회적 학습에는 다양한 정의가 존재한다. 마르시아 코너Marcia Conner와 토니 빙햄Tony Bingham은 저서 『The New Social Learning』(National Book Network Pub., 2015)에서 사회적 학습을 '새로운 아이디어를 이해하기 위해 다른 이들과 참여하는 일'이라고 정의했다. 타인의 행동 관찰을 통한 학습이나 소셜 미디어를 통해 사람들을 학습 네트워크로 연결하는 데 초점을 맞춘 정의도 존재한다. 이를 종종 PLNs 혹은 개인 학습 네트워크personal learning networks라 칭한다.

이번 장에서는 무형식적 학습과 사회적 학습이 학습자의 여정에 어떠한 방식으로 응용되는지 살펴보자.

직선 도로가 아니다

학습 경험을 디자인할 때, 필자는 초기 학습 활동을 넘어 다음과 같은 사항을 모두 고려한다.

- **학습**: 초기 이뤄지는 학습 활동은 어떻게 구조화 돼 있는가?
- **연습**: 학습자는 연습과 본능적이고 직접적인 경험을 어떤 방식으로 쌓을 수 있는가?
- **피드백**: 학습자는 수행 평가와 같은 피드백을 어떻게 받는가? 코칭이나 멘토링을 어떻게 받을 수 있는가?
- **지원**: 학습자는 재원이 필요시, 이에 어떻게 접근하는가? 문제해결에 있어 어떻게 도움을 받는가?
- **상기**: 빈번하게 쓰이지 않는 기술이나 절차일 경우, 기억을 상기시키거나 강화하려면 어떻게 해야 하는가? 습득한 지식의 지속성을 높이려면 어느 정도의 기간을 주기로 학습 내용을 상기시키는 작업을 진행해야 하는가?
- **후속 개발**: 복잡한 기술의 경우, 학습자가 한 단계 더 발전하려면 어떻게 해야 하는가? 습득한 기술을 계속 개발시켜 숙련도를 높이려면 어떻게 해야 하는가?

학습은 형식적, 무형식적, 사회적인 요소가 필연적으로 포함되는 하나의 '여정'이라고 볼 수 있다.

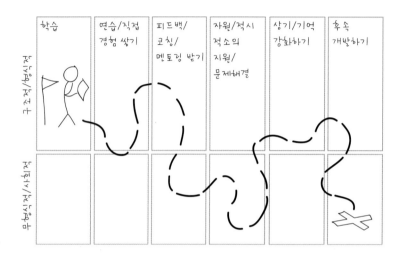

어떻게 적용되는지 한 번 살펴보자.

형식과 무형식 학습 간의 균형

형식 학습과 무형식 학습 중 어느 것이 더 이상적인 접근법일까? 물론, 상황에 따라 달라진다. 각 학습은 그에 맞는 용도가 있으며 어느 것이 최적의 선택인지 판단하는 데에는 몇 가지 요인을 고려해봐야 한다.

- **암묵적 vs. 명시적.** 형식적 학습 경험은 일반적으로 명시적 규칙을 전달한다. 예를 들어, 연습을 필요로 하는 복잡한 과정이 포함돼 있다면 형식적 학습 경험의 좋은 후보다. 반면, 암묵적인 주제가 주를 이루는 경우 사례 연구나 역할극을 활용하지 않고서는 형식 학습을 적용하기 어렵다.
- **복잡성.** 주제의 복잡성이 높은 경우 또한 형식적인 학습 경험에 부적합하다. 이런 주제가 형식적 학습으로 다뤄지는 경우, 실질적인 행동 양식이 아닌 원칙에만 의거해 설명될 수 있다. 예를 들어, 취업 관련 특강에서 연봉 협상에 대한 여러 유용한 원칙을 배울 수는 있지만, 실전에서 어떤 행동을 취할지 판단할 때는 무형식 학습이나 사회 학습(예를 들어, 멘토나 동료와의 대화를 통한 간접 학습)에서 학습한 내

용을 적용하게 될 것이다.

- **소재의 가변성.** 형식 학습은 개발에 상당한 시간이 소요되며 특히 주제가 가변적일 경우 형식적 학습으로 개발시키는 데 큰 어려움이 있다. 예를 들면 필자는 이 책을 집필하며 학습 보조 기술 관련 사례를 제한적으로 언급했는데, 그 이유는 기술의 변화가 매우 신속하게 이뤄짐에 따라 향후 이 서적의 정보가 잘못 시대에 뒤처지게 되는 것을 방지하고자 함이었다. 이에 반해, 무형식적/사회적 학습은 유연성이 높아 최신 정보를 활용하는 경우 더욱 적합하다.

형식적 학습이 굳이 필요치 않은 경우도 있다. 학습자가 성공적으로 수행할 수 있으려면 무엇이 필요한지 생각해보자. 예를 들어, 회사의 간단한 음성 사서함 시스템 사용법을 교육하기 위해 형식적 학습을 도입한다면 이는 직원들을 창의적으로 고문하는 것이 아닐 수 없다. 이러한 교육을 대신해 간단한 업무 보조 수단이 제공된다면 업무에 도움이 될 뿐 아니라 모든 직원의 업무 부담 또한 줄어들 것이다.

형식적, 무형식적 그리고 사회적 학습을 어떻게 조합해 활용하는 것이 가장 효과적인지 다음 사례를 살펴보자.

히로의 여정

히로를 소개한다.

히로는 건축디자인 회사의 신입이다. 그는 프로젝트 예산 산정법을 익혀야 한다.

히로는 프로젝트 예산 수립법을 학습하기 위해 5가지 목표를 세웠다.

- **목표 1:** 기업에서 활용하는 프로젝트 예산 산정용 소프트웨어에 예산 데이터를 입력한다.
- **목표 2:** 발생 가능성이 있는 모든 프로젝트 비용을 포함한 총체적 예산을 산정한다.
- **목표 3:** 기업에 금전적 손해를 발생시킬 수 있는 위험 요소가 있는지 파악한다.
- **목표 4:** 프로젝트 기간 중 예산을 관리하고, 비용 초과가 발생할 경우 문제를 해결한다.
- **목표 5:** 예산 및 원가관리 관련 프로젝트 관리 기술을 지속적으로 발전시킨다.

위 각 목표별 형식적 해결책과 무형식적/사회적 해결책 간 균형을 살펴보고, 사회적 또는 무형식적 학습을 장려할 방안을 몇 가지 살펴보자.

- 성과 지원 및 적시 재원
- 멘토링과 견습 프로그램
- 사회적 학습 커뮤니티
- 드러나게 일하기와 반성적 활동
- 큐레이션
- 소셜 네트워킹

목표 1: 소프트웨어 익히기

히로는 우선적으로 기업에서 사용하는 시스템에 예산 데이터를 입력하고 프로젝트 예산을 수립하는 법을 학습해야 한다.

우리의 기준을 활용해 이 학습 목표를 평가해보면 형식적 학습이 적합한 것일까? 여기서 주요 격차는 소프트웨어 사용법에 대한 지식인데, 이 내용은 상당히 명시적이며 복잡성이 높지 않다. 직원들에게 시스템 사용법 교육을 진행할 수 있으나, 업무 보조 도구나 간단한 사용법 영상 등 적시에 사용 가능한 리소스를 제공하는 것도 좋은 방법이다. 추가적으로, 업무상 어려움을 겪을 때 누구에게 질의할지, 회사 인트라넷 어느 곳에 문의를 해야 하는지 등의 사회적 지원 또한 필요할 것이다.

형식적 학습	무형식적 학습	사회적 학습
히로는 소프트웨어 기본 기능을 학습하기 위해 이러닝 수업을 수강한다.	히로는 필요시마다 업무 보조 도구와 여러 리소스를 활용한다.	히로는 문제 발생 시 누구에게 문의할지 인지한다.

도구: 적시 자원

11장에서 업무 보조에 대해 다시 살펴보겠지만, 쉽게 접근 가능한 다양한 리소스가 형식적 학습에 비해 더 유용하다. 이런 리소스로는 업무 보조 도구, 동영상, 온라인 위키 문서, 포럼 상의 글 등이 있는데, 형식적인 업무 보조 수단인 경우도 있고 여러 온라인 커뮤니티에서 유용한 정보를 종합한 형태가 될 수도 있다. 이런 리소스는 완벽함보다 유용성이 중요하다.

예를 들어 뜨개질하는 법을 배우고자 한다면 누군가 핸드폰으로 녹화한 아마추어 수준의 유튜브 영상을 시청하고 있는 자신의 모습을 볼 것이다. 이해하기 쉽고 명료해 뜨개질 입문에 도움이 된다면 동영상의 완성도는 중요치 않다. 이런 리소스를 유지하는 최선의 방법은 커뮤니티에 있는 참여자들로 하여금 기존 자료를 수정하고 새로운 콘텐츠를 직접 창작하게 하는 것이다. 예를 들어 히로가 예산 데이터를 시각화하는 좋은 방법을 터득했다면 기업 내부 소프트웨어 관련 지식 베이스에 이 방법을 추가할 수 있다.

목표 2: 정확한 예산 산정하기

히로의 두 번째 목표는 발생 가능한 모든 프로젝트 비용을 포함한 총체적 예산을 산정하는 것이다.

여기의 격차는 지식, 절차, 기술과 더 높은 연관성이 있다. 두 번째 목표는 좀 더 복잡한 주제로 가정용 부엌 리모델링 비용 산정과 상업용 건물 건설 비용 산정 간 차이에 대한 이해가 요구된다. 건설 예산에 오류가 발생하면 기업에 큰 경제적 손실이 발생할 수 있어 히로는 이 업무를 완벽히 완수해야 한다.

여기서 형식적, 무형식적, 사회적 학습 간 균형은 다소 차이가 있다. 형식적 학습을 도입한다고 하더라도 히로가 독립적으로 업무를 완수할 수 있기 전까지 누군가의 점검이 필요할 것이다. 형식적 학습을 통해 세부 절차를 학습하고 연습을 해볼 수는 있지만, 경험을 통해서만 습득할 수 있는 미묘한 부분이 존재한다. 그러므로 기업에서는 히로가 교육을 마치면 그에게 소규모 프로젝트를 맡기고 멘토를 지정해준다.

형식적 학습	무형식적/사회적 학습
히로는 예산 산정에 대한 2일간의 교육을 통해 사례 연구를 진행한다.	히로는 소규모 프로젝트에 배정받고 밀라로부터 멘토링을 받는다. 밀라는 히로와 히로의 상사와 함께 예산 검토를 포함한 형식적 업무 일정을 수립했을 뿐 아니라 히로가 난관에 부딪히거나 도움이 필요한 경우 활용할 수 있는 무형식적 리소스 역할을 한다.

> ### 도구: 코칭, 멘토링, 견습 프로그램
>
> 복잡한 기술은 장기간에 걸친 연습이 필요하다. 아무리 훌륭한 수업도 가르침에는 한계가 있으며 학습자는 스스로 연습하고 시도하며 피드백을 얻는 과정을 반복해야 한다. 코칭, 멘토링, 견습 프로그램은 복잡한 기술을 교육할 때 사용하는 사회적 학습의 일환이다. 건설 공사 관련 교육을 위한 학습자-교육자 간 전문 훈련 프로그램이나 견습 프로그램처럼 정형화된 교육이 있는 반면, 형식적 필요조건이 없는 멘토와 학습자 간 매칭 또는 질문에 대한 답변과 조언 및 업무 리뷰를 해줄 수 있는 무형식 코칭도 존재한다.

목표 3: 위험요소 인식하기

히로의 다음 목표는 기업에 경제적인 손해를 입힐 수 있는 위험 요인이 예산안에 있는지 찾아내는 것이다. 히로가 소속된 기업은 과거 잘못된 예산안으로 인해 이미 큰 손해를 본 적이 있기에 예산에 각별히 많은 신경을 기울이고 있다. 하지만 문제는 이런 부분은 설명하고 가르치기가 매우 어렵다는 점이다. 사람들은 고통스러운 경험을 통해 잠재적인 문제 요소를 식별하는 감지 능력을 갖췄으나, 문제 요소를 인지하는 방법을 타인에게 상세히 설명하다 보면 특이점을 정량화해 구두로 표현하기 쉽지 않음을 느낄 뿐 아니라 종종 모순점을 발견하게 된다. 그러다 보니 경력자들은 "보면 안다." 또는 "상황에 따라 다르다."라고 말하곤 한다. 히로가 멘토인 밀라에게 도움을 요청함으로써 대부분의 문제를 파악해줄 수도 있겠지만, 그녀가 보유한 경험들이 모든 사례를 대변할 수는 없다.

> ### 도구: 드러나게 일하기
>
> 제인 보자스Jane Bozarth는 저서 『Show Your Work』(Pfeiffer Pub., 2014)에서 지식과 경험의 공유를 장려한다. 시각적인 세부 예시가 추상적인 모범 사례로 전환되는 순간 지식의 주요 세부사항과 중요한 맥락이 편집된다.
>
> 저자는 "'무엇'을 완료해야 하는지 아는 것과 그것이 '어떻게' 완료되는지 아는 것"은 다르다고 설명한다.

예를 들어 훌륭한 비즈니스 관련 도서에서 "소비자 브랜드는 소셜 미디어를 활용해 소비자와 진실한 관계를 맺어야 한다."라는 조언을 읽는다고 항공사가 트위터를 통해 주인을 잃은 애완동물이 다시 주인의 품에 돌아가는 여정을 공유하거나, 패스트푸드 체인이 공식 페이스북 페이지에 팬들의 일상을 공유하는 등의 마케팅 활동을 실행할 수 있게 되는 것은 아니다. 하물며 실시간으로 정보가 정리된다면 더욱 유용할 것이다. 기업이 어떤 의사결정 과정을 통해 이런 사례를 마케팅에 활용하기로 했는지 현장의 의사결정 진행 과정을 파악하는 것이 필요하다.

제인 보자스를 통해 빌 프렌치의 "이메일은 지식이 죽는 곳이다."라는 명언도 알게 됐다. 조직 내에서 한 사람이 다른 동료에게 중요한 경험을 공유하면 그로 인한 혜택은 한 사람에 머물게 된다. 하지만 그 경험이 내부 블로그에 공유되거나, 포럼을 통해 질의응답이 이뤄지거나, 업무 수행 절차를 유튜브 동영상을 통해 설명하면 보다 많은 청중이 공유된 지식으로 인한 혜택을 경험할 수 있다. 따라서 교육 개발 담당자들은 시간, 기술, 공간을 제공해 사람들로 하여금 경험을 서로 공유할 수 있도록 해줘야 한다.

암묵적 기술의 경우 직원들은 경험을 통해 개별적으로 습득해야 했으나, 이에 수반되는 비용이 높다 보니 회사의 교육 담당 매니저는 직원들이 서로의 경험을 통해 학습할 수 있도록 만드는 방법을 고민해왔다. 그 매니저는 어느 날, 밀라가 히로를 대상으로 예산 관련 이슈를 설명하는 동안 주위에 동료들이 모여 있는 모습을 목격하게 됐다. 다년간의 경험을 보유한 사람들조차도 밀라의 설명에 관심이 많은 것을 본 매니저는 정보 공유를 위한 무형식적 월간 미팅을 주최하기 시작했다. 발표자는 최근 담당한 프로젝트 예산 사례를 공유하며 무엇이 효과적이었고 무엇이 그렇지 않았는지 설명하고 다음번에 어떻게 다르게 접근할 수 있을지 의견을 발표했다. 미팅은 대면 또는 온라인 미팅 플랫폼을 통해 비대면으로 진행되기도 한다. 이렇듯 이미 진행되고 있는 학습 현장을 찾아 이를 적극 장려하거나 지원하는 것이 무형식적/사회적 학습을 장려하는 최상의 방법이다.

형식적 학습	무형식적/사회적 학습
히로는 예산 관련 월간 점심 회의에 초대받는다.	교육 담당자는 미팅 시간만 정할 뿐 그 밖에 어떤 관여도 하지 않는다. 참석자들은 자신이 최근 담당한 프로젝트의 예산 관련 사례를 공유하거나 현재 당면하고 있는 예산 관련 이슈를 소개하고 동료들과 함께 해결책 모색을 위한 논의를 한다.

목표 4: 관리와 문제 해결

히로는 또한 프로젝트 기간 동안 예산을 관리하고, 발생 가능한 비용 초과 문제를 해결하는 법을 학습해야 한다. 주간 예산 관리 절차에 대한 이론을 인지하고 있다 하더라도 실무에서는 예측하지 못한 여러 문제가 발생할 수 있다.

다행스럽게도, 히로는 도움이 필요할 시 밀라에게 도움을 청할 수 있다. 그뿐 아니라 무형식적 미팅에서 이뤄지는 지식 공유의 취지를 공감하는 경험 많은 타 동료들은 교육 관리자에게 무형식 미팅의 논제를 미팅 후에도 이어갈 수 있도록 기업 내부 온라인 토론 포럼을 만들도록 요청했다. 문의 사항을 토론 포럼에 올리면 그에 대한 답변이 당일 올라온다. 익숙하지 않은 기술이나 재원을 다룰 경우 이런 방식은 매우 유용하다. 다양한 건설 현장에서 경험을 축적한 동료들은 아직 경험이 부족한 히로에게 큰 도움이 된다.

형식적 학습	무형식적/사회적 학습
히로는 강의를 통해 예산 관리에 대한 지침을 교육받는다.	히로는 자신의 멘토와 조직 내 선배들에게 도움을 요청한다. 온라인 포럼을 검색해보면 히로의 질문에 대한 답변들이 이미 많이 게재돼 있다.

목표 5: 후속 개발

히로는 업무를 진행하며 지속적으로 예산과 비용 관리 관련 프로젝트 관리 능력을 발전시켜 나가야 한다.

히로가 초기에는 새로운 정보에 의한 심리적 압박을 받을 수 있으나 시간이 지날수록 학습 곡선은 낮아진다. 이런 과정을 통해 히로는 조직 내에 축적된 지식을 습득해 나가게 된다. 히로가 자신의 능력을 지속적으로 개발시키고자 한다면 조직 내부뿐 아니라 외부 환경 또한 살펴야 한다.

수업이나 학위 프로그램, 컨퍼런스, 자격증과 같은 형식적인 학습 방법도 존재하지만, 여기에는 시간과 돈의 투자가 필요하다.

온라인상에 존재하는 다양한 커뮤니티를 살펴볼 수도 있다. 해당 주제에 관련한 흥미로운 기사는 어디에 게재되는가? 관련 주제에 대한 블로그가 존재하는가? 유용한 정보는 어디에 공유되는가?

도구: 학습공동체

학습공동체(또는 훈련공동체)는 정보와 지식의 거대한 창고가 될 수 있다. 형식적 학습 대비 반응적이며 최신 정보에 더 민감하다.

훌륭한 학습공동체란 저절로 만들어지는 집합체가 아니며, 성장시키려면 관심과 지원이 필요하다. 학습공동체를 일단 구성하면 사람들이 알아서 모일 것이라는 잘못된 기대를 자주 접한다. 뿐만 아니라 "내부 소셜 미디어 도구로 트위터와 유사한 수단을 사용할까 아니면 인터넷 게시판을 활용할까?"와 같이 IT 기술에 초점이 맞춰지는 경우도 흔히 목격한다.

훌륭한 학습공동체는 참여자들에 의한, 참여자들을 위한 것이다. 톰 쿨만$^{Tom Kuhlmann}$과 그의 팀이 운영하는 Elearningheroes.com은 이러닝 저작 소프트웨어 아티큘레이트^{Articulate} 사용자를 지원하기 위한 커뮤니티다. 이 커뮤니티의 강점은 소프트웨어 사용에 대한 도움보다 사용자가 서로 좋은 이러닝 프로그램을 개발해 업무를 보다 잘 할 수 있도록 도와주는 데 있다. 아티큘레이트 제품을 사용하지 않는 사용자에게도 이 커뮤니티는 이러닝 디자인과 개발에 대한 정보를 제공하는 매우 유용한 리소스다.

학습공동체는 오정보 또는 부정확한 정보를 제공할 수 있다고 여겨 회의적인 시각을 가지는 경우도 있다. 하지만 학습공동체에 국한된 것이 아니다. 잘못된 정보는 어디든 공유될 수 있다. 다만 눈에 띄지 않아 인식하지 못하는 것이다.

히로는 트위터에서 자신의 업무 관심사와 연관된 주제를 다루는 사용자들을 찾았다. 그들이 소개한 블로그와 기사를 통해 히로는 프로젝트를 진행하는 데 큰 도움이 되는 많은 정보를 얻을 수 있었다. SNS상의 타 사용자들과의 교류를 통해 컨퍼런스 해시태그를 팔로우할 경우 직접 참석하지 못하는 여러 이벤트 정보를 얻을 수 있음도 알

게 됐다. 그는 동종 업계 사람들과 트위터를 통해 관계를 맺게 됨으로써 다음 해 진행될 컨퍼런스에 참석 시 교류할 지인들을 미리 확보하게 됐다. 또한 블로그를 만들어 자신의 업무 관련 여정을 포스팅하기 시작하며 팔로워도 생겼다.

형식적 학습	무형식적/사회적 학습
히로는 전문 분야 컨퍼런스에 참석한다.	히로는 자신의 소셜 네트워크에 있는 사람들과 컨퍼런스에서 또는 온라인에서 매일 또는 매주 교류한다.

커뮤니티는 살아있는 공동체다

학습공동체는 단순히 스위치로 조정할 수 있는 기계나 기술이 아니며 유기적으로 성장해야 한다. 성장이 자연스럽게 진행되기도 하지만, 공동체를 관리하고 중재하며 이벤트를 기획하며 초기 참여를 이끌어내는 커뮤니티 관리자가 필요하다.

『성공적인 온라인 커뮤니티 구축 전략』(안그라픽스. 2001)이라는 훌륭한 추천 도서를 집필한 애미 조 킴Amy Jo Kim은 커뮤니티 내 참여자의 경험이 시간의 흐름과 함께 어떤 방식으로 변해 나가야 하는지 논의했다.

에이미는 커뮤니티 내에 존재하는 다양한 수준의 참여자가 어떻게 서로 다른 니즈를 갖고 있는지 아래와 같이 설명한다.

- 신입 참여자는 적응 과정이 필요하다. 환영과 함께 개인이 이뤄야 할 목표 그리고 커뮤니티 운영 방식에 대한 안내가 제공돼야 한다.
- 정기적인 참여자는 지속적으로 참신한 콘텐츠와 활동 내용 그리고 교류할 수 있는 사람들이 필요하다.
- 적극적인 참여자는 일반 참여자에게는 제공되지 않는 단독 콘텐츠에 대한 접근과 독점적 활동이 필요하다.

도구: 큐레이션

트위터나 기타 소셜 네트워크 서비스상에 유용한 정보를 활발히 공유하는 사용자와 연결되면 그들의 큐레이션 능력을 통해 큰 이득을 얻을 수 있다. 큐레이션은 다양한 형태를 띨 수 있으며 정보가 범람하는 현대 사회에서 큐레이션은 더욱 중요한 기술이 돼가고 있다.

큐레이션은 정보의 홍수 속에서 흥미로운 정보를 인식하거나 필터링하는 능력이자, 여러 정보 조각을 모아 해설을 추가해 독자가 이해할 수 있게 만드는 능력이다. 또한 관련 자료를 한 곳에 취합해 접근을 용이하게 만들거나 분산된 정보를 한 가지 주제로 정리하고 맥락을 제공하기 위해 요소를 그룹핑하는 능력이다.

학습 설계에는 학습자를 위해 정보를 큐레이팅하거나 이미 큐레이팅된 정보를 검색하고 활용하는 작업이 필요하다.

도구: 개인 학습 네트워크

필자는 종종 트위터 서비스가 생기기 전후 나의 전문적 네트워크에 발생한 극명한 차이에 대해 얘기하곤 한다. 트위터 등장 전, 필자의 네트워크는 주로 동료나 동창에 국한돼 있었다. 모두 훌륭한 사람들이지만, 상당히 작은 반경의 인간관계다. 함께 업무를 진행한 경험이 있거나 수업을 함께 들은 동창들과는 지식이 중복되다 보니 물론, 동일한 관심사를 공유한다.

하지만 트위터의 등장 이후 필자의 인간관계가 크게 확장됐고, 동일한 관심사를 갖고 있는 사람들을 찾기가 보다 수월해졌다. 나와 매우 다른 분야의 전문가들과의 교류도 생겼으며 이러한 개인 학습 네트워크를 통한 배움 덕에 사회적/무형식적 학습에 대한 내용을 집필할 수 있게 됐다.

필자는 종종 온라인 수업 설계 관련 워크샵에서 강의를 하는데, 동일한 현상을 자주 목격한다. 강의 참석자 대부분은 자신이 속한 조직에서 온라인 교육을 담당하는 유일한 사람이며 워크샵에서 본인과 동일한 업무를 담당하는 동료 설계자들을 만나게 돼 매우 반가워한다. 다양하고 활기찬 커뮤니티가 온라인에 존재함에도 불구하고 이들이 오프라인에서는 상당히 고립된 업무 환경에 처해있다는 사실에 안타까움을 느끼지 않을 수 없다.

위에서 필자는 개인적으로 도움이 된 트위터를 예시로 들었으나 개인 학습공동체가 트위터일 필요는 없다. 자신에게 맞는 커뮤니티를 찾아보자. 온라인상에 국한시키지 말고 지역 전문 기관이나 모임에서 만나 네트워크를 구축할 수도 있다. 학습자가 각자의 학습공동체를 찾고 연결되도록 돕는 것은 학습 설계의 또 하나의 중요한 요소이다.

요약

- 조직 내 대부분의 학습은 강의실 '외부'에서 이뤄진다.
- 형식적 학습은 명시적이고 안정적인 콘텐츠에서 그 빛을 발한다. 암묵적이거나 급속하게 변하는 콘텐츠는 종종 형식적 학습을 적용하기 어렵다.
- 복잡하거나 가변성 높은 주제에는 무형식적/사회적 해결책의 유연함이 요구된다. 예를 들어, 멘토, 코치, 여러 커뮤니티 내 동료들의 조언과 같은 해결책이 있다.
- 학습공동체는 강요될 수 없으며 IT 기술이 요지가 아니다. 학습공동체는 시간의 흐름과 함께 장려되고 육성돼야 한다.
- 사회적/무형식적 학습을 위한 노력에 최대한 초점을 맞추기 위해서는 사람들이 '기존'에 하고 있는 것이 무엇인지 인지하고 이를 지지하는 방법을 찾아야 한다.
- 타인에게 도움을 제공하는 것도 좋지만, 더 많은 대중과 해당 정보를 공유하면(예: 게시판 등에 글을 게재) 더 많은 사람이 도움을 얻어 그 효과가 증대될 것이다.
- 큐레이션과 개인 학습 네트워크의 개발과 같은 활동은 학습자뿐만 아니라 교육 설계자에게도 더욱 중요해지고 있다.

참고자료

- Bingham, Tony and Marcia Conner. 2010. The New Social Learning: A Guide to Transforming Organizations Through Social Media. ASTD Press and Berrett-Koehler.
- Bozarth, Jane. 2014. Show Your Work. Pfeiffer.
- Brown, J. S., A. Collins, and P. Duguid. 1989. "Situated Cognition and the Culture of Learning." Educational Researcher 18: 32–42.
- Cross, Jay. 2006. Informal Learning: Rediscovering the Natural Pathways That Inspire Innovation and Performance. Pfeiffer.
- Duty Calls, XKCD. Retrieved on August 29, 2015, from https://xkcd.com/386. "Email Is Where Knowledge Goes to Die" Retrieved on August 30, 2015, from http://ipadcto.com/2011/02/28/email-is-where-knowledge-goes-to-die dated 2/28/11.
- Kim, Amy Jo. Gamification Workshop. Retrieved on September 7, 2015, from http://www.slideshare.net/amyjokim/gamification-workshop-2010. Published on Nov 19, 2010.
- Kim, Amy Jo. 2000. Community Building on the Web. Berkeley: Peachpit Press.

환경을 위한 설계

(가스레인지도 더 스마트할 수 있으며 근접성이 중요함을 배워본다.)

환경의 격차

필자의 첫 직장은 금융서비스 기업 내 고객서비스 콜센터에서 교육을 진행하는 것이었다. 그리 흥미로운 업무는 아니었지만, 좋은 배움의 장이었다.

콜센터 상담원 업무는 상당히 까다로운 일이다. 매일 무례한 사람들을 상대해야 할 뿐 아니라 여러 다른 컴퓨터 시스템에서 고객 정보를 검색해야 한다.

상담원들은 4개 부서의 회계 시스템, 신용 시스템, 고객 기록 시스템을 여기저기 검색해야 하는데 이 시스템들은 서로 연동마저 돼 있지 않았다 보니 상담직원들의 업무 중 화면은 아래와 같았다.

예상 가능하겠지만, 이 시스템에 익숙해지기까지는 상당한 시간이 소요됐다. 아무리 교육에 많은 노력을 쏟는다 해도 상담원이 모든 시스템을 파악하고 고객의 문의 사항에 답변 가능해지도록 시스템을 원활히 사용하기까지 6개월 정도의 기간이 소요됐다.

또한 이 업무를 신입사원들이 맡다 보니 승진이나 직책 확장 등의 이유로 직원들이 기업 내 급여가 더 높은 타 부서로 빠르게 이동했다.

정리해보면 다음과 같은 상황이다.

> 고객 서비스상담원이 업무를 익히는 데 소요되는 시간 = 약 6달
> 고객 서비스상담원이 타 부서로 이동하기까지 소요되는 시간 = 약 6달

어떤 난관이 있는지 알 수 있을 것이다.

교육의 효과를 높이기 위해 시도할 수 있는 여러 방안이 있지만, 문제의 본질은 거기에 있지 않았다. 고객의 질문에 올바른 정보를 찾아 응대하고 예외 사례를 해결 가능해지려면 상담원이 학습하고 암기해야 하는 복잡한 절차가 너무 많았다.

이런 환경적인 어려움 속에서 상담원들이 업무를 완수해내고 있다는 사실 만으로도 매우 놀라운 일이 아닐 수 없었다. 직원들의 연습과 열정이 아니었다면 불가능했을 것이다.

이 사례에 존재하는 격차는 동기부여나 기술 혹은 지식에 있는 것이 아니라 환경에 있다. 우리가 손봐야 할 곳이 바로 이 부분이다.

세상 속의 지식

도널드 노먼Donald Norman의 훌륭한 저서 『도널드 노먼의 디자인과 인간 심리』(학지사, 2016)에는 '머릿속의 지식과 세상 속의 지식'이라는 장이 수록돼 있다. 이 장에서 저자는 기억에서 짐을 덜어(머릿속의 지식) 그 정보를 환경으로 옮기는 것(세상 속의 지식)에 대해 이야기한다.

노먼은 아래와 같은 가스레인지를 예시로 제시한다.

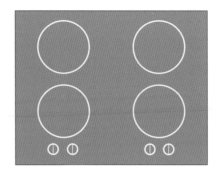

이 가스레인지에는 4개의 버너와 4개의 다이얼이 있는데 어떤 다이얼이 어떤 버너를 켜는지 파악할 수 있는가? 먼저, 선택사항을 두 가지로 좁힌 후

a) 어느 다이얼이 어느 버너에 연결돼 있는지 매번 시간을 들여 고민해보거나
b) 어떤 다이얼이 어떤 버너와 연결돼 있는지 외우거나
c) 매번 아무 다이얼이나 추측해서 켜보고 불이 나지 않기를 바라는 세 가지 시나리오가 가능하다.

그리고 나서 노먼은 사람들이 기억하지 않고도 작동할 수 있는 가스레인지를 디자인하는 방법을 설명한다. 다음 그림의 가스레인지에서 어떤 다이얼이 어떤 버너와 연결되는지 알겠는가?

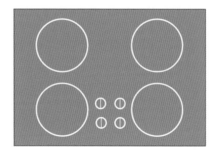

이처럼 환경 디자인의 변화로 지식이나 기술의 격차를 제거할 수 있다. 지식이나 정보를 주변 환경에 이식해 놓음으로써 학습자가 습득하고 기억해야 할 정보량이 크게 감소한다.

옳은 것 학습하기

학습자로부터 모든 짐을 덜어준다는 것은 사실 현실적이지도, 이상적이지도 않다. 인간과 IT 기술은 각기 강점과 약점이 있으며 이 둘은 대부분 서로 다르다.

(대부분의) 사람들이 못하는 것	(대부분의) 사람들이 잘하는 것
미분학	숲에서 걷기
대출금 계산과 할부 상환	타인의 대화 이해하기
다량의 정보 기억 및 검색	감정 인지와 반응

IT기술이 못하는 것	IT기술이 잘하는 것
숲에서 걷기	미분학
타인의 대화 이해하기	대출금 계산과 할부 상환
감정 인지와 반응	다량의 정보 기억 및 검색

환경 개선이란 학습자가 머릿속에서 불필요한 생각이나 지식을 최대한 비우고 그들이 할 수 있는 것에만 집중하게 해주는 것이다.

근접성의 중요성

지식을 현실 환경에 이식할 때는 지식과 업무의 근접성을 고려해야 한다.

이 말은 학습자가 지식에 접근하려면 주어진 업무로부터 얼마나 멀리 가야 하느냐는 것이다.

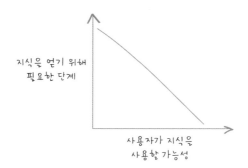

위 도표는 실데이터를 기반으로 한 것이 아닌 필자의 추정치에 근거한다. 하지만 학습자가 학습 지침을 찾아 목차를 펴고, 주제를 찾아 해당 장을 열고, 색인을 참고해야 원하는 정보를 얻을 수 있다면 학습자는 이런 번거로운 과정을 건너뛰고 대신 옆에 앉은 사람에게 질문을 던질 것이다. 옆에 앉은 사람이 답을 모르거나, 방해받길 원하지 않는 경우가 아니라면 가능한 전략이 될 수도 있겠다.

학습자가 지식을 활용하게 될 환경과 지식 간의 거리가 가까울수록 해당 지식을 활용할 가능성이 높아진다. 환경에 지식을 이식시킬 수 있는 몇 가지 방법을 업무와 근접성을 바탕으로 살펴보자.

- 자원
- 기폭제 또는 자극제
- 내재 행동 양식

환경에 자원 이식하기

환경에 지식의 자원을 이식하는 여러 방법이 있다. 이에 관한 심도 있는 논의는 이 책의 주제를 벗어나므로 몇 가지 사례만 살펴보겠다(이 주제와 관련한 앨리슨 로세트^{Allison} ^{Rossett}의 업무 보조에 관한 저서들은 매우 뛰어난 참고서다).

업무 보조

업무 보조는 사람들이 임무를 완수하도록 도와주는 것으로 일반적으로 손쉽게 이용 가능한 자극제, 지시사항, 기억 연상 도구를 의미한다.

내가 자주 사용하는 업무 보조 중 하나를 소개한다.

이것 →

점퍼 케이블에 붙어있는 그다지 중요해 보이지 않는 노란 태그에는 차량 배터리 충전 시 감전을 방지할 수 있는 방법이 적혀있다. 몇 년간 열 번 넘게 배터리를 충전했지만, 보통 짧게는 몇 달에서 길게는 몇 년 주기로 점퍼 작업을 하는데, 그때마다 이 작은 태그를 보면 안심이 되곤 했다.

이 점퍼 케이블 예시는 근접성의 중요성을 상기시켜주는 매우 좋은 사례다. 점퍼 케이블에 이런 작은 태그가 부착돼 있지 않았다면 필자는 아마도 필요 정보를 찾아 올바르게 작업하기보다는 그냥 마음 내키는 대로 케이블에 손을 댔을 것이다.

나의 동료인 데이브 퍼거슨은 업무 보조가 '보조 바퀴' 같은 역할을 한다고 말한다. 업무 보조는 전문 지식을 내재화하지 않아도 전문가와 흡사한 결과를 만들어낼 수 있도록 초보자를 인도해준다는 것이다(Ferguson 2009).

데이브는 또한 업무 보조가 마치 비행 전 점검표와도 같이 잘못되거나 안전하지 못한 상황으로부터 보호해주는 '난간' 같은 역할을 한다고도 말했다.

점퍼 케이블은 필자에게 두 가지 역할을 모두 한다. 태그가 없어도 문제없이 작업했을 수도 있지만, 그 태그는 필자에게 위험에 대해 상기시켜줄 뿐 아니라 감전사 예방을 위한 유의사항을 알려준다.

필자의 노란 태그 사례처럼 있으면 유용한 업무 보조 수단의 하나인 참조 키는 간단하면서도 요긴한 정보를 제공해준다. 어떤 사람들에게는 정말 필요한 정보일 수도 있고 어떤 사람에게는 나중에 필요시 참고할 수 있는 자원이 된다. 예를 들어, 지도나 공항의 안내판에 붙은 간단한 아이콘은 의미를 명확히 이해하기 어렵지 않다. 하지만 일반적이지 않은 아이콘을 사용할 경우 설명이 필요하다.

그 밖의 다른 업무 보조 유형을 살펴보자.

- **의사결정 나무:** 과정이 매우 세밀하며 결론이 미리 결정돼 있다면 사람들에게 논리적으로 한 단계, 한 단계 짚어 나갈 수 있는 방법을 제공해줘 학습자의 성과를 상당 수준 높일 수 있다.

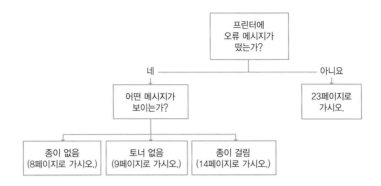

의사결정 나무의 사례로는 공정 구성도나 조직도를 생각해볼 수 있다.

- **참조 정보:** 사람들은 긴 숫자나 명세표를 잘 기억하지 못하므로 이런 정보에 쉽고 빠르게 접근할 수 있게 해주면 업무의 효율성이 크게 높아질 수 있다.
- **증강현실:** '증강현실'은 최근 각광받는 흥미로운 업무 보조 수단의 하나다. 현실 세계에 '레이어'를 입혀 가상 정보를 보여주는 것으로 가상현실용 헤드셋이나 휴대폰에 장착된 카메라를 통해 확인할 수 있다

공급 보관

학습자는 처음 무언가를 배우기 시작할 때 너무 자세한 세부 정보로 인해 압도당하기 일쑤다. 그러므로 공급하는 정보의 일부는 보관caching해뒀다가 추후에 제공하는 방안을 마련하면 매우 유용할 수 있다.

예를 들어 필자는 이 책에 나온 그래픽을 수정하기 위해 어도비 일러스트레이터^{Adobe} Illustrator를 배우려고 노력해왔다. 여전히 초보 수준을 벗어나지 못했지만, 전문가가 이 프로그램을 사용하는 것을 지켜보는 일은 매우 흥미롭다. 일러스트레이터 고수인 내 그래픽 디자이너 친구가 작업할 때면 그의 손가락은 키보드 위에서 춤을 추는 듯하다. 그는 작업 속도를 높여줄 키보드 단축키를 적어도 10개 이상 알고 있다.

일러스트레이터의 기초를 익히며 키보드 단축키까지 숙지하는 것은 지금의 나에게는 매우 버거운 일이지만, 수준이 향상되고 나면 해당 정보가 필요하게 될 것이다.

이때, 단축키 훈련을 위해 단축키가 적힌 카드를 만들어 사무실 책상 위에 놔두면 간단하면서도 유용한 업무 보조 수단이 된다.

하지만 수많은 소프트웨어 개발자는 이보다도 더 유용한 장소에서 필요한 정보를 요긴하게 볼 수 있도록 해줬다.

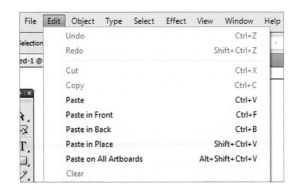

위 예제는 정보를 실제 행위와 최대한 근접하게 배치해 놓은 것이다. 편집 메뉴를 누르고 '여기에 붙여넣기'라는 명령어를 선택하다 보면 팝업 우측에 바로 접근할 수 있는 키보드 단축키가 보인다.

관련한 또 다른 예로 과거 사용하던 세금 관련 소프트웨어의 인터페이스가 있었다. 세금 입력 페이지를 사용하는 동안 측면 칼럼에는 "대체 최저한도세는 무엇인가?"와 같이 몇 가지 유용한 질문들이 나오는데, 여기의 강점은 무엇보다도 맥락에 가장 적절한 5~6개의 질문만이 열거된다는 점이다. 또한 잘 알려지지 않은 세무 관련 질문에는 '흔치 않은 질문'이라는 메시지를 옆에 덧붙여 보여줬다. 이 메모를 통해 나는 특정 질문들은 별로 중요하지 않다는 사실을 인지할 수 있었다. 그들은 또한 크라우드 소싱^{crowdsourcing}[1]을 통해 다른 사용자의 질문과 답변을 취합해 보여줬다. 위키나 게시판과 같은 여러 학습자의 집단 지성을 활용하는 것은 정보의 매우 귀중한 자원이 된다.

환경에 촉진제/기폭제 심기

9장에서 골위처^{Gollwitzer}의 실행 의도에 대해 미리 언급한 바 있다. "X라는 사건이 발생하면 Y라는 행동을 이행할 것이다."라는 자기자신만의 지침을 만드는 것이다. 금연하기로 결심했지만, 지루함에 담배를 갈구하게 된다면 이를 극복하기 위해 이미 사전에 계획된 행동을 실천하도록 실행 의도를 갖는 것이다("지루한 나머지 담배를 갈구하게

---

1   대중을 제품이나 창작물 생산 과정에 참여시키는 방식 – 옮긴이

되면 핸드폰의 〈캔디크러쉬〉 게임을 할 것이다").

여기에 더해 현실에 기폭제를 심는 방법을 고민해봐야 한다. 실행 의도에서 촉진제나 기폭제를 추출해 이를 학습자의 환경 속에 물리적으로 이식하는 방법은 없는가?

이미 실행되고 있는 사례가 있다.

이 예시는 효과가 있는 경우도 있고 없는 경우도 있다. 몇 가지 연구에 따르면(예: Johnson 2003) 손 씻기 표시가 손 씻는 사람의 수를 증가시켜주지만, 모든 사람들이 따르지는 않는다고 한다. 또한 사람들이 손 씻기 표시에 빠르게 무뎌질 수 있다. 이러한 습관화 현상을 상쇄하는 하나의 방법은 참신함을 활용하는 것이다. 예를 들어, 선생님이 어린 학생에게 손 씻으라고 한 주 동안 지속해서 지시했다면 차주에는 유명 애니메이션 주인공을 활용해 손 씻기 습관을 상기시키는 방법을 생각해볼 수 있다.

하지만 환경에 내재된 촉진제는 행동을 증강시키며 학습자가 자신만의 촉진제를 발굴해 활용하면 그 효과가 훨씬 높다.

환경에 촉진제를 이식하는 방법 중 필자가 선호하는 또 다른 예로는 쇼핑몰에서 흔히 볼 수 있는 프레즐 가게 사례가 있다. 프레즐 가게의 카운터 위에는 다음과 같이 프레즐 모양의 그림이 있다.

보기 쉽고 유용한 이 이미지는 카운터 위에 배치돼 있다. 직원은 프레즐 반죽을 덜어 하단 선의 길이와 굵기에 맞추어 밀고 펴준 후, 프레즐 모양에 맞춰 적절히 감으면 된다.

이 프레즐 예시는 촉진제의 한 예로, 행동을 촉진시킬 뿐만 아니라 주어진 임무를 완수하는 데 도움을 제공한다. 프레즐 만드는 경험이 풍부한 사람들은 표시된 그림이 불필요하겠지만, 신입 직원들을 위해 '보조 바퀴'를 환경 속에 어떻게 내재시킬지 보여주는 매우 훌륭한 예시다

행동을 환경에 옮기기

작은 포장마차나 식당에서 타이밍의 달인을 본 적 있는가? 음료수 기기에 컵을 놓고 음료수를 따르기 시작하고는 시선을 고객으로 돌려 주문을 받은 후 컵이 넘치기 직전에 뒤돌아 컵을 꺼내는 사람 말이다. 시간을 투자해 자신의 업무를 속속들이 파악하고 그 지식을 내면화한 사람임을 보여준다.

최근에는 이러한 지식이 환경에 내재되는 현상을 어렵지 않게 목격할 수 있다.

아래와 같은 음료수 기기는 제법 보편적이다. 직원이 기기에 컵을 놓고 컵의 크기(대, 중, 소)에 맞춰 버튼만 누르면 된다.

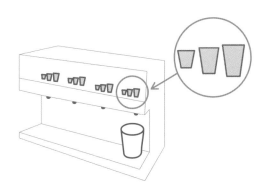

이 기계는 별도의 교육 없이 신입 직원마저 노련한 베테랑처럼 작동시킬 수 있다. 적당량의 음료를 따르는 데 소요되는 시간에 대한 정보 및 필요 행동이 학습자가 아닌 기계에 이미 내재돼 있기 때문이다.

이번 장 처음에 언급한 콜센터 예시에 소개된 고객 상담원의 임무 중 하나는 대출과 관련해 사람들을 평가하는 것이다. 이를 위해 고객으로부터 자택, 재산, 대출액, 할부금 등을 포함한 고객 관련 정보를 얻어야 한다. 그리고 나면 상담원들은 할부 착수금 비율을 계산하고 기타 정보를 참고해 가장 알맞은 대출 프로그램을 선별한다. 그다음, 시스템을 사용해 고객의 월별 할부금을 계산한다. 크게 어려운 일은 아니지만 9~10단계의 과정을 거쳐야 하며, 이 과정 중 하나라도 실수하면 잘못된 옵션과 할부금이 나올 수 있기에 이 작업을 터득하는 데 많은 시간이 소요됐다.

문제 해결을 위해 결국 시스템에 화면을 하나 추가했는데 상담원이 고객으로부터 받은 세 가지 질문에 대한 답변과 수치 2개만 기입하면 추천 대출 프로그램과 월 할부금이 계산됐다. 질문과 빈칸이 화면에 보여지면 상담원은 그 질문을 고객에게 읽어주면 된다. 더 이상 많은 질문과 복잡한 절차를 암기할 필요가 없다. 이 시스템이 자리를 잡자 정확성이 상당히 개선됐고, 상담원이 과거 학습해야 했던 많은 양의 지식은 시스템에 대신 내재됐다.

이 시스템의 성공적인 성과 중 하나는 정보를 기억하기에서 인지하기로 전환했다는 점이다.

4장에서 기억하기는 인지하기보다 지식을 시험하는 데 더 적합한 방법임을 확인했다. 학습이나 평가의 상황에서는 그러하지만, 환경을 고려한 설계 시에는 반대로 인지하기가 더 적합하다. 인지하는 것이 더 수월하기 때문이다.

길 닦기

환경은 우리의 행동에 큰 영향을 끼친다. 예를 들어, 증가하는 비만인구 문제에 대해 생각해보자. 비만율은 지속적으로 증가하고 있으며 이 문제는 인구의 많은 비중에 건강상 위험을 초래하고 있다.

비만율이 30~50년 전 대비 상당히 높아졌다면 그사이 어떤 변화가 있었던 것일까? 비만을 개인의 잘못된 선택과 행동으로 인한 개인적인 문제로만 보는 경향이 있으나 이는 비만율의 높은 증가세를 설명해주지 못한다. 진화론적으로 봤을 때, 인간은 50년 전과 비교해 크게 달라지지 않았다. 우리는 유사한 뇌 구조를 갖고 있으며 기본적인 특징을 그대로 유지하고 있다. 변한 것은 살고 있는 환경이다. 50년 전, 청량음료는 1인당 8온스(약 227g) 규격으로 판매됐으며 정찬용 접시는 요즈음과 같이 12인치(약 30cm) 정도로 크지 않았다. 4인 가족은 차를 한 대 공유하며 살았고, 하루에 텔레비전 청취에 소모하는 시간을 염려할 필요도 없었다.

전자기기 또는 아날로그?

11장에 소개한 여러 사례는 전자 기기 기반인데 이러한 전자 업무 보조 도구나 참고용 도구에는 업데이트의 편의성 및 검색의 용이성 등 많은 장점이 있다.

IT 기술 덕분에 장소에 상관없이 어디서나 정보에 접근할 수 있게 됐지만 가끔은 간단한 해결책이 최상의 해결책임을 경험하게 된다. 필자가 경험한 간단한 해결책의 좋은 예로는 미국 보스턴 시의 프리덤 트레일Freedom Trail이 있다.

관광객이 도시의 모든 유적지를 안전하고 효과적으로 방문할 수 있도록 투어를 기획하거나 지도 또는 모바일폰에서 사용 가능한 위치 기반 관광용 앱을 제공할 수 있다.

하지만 관광객을 위해 도로 위에 눈에 잘 띄는 빨간 선을 크게 표시해 놓는 것은 어떨까?

보스턴의 유적지에 가면 관광객이 중요한 유명 유적지를 쉽게 찾아갈 수 있도록 도로에 빨간 선이 그려져 있다. 수 킬로미터를 넘는 이 길은 양 끝의 어디서 시작하던 길을 따라 끝까지 가면 된다. 오해의 여지가 없으며 모바일폰의 인터넷 접속 문제라든지 앱 호환성 이슈 등을 걱정할 필요가 없다. 이 프리덤 트레일은 지식을 현실 세계에 훌륭히 심어 놓은 좋은 사례이다.

여기의 핵심은, 환경은 행동을 규제하는 매우 강력한 장치이며 사람들이 올바른 행동을 하지 않을 경우 환경을 개선시킬 방법을 찾아야 한다는 점이다.

항상 다음과 같은 질문을 염두에 두길 권고한다.

- 과정을 좀 더 간단히 만들 수 있는가?
- 기존 시스템을 개선할 수 있는가?
- 사람들의 성공을 막는 장벽은 무엇인가?

문제를 파악하기 위해 차근차근 과정을 살펴보고 특히 학습자가 난관을 겪는 요소에 주의를 기울이자. 학습의 여정이 순탄할수록 학습의 성공 확률이 높아진다.

각 단계마다 "왜 이 방식으로 하지?"라는 질문을 해야 한다. "이렇게 해야 하기 때문이야" 혹은 "우리가 항상 고수해오던 방식이기 때문이야."라는 대답을 듣는다면 이것은 분명 날카롭게 울리는 경고음임을 인식해야 할 것이다. 절차를 세밀하게 들여다보고 그저 고수하는 습관과 버릇이 아니라 정말 필요한 것인지 확인해보자.

중요한 질문

환경을 위한 설계 시 스스로에게 던져야 할 중요한 질문이 남아있다.

> **질문:** 학습자의 성공을 도와주는 방법은 학습 훈련 외에 무엇이 있을까?

이 질문에 답하기 위해 브레인스토밍 시간을 갖고 잘못된 아이디어란 없다는 점을 명심하며 화이트보드와 색색 가지 포스트잇에 아이디어를 적어 보길 권한다. 그리고 그 시간 동안 언급된 아이디어는 모두 검토해보자. 벽에 커다란 포스터를 붙이거나,

쿠키를 만들거나, 전문가를 초청하거나, 위키 페이지를 만들거나, 스트레스 볼을 구매해 나눠주는 것이 의사 결정에 도움이 된다면 이에 대한 비용 편익도 한 번 검토해보자.

브레인스토밍 시간을 통해 더 의미 있는 정보를 얻고자 한다면 "사람들을 잘 준비시키려면 회의에 앞서 무엇을 할 수 있을까?" 그리고 "회의 후 아이디어를 견고히 만드는 방법은 무엇이 있을까?"라는 두 질문을 해봐야 한다.

요약

- 학습자의 머릿속에 모든 지식을 주입시키려 하기보다는 지식의 일부를 환경에 내재시킬 수 있는지 알아보자.
- 쉽게 숙련되지 않는 활동들은 환경에 내재시키는 것이 좋다.
- 근접성은 중요한 요소다. 지식을 행동에 근접하게 두도록 노력해야 한다.
- 환경을 위한 설계 시, 정보를 인지하는 것이 기억해내는 것보다 수월하다는 사실을 기억하자.
- 학습자가 과정을 어떻게 이행할지 가르치는 데 그치지 말라. 과정을 이행하는 것이 용이하도록 간소화하는 방법이 있는지 살펴봐야 한다.

참고자료

- Ferguson, David. 2009. "Job Aids: Training Wheels and Guard Rails." Dave's Whiteboard, March 31, 2009. www.daveswhiteboard.com/archives/1939.

- Gollwitzer, P. M. 2006. "Successful Goal Pursuit." Psychological Science Around the World 1: 143 – 159, Q. Jing, H. Zhang, and K. Zhang, Eds. Philadelphia: Psychology Press.

- Gollwitzer, P. M., K. Fujita, and G. Oettingen. 2004. "Planning and the Implementation of Goals." Handbook of Self-Regulation: Research, Theory, and Applications, R. F. Baumeister and K. D. Vohs, Eds. New York: Guilford Press.

- Jeffery, Robert W. and Jennifer Utter. 2003. "The Changing Environment and Population Obesity in the United States." Obesity Research 11, DOI: 10.1038/ oby.2003.221.

- Johnson, H. D., D. Sholoscky, K. L. Gabello, R. V. Ragni, and N. M. Ogonosky. 2003.

"Gender Differences in Handwashing Behavior Associated with Visual Behavior Prompts." Perceptual and Motor Skills 97: 805 – 810.

- Norman, Donald. 1990. The Design of Everyday Things. New York: Doubleday Business.

평가 설계하기

(A, B, C, D 외의 옵션이 있다는 것을 배워보자)

훌륭한 평가의 어려움

학습 평가의 형태는 무엇인가?

학습 평가가 무엇인지 생각해보면 다음과 같은 형태가 예상될 것이다.

먼저, 가장 일반적인 평가방식은 누구나 익숙한 객관식 문항을 생각해볼 수 있다. 모두 각자의 학습 경험을 통해 수많은 객관식 문제를 접해봤을 것이다.

객관식 문제가 학습 평가에 흔히 사용되는 이유는 다음과 같은 장점 때문이다.

- 문제의 기출과 검토, 채점이 모두 용이하다.
- 점수가 객관적이다.
- 험을 치르는 모든 사람에게 일관적인 경험을 제공한다.

위 목록에 무엇이 누락됐을까? 학습자가 객관식 시험을 통해 학습에 어떠한 도움을 받을 수 있는지에 대해서는 전혀 언급이 없다.

객관식 시험의 목적은 학습 내용의 강화가 아니다. 시험 채점자의 업무를 효율적, 객관적으로 유지시키는 데 있다. 여러분이 시행하고자 하는 시험의 목적이 단순 점검과 평가라면 객관식을 활용하는 것에 문제는 없다. 그 정도면 충분하다.

하지만 객관식 시험으로는 학습자가 객관식 시험을 얼마나 잘 치를 수 있는지 정도만 파악이 가능하다. 헬리콥터 비행의 역사에 관한 객관식 시험을 통과했다고 그 사람이 헬리콥터를 운전할 수 있는 것은 아니다.

무엇을 측정해야 하는가?

평가가 제대로 이뤄지려면 무엇을 평가하고자 하는지 먼저 정의가 필요하다. 다음과 같은 항목을 고려해볼 수 있다.

- 우리가 설계한 학습이 효과 있는가?
- 학습자는 올바른 내용을 학습하는가?
- 학습자가 학습한 내용을 실행할 수 있는가?
- 학습자가 학습한 내용을 실무에서 실행할 것인가?

아래 각 질문을 살펴보고 그에 적합한 평가 방식을 생각해보자.

효과가 있는가?

평가를 할 때는 가장 먼저 교육이 학습 설계의 의도에 맞게 기능하고 있는지 파악해 봐야 한다.

이를 위해 아래의 질문들을 생각해볼 수 있다.

- 콘텐츠는 충분히 제공되는가? 분량이 과도하지 않은가?
- 설명은 명확한가? 학습자가 이해할 수 있는가?
- 학습 시간은 적절한가? 시간이 너무 길지는 않은가?
- 학습자가 집중할 수 있는가? 지겨워 산만해지지는 않는가?
- 학습자가 진도를 잘 따라갈 수 있는가? 이해하기 어려워 뒤처지고 있는가?

위 질문에 대해 답하려면 여러분이 설계한 학습 과정을 경험하는 학습자를 직접 관찰 해야 한다.

강의실에서 학습자가 어떻게 반응하는지 관찰하거나, 인터넷 강의 프로그램을 어떻게 활용하는지 또는 기타 학습 교재를 어떻게 활용하는지 점검해보자. 2장에서 앞서 언급했지만, 실제 사용자인 학습자가 경험하는 것을 관찰하며 테스트해봐야 무엇이 효과적인지 파악할 수 있다.

효과적인 학습 설계를 위해서는 많은 경험과 연구가 필요하지만, 아무리 잘 만든 교육도 처음 도입 시 시행착오를 겪기 마련이다.

이런 상황은 교육 프로그램 초기 도입 시 발생하기 마련이다. 따라서 교육 프로그램을 검증할 시범 교육을 진행하길 권장한다. 필자는 학습 설계 관련 교육을 진행하며 수업을 청강하는 강사들에게 본인의 강의를 한 차례 진행해본 후 그 다음 번 강의 시 변경 없이 처음과 동일하게 수업을 진행해본 적 있는지 물었으나 모두들 두 번째 진행 시 수정이 필요했다고 답했다. 처음에는 모두 시행착오를 거치기 마련이니 시범 교육을 진행하길 권한다.

디지털 자료 테스트하기

자습용 참고서나 온라인 교재, 디지털 자료들은 흔히 사용자 테스트를 거치지 않고 시장에 공개된다. 일반적으로 자료 집필에 관여했거나 해당 분야 전문가인 사람들이 내용을 검토하긴 하지만, 이처럼 콘텐츠에 대해 이미 해박한 지식을 갖고 있는 이들의 피드백만으로는 충분치 못하다.

학습 경험을 설계하다 보면 터널비전[1]에 빠지기 쉽다. 콘텐츠 집필자는 콘텐츠를 간결히 정리하고 의미 있게 구성하기 위해 몇 달에 걸쳐 수많은 정보를 검토한다.

하지만 학습자는 콘텐츠를 처음 접하다 보니 여러분이 명료하다고 생각한 내용도 그들에게는 전혀 이해가 안 될 수 있다. 콘텐츠 집필자들은 해당 내용에 오랜 시간 노출돼 있다 보니 학습자가 어디서 혼란스러울지 감을 잃는 것이다. 따라서 학습 설계의 문제점을 찾기 위해서는 표적집단target audience의 누군가로부터 신선한 피드백이 필요하다.

다행스럽게도 온라인 디지털 자료의 검증은 사용자 테스트 방식을 도입해 어렵지 않게 진행할 수 있다.

1. 학습자를 몇 명 모집한다. 학습자 수가 많을 필요 없다. 업계에서는 5~6명 정도면 충분하다고 여긴다. 2~3명으로 테스트를 진행하고도 충분히 값진 결과를 얻기도 한다. 테스트할 사람을 모집해주는 에이전시도 있기는 하지만, 주변 지인을 통해 섭외할 수도 있다. 예를 들어, 중학교 교사가 필요했을 때 필자는 지인과 가족들을 통해 참가자를 모집했다.

2. 온라인으로 미팅을 진행한다. 자료를 어떻게 활용하는지 면밀히 살피기 위해 각 학습자와 개별적으로 대화를 나누자.

3. 절차를 설명한다. 온라인 회의를 통해 여러분이 테스트하고자 하는 것은 그들의 실력이 아닌 교육 자료 자체임을 명확히 알리고 실수에 대한 염려를 내려놓게 하자. 그들이 온라인 강의 교재나 디지털 자료를 사용할 때 소리 내 생각하기를 실행하도록 지시한다.

4. 화면 공유를 요청한다. 온라인 회의 애플리케이션의 기능을 통해 화면을 공유하도록 요청하고 온라인 강의나 자료에 접속하고 훑어보고 특정 작업을 해보도록 지시한다.

5. 학습자가 무엇을 하는지 지켜보자. 학습자의 승인을 받았다면 진행 상황을 녹화하고 그들이 무엇을 하는지 지켜보자. 어디서 막히거나 어려워하는지, 무엇을 못 보고 놓

---

1 어두운 터널 속에서 터널 안만 볼 수 있듯이 주변을 보지 못하고 시야가 제한되는 현상 – 옮긴이

쳤는지 잘 관찰한다. 막혀서 진행이 불가한 상황이 아니라면 도와주지 말고 그들이 찾아 나가도록 기다리자(다른 학습자들까지 모두 관찰하지 못할 것이다).

위 과정을 3~5명의 학습자에게 실시해보면 학습이 어떻게 이뤄지는지에 대해 많은 정보를 얻을 수 있을 것이다. 콘텐츠나 프로그램에 수정이 필요한 경우 수정 작업 진행 후 필요시마다 이러한 사용자 테스트 절차를 진행하도록 한다. 온라인이 아닌 오프라인을 통해서도 동일한 테스트를 진행할 수 있다.

디지털 리소스를 설계하고 테스트한다면 사용성 테스트에 관한 훌륭한 서적인 스티브 크룩의 『(사용자를) 생각하게 하지 마!』(인사이트, 2013)와 『사용성 평가, 이렇게 하라!』(위키북스, 2010)를 참고하자. Usability.gov 또한 사용자 테스트를 위한 자료와 지침에 관련한 유용한 정보를 제공한다.

설문 사용하기

위에 소개한 사용자 테스트 방식이 너무 복잡하다면 설문을 진행할 수도 있다.

교수 설계를 공부했다면 커크패트릭의 4단계 평가모형이 익숙할 것이다. 그중 첫 단계는 만족도 평가로 교육 참가자가 교육에 대해 얼마나 만족했는지 반응을 통해 파악하는 것이다(Kirkpatrick 2015).

흔히 아래와 같이 측정된다.

1단계: 반응 설문

1단계: 반응 설문						
수업	매우 그러함				매우 그렇지 않음	
수업 내용이 유용했음	5	4	3	2	1	N/A
수업이 흥미로웠음	5	4	3	2	1	N/A
강사가 자료를 117쪽의 파워포인트를 열성적으로 끝까지 마무리함	5	4	3	2	1	N/A

수업이나 교육 자료를 접한 사람들에게 설문을 통해 반응을 알아보자. 평가 의견을 즉각적으로 확인해볼 수 있는 간단하고 훌륭한 방법이다.

반응을 측정할 때 중요한 몇 가지를 살펴보자.

- **사용자**(학습자) **피드백 수집은 종종 교육 자료의 집필, 검증, 편집이 모두 완료된 후 시행되곤 한다.** 이런 경우 문제점을 발견해도 수정이 매우 어렵다. 따라서 교육 프로그램을 개발하고 내용을 작성하는 초기 단계에 사용자 테스트와 반응 설문을 진행한다면 늦기 전에 수정이 가능하다.
- **간략하게 유지한다.** 근래에는 고객 만족도 설문이 1~3개 정도의 짧은 문항으로 이뤄지는 추세다. 4가지 문항을 넘지 않는 것이 효과적이며 주관식 문항을 한 가지 추가해 사용자가 자유롭게 의견을 기술할 수 있게 하자.
- **한계를 인식한다.** 이러한 설문을 통해 문제점을 찾고 필요에 맞춰 대응할 수 있다. 하지만 무엇이 효과적인지 정확히 파악하기에는 용이하지 않다. 질문이 요점을 놓치는 경우도 있고 사람들의 이해가 부족하거나 예의 바른 답변을 하려다 보니 긍정적인 결괏값이 나오기도 한다. 반응 설문의 효과를 증대시키기 위한 방안이 있으나(Thalheimer 2015) 학습 경험의 효과를 제대로 파악하기 위해서는 몇 가지를 더 살펴봐야 한다.

학습이 이뤄지고 있는가?

테스트를 진행하는 방법에 대해서는 다양한 서적이 있기에 여기서는 학습의 효과를 측정할 때 고려해야 할 주요 사항을 몇 가지 살펴보자.

인지(재인) vs. 회상

인지와 회상에 대해 4장에서 이미 논의했지만, 여기서 몇 가지 기억할 바가 있다.

아래 질문을 살펴보고 정답을 생각해보자.

불만이 가득한 고객이 환불을 요청하고 있으나 여러분은 환불에 대한 권한이 없다.
고객에게 어떻게 답해야 할까?
A) "고객님, 죄송하지만, 회사 정책상 환불이 불가합니다."
B) "매니저만이 환불을 해드릴 수 있는 권한을 갖고 있습니다."
C) "청구 오류에 대해 상당히 언짢으실 것 같습니다."

D) "당연히 저희가 바로 처리해 드리겠습니다."

고객서비스 전문가가 아니더라도 A, B와 같은 답변은 고객을 분노하게 만들 것이며 D는 잘못된 응답임을 알 수 있다.

고객서비스 교육을 받은 학습자가 정답을 선택한다면 그들이 상황에 맞춰 기본적인 규칙을 적절히 적용할 수 있음은 확인할 수 있지만, 고객서비스에 대한 이해의 깊이는 파악 불가하다.

인지는 주제를 이해하기 위해 가장 먼저 필요한 단계이나 그 효과에 명백한 한계가 존재한다.

그에 비해 회상에 기반한 질문이 훨씬 효과적이다.

> 불만이 가득한 고객이 환불을 요청하고 있으나 여러분은 환불에 대한 권한이 없다.
> 고객에게 어떻게 답해야 할까?(답을 적어 보시오.)

이와 같이 회상에 기반한 문항은 사람이 직접 옳고 그름을 판단해야 하는데 A, B, C, D 중 선택하는 객관식처럼 컴퓨터로 채점하는 것보다 훨씬 많은 노동을 필요로 한다.

학습한 내용을 학습자가 실무에서 회상해야 한다면 회상에 기반한 평가를 진행해야 하지만 회상 기반의 평가가 불가한 경우도 있다. 인지 기반의 평가만 가능한 경우 어떻게 효과적으로 평가를 시행해볼 수 있을까?

인지 문항을 다음과 같이 개선해보자.

- **시나리오 기반의 문항을 만든다.** 사람들이 실무에서 경험하는 실제 이슈와 관련한 질문은 정답 찾기가 쉽지 않지만, 학습 내용 통해 향후 실무에 적용될 문맥적 연결고리를 얻을 수 있다.
- **다양한 선택 옵션을 제공한다.** 예를 들어, 수리공 훈련 중인 학습자에게 식기세척기 밸브 교체 작업 시 어떤 도구를 사용할지 질문한다면 4가지 항목이 있는 객관식 대신 다양한 수리 도구 이미지를 제공하고 그중 선택하게 하면 훨씬 깊이 있는 고민이 가능할 것이다.

- **오답을 선택 옵션으로 제공하지 않는다.** 객관식은 흔히 정답 하나와 오답 2~3개가 함께 주어지곤 한다. 그 대신 가능성 있어 보이는 답과 나쁘지 않은 답 그리고 훌륭한 답이 함께 제시되면 최상의 답을 찾기 훨씬 어려워진다. 후보 답변의 가능성이 있어 보이는 애매한 옵션(정답이 아닌)을 고안해내는 것은 쉽지 않으며 더구나 3개 모두 그러한 옵션을 제시하기는 더욱 어렵다. 옵션의 적절성 수준을 수치로 환산해 정답은 10점, 후보 답변은 3점식으로 생각해볼 수도 있다.

인지 기반의 질문이 실효성이 있는가?

인지 기반의 테스트는 주로 지식 기반의 격차 파악에 용이할 뿐이며 한계가 존재한다. 영업사원이 고객의 제품 관련 질문에 올바로 답변할 수 있게 만드는 것이 학습 목표라면 인지 기반의 테스트로 부족함은 없을 것이다. 하지만 기술 평가가 필요한 경우 회상 기반의 테스트 또는 성과 측정이 효과적이다. 성과를 측정하는 방법도 알아보자.

학습자는 실행을 올바로 할 수 있는가?

학습자가 학습한 내용을 기억하는지, 기술을 제대로 익혔는지 평가하려면 수행 평가가 이뤄져야 한다.

수행 평가에는 기본적으로 다음 두 가지가 포함된다.

- 학습자가 과업을 수행하게 한다.
- 유용한 피드백을 제공한다.

물론 이보다는 복잡하겠지만 위 두 가지가 핵심이라 보면 된다.

그렇다면 주의해야 할 것은 무엇인가? 누가 피드백을 제공할지, 일관되고 의미 있는 피드백을 제공하려면 어떻게 해야 되는지 고민이 필요하다.

피드백 제공하기

인지 기반 평가의 장점이 쉽고 일관성 있는 것이라면 회상 기반 평가의 단점은 피드백 제공이 어렵고 일관성을 유지하기 어렵다는 점이다.

수행해야 하는 과업이 복잡할수록 정답을 하나로 정의하기 어려우며 컴퓨터나 자동화 기기를 통해 평가하는 것 또한 어려워진다. 답변을 읽거나 수행 작업을 직접 보고 사람이 평가해야 유의미한 피드백 제공이 가능하다.

또한 평가하는 사람은 관련 주제에 대해 능통해야 할 뿐 아니라 평가하는 방법과 피드백 제공하는 법에 대해서도 충분히 알고 있어야 한다. 테니스 치는 법을 알고 있다고 해서 다른 사람이 테니스 치는 것을 평가하거나 그에 대해 명료하고 유용한 피드백을 제공할 수는 없는 것이다.

전문 평가자를 고용하는 것이 여의치 않다면 다음과 같은 대안을 생각해볼 수 있다.

- **동급 간 피드백:** 전문가를 활용하기 여의치 않다면 학습자가 서로 피드백을 주고받도록 해보자. 학습자에게 주어진 과제에 따라 피드백의 형식은 다를 것이다. 온라인 외국어 교육 플랫폼의 경우 학습자가 서로의 발음을 점검할 때 이러한 피드백 방식을 활용하기도 한다. 리투아니아 언어를 배우고자 하는 영어 구사자는 영어를 배우고자 하는 중국어 구사자의 영어 발음을 점검해줄 수 있으며, 본인은 영어를 배우고자 하는 리투아니아어 구사자로부터 도움을 받을 수 있다.
- **유사급 간 피드백:** 나의 테니스 실력으로는 전문가 수준의 피드백을 제공할 수 없지만, 전문 강사로부터 구체적인 지침을 받아본 경험이 있다면 초보자에게 라켓이 팔꿈치 위로 올라오면 안 된다는 것과 같은 기초적인 피드백을 제공할 수 있을 것이다.
- **자기평가:** 학습자에게 평가 기준과 자기 반영 질문 그리고 수행 결과를 비교해볼 수 있는 예제를 제시해 자기 평가의 기회를 제공해줄 수 있다. 사람이 평가하기 어려운 온라인 교육의 경우 아래와 같은 평가 방식을 도입하기도 했다.

학습자가 답변을 작성한 후 '제출'을 누르면 점검 사항과 자기 평가를 확인할 수 있다. '다음'을 누르면 학습자는 모범 답을 확인할 수 있다.

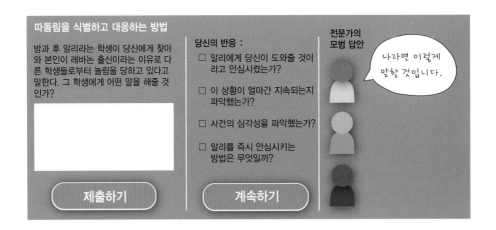

일관성

일관성도 중요한 이슈이다. 수행 작업이 주관적인 경우 평가자에 따라 피드백의 편차가 커진다.

주관적인 피드백을 통해 평가가 이뤄진다면 일관성을 어떻게 유지시킬 수 있을까? 피드백을 한 사람이 하는 경우에도 일관성은 지켜지기 쉽지 않다. 단치히의 한 연구 결과에 따르면 판사는 이른 오전보다 점심 직전 더 가혹한 판결을 내린다고 한다 (Danziger 2011). 40개가 넘는 답안을 평가하다 보면 처음 어떤 기준으로 평가를 했는지 기억하기 어렵다.

피드백의 일관성을 유지하기 위해 체크리스트와 채점기준표를 활용할 수 있다.

체크리스트란 과업에 관련한 일관된 단계 또는 학습자가 준수해야 하는 기준을 의미한다. 예를 들어 청소 직원이 호텔 객실 청소 방법을 올바로 익혔는지 평가하고자 하는 경우 수행 평가를 위한 필요 단계가 적힌 체크리스트가 있으면 훨씬 좋은 피드백을 제공할 수 있을 것이다(예를 들면 "자국 없이 닦인 거울").

채점기준표 또한 체크리스트와 동일한 항목을 갖고 있지만, 채점의 일관성을 위해 구체적인 점수 기준이 포함된다. 9장의 시간 관리 자기 평가가 채점기준표의 한 예이다. 9장의 습관을 위한 설계에서 살펴봤듯이 채점기준표는 암묵적인 기술 수행 결과를 명시적으로 만들기 위해 사용된다.

예제를 살펴보고 상황을 어떻게 평가할지 생각해보자.

시나리오: 프레젠테이션 기술

비영리 단체 워크샵에서 기금 모금 관련 프레젠테이션을 제작하고 발표하는 방법을 강의한다고 가정해보자. 모금의 취지를 대중에게 공감시키기 위해 필요한 세부 요소와 함께 세련되고 명료한 발표 자료(글꼴, 색상, 이미지, 레이아웃)를 제작하는 법과 언변 기술을 가르쳤다. 학습자가 여러분의 수업을 듣고 무엇을 배웠는지 어떻게 평가해볼 수 있을까?

– 다음으로 넘어가기 전, 무엇을 할지 잠시 생각해보자. –

설계 해결책

학습자가 실제로 프레젠테이션 자료를 만들고 발표를 진행해봐야 할 것이다. 강의자는 피드백 제공을 위해 점검 사항이 정리된 체크리스트를 사용해야 한다. 강의자는 효과적인 발표자료를 만드는 가이드를 정리해 제공하거나 학습자가 발표자료에 활용한 여러 요소(글꼴, 색상, 이미지, 레이아웃)는 어떠했는지 평가를 해줘야 한다. 강의자의 평가에 추가적으로 동료간 서로의 발표를 평가해보거나 발표를 녹화해 학습한 평가 기준을 바탕으로 본인의 발표를 평가해보는 것도 좋은 방법이다. ■

자신만의 목표를 사용하라

학습 목표 개발에 2장에서 소개한 기준(현실에서 발생할 수 있는 일인가, 학습자가 이미 실행에 옮겨봤는지 판단할 수 있는가?)을 이미 적용했다면 그다음 평가를 위해 필요한 성과와 연결돼야 한다.

이런 학습 목표의 예시를 몇 가지 살펴보도록 하자.

- 학습자는 고객에게 올바른 제품을 추천하기 위해 필요한 기준을 파악할 수 있어야 한다.
- 학습자는 가장 보편적인 5개의 브라우저에서 구동하는 웹사이트를 제작할 줄 알아야 한다.
- 학습자는 신고내용이 성추행에 해당되는지 여부를 판단하고, 이에 대한 타당한 근거를 설명할 수 있어야 한다.

위 각 항목을 어떻게 수행할지는 학습 목표에 정의돼 있겠지만, 실제 수행 내용을 어떻게 평가할지 결정이 필요하다.

경험 많은 학습 설계자가 사용하는 한 가지 요령은 학습 경험 설계 전, 평가 방안을 먼저 만들어 학습 설계를 어떻게 진행할지 명확한 지침을 갖고 시작하는 것이다.

학습자가 스스로를 시험하게 할 수는 없을까?

"학습자로 하여금 본인 스스로를 시험해보고 이미 알고 있는 것은 건너뛸 수 있도록 해주는 것이 좋지 않을까?"

여기에 대한 답은 명백하다.

"그렇기도 하지만 아니기도 하다."

"그렇기도 하다."인 이유는 학습자의 개별적인 필요와 경험에 민감한 것은 좋기 때문이며 "아니다"인 이유는 실질적으로 진행하기에 어려움이 있기 때문이다. 보편적인 제안 사항은 수업 초기 사지선다형 질문을 통해 학습자를 점검하는 것이지만, 이 또한 학습 목표가 지식 기반인 경우에만 적용 가능하다.

정리하자면 여러분이 기획한 시험이 학습자의 능력을 제대로만 평가할 수 있다면 그들이 스스로를 평가해보는 기회를 갖게 해주자.

학습자는 올바로 하고 있는가?

이제 학습과 능력을 평가하는 것에 대해 어느 정도 논의를 해봤으며(커크패트릭의 두 번째 수준 정도에 도달했다고 볼 수 있다), 마지막으로 가장 중요한 질문에 대해 이야기를 해보고자 한다.

학습자가 실무에 투입되면 학습한 것을 올바로 실전에 옮길 수 있을까?

필자의 경험을 빌자면 성인 교육의 경우 이 부분이 가장 간과되는 경우가 많았다. 그 이유는 예상 가능하겠지만, 기업에서 이미 성과 측정을 위한 기반이 마련돼 있지 않는 이상 판단에 높은 비용이 소요되는 일이기 때문이다.

여러분이 소속된 조직이 이미 정기적으로 데이터를 수집하고 있다면 큰 어려움이 없을 것이다. 예를 들어, 여러분이 배관 서비스를 제공하는 기업에 몸 담고 있으며 직원들에게 수질 연화제 판매 방법을 교육한다고 가정해보자. 5월에 해당 제품이 얼마나 판매됐는지 정보를 이미 보유하고 있을 것이다. 6월 초 판매 방법 교육 진행 후 매출이 2배 늘었다면 교육이 효과 있었음을 확신할 수 있을 것이다.

매출 증가가 기타 변수(경수의 끔찍한 부작용에 대해 드러난 깜짝 놀랄만한 정보라든지 만능 수질 연화제가 새로 출시됐다던지)로 인한 것이 아님을 확인하고 싶다면 A/B 테스트를 진행해볼 수 있다. 판매사원을 A 그룹과 B 그룹으로 나누고 A 그룹에만 교육을 진행한다. A 그룹의 판매만 증가했다면 교육의 효과로 인해 판매가 증가했음을 알 수 있다. 교육이 효과적이었다면 B 그룹에도 동일한 교육을 진행하면 된다.

하지만 이런 데이터가 이미 수집되고 있지 않다면 어떻게 해야 할까? 예를 들어, 관리자가 팀원에게 양질의 피드백을 주는 방법에 대해 수업을 진행하는데 관리자 피드백의 효과를 평가하는 체계가 부재하다면 어떻게 해야 할까? 사용성 테스트를 어떻게 해야 되는지에 관해 진행된 공공 워크샵의 학생들처럼 학습자가 교육을 마치고 각자의 기업에 돌아가 실무에 투입되고 나면 연락이 어려운 경우는 어떻게 해야 할까?

두 가지 접근 방법을 살펴보자.

- 관찰
- 성공 사례

관찰

조직 내 측정 기준이 부재하다면 직접적인 관찰이 가장 효과적인 방안이 될 것이다. 예를 들어, 작업실 내 보호 안경 착용의 중요성에 대한 교육을 실시한다면 교육 전후 작업실을 방문해 실제 보호 안경을 착용하는 사람 수를 세어보자.

그렇다면 관리자 피드백 사례는 어떤 관점으로 바라볼 수 있을까? 시각적으로 확인이 가능하지 않기에 수를 셀 수 있는 것도 아니다. 실무에서 교육 내용이 제대로 적용되고 있는지 어떻게 측정할 수 있을까?

한 가지 방법은 평가를 위해 만들어 놓은 체크리스트 또는 평가 기준표를 수정해 학습자를 교육하는 사람 또는 학습자 본인이 스스로를 평가해보게 하는 것이다. 교육자들은 학습자의 발전을 원하지만, 업무가 매우 분주하다 보니 학습자를 관찰하고 피드백을 제공하는 업무를 수월하게 해주는 수단에 의존하게 되며, 이로 인해 초기 목적한 바를 이루지 못하기도 한다.

학습자 전체를 관찰하는 것이 가능치 않다면 코호트 관찰법이 있다. 예를 들어, 새로 개발한 의료 장비 사용법을 간호사 12,000명에게 교육한다면 전원을 관찰하는 일은 불가능하다. 대신, 20명의 간호사로 이뤄진 2~3개 그룹을 관찰하고 거기서 도출한 데이터를 활용할 수 있다.

교육의 효과를 알려주는 다른 신호를 찾아볼 수도 있다. 예를 들어, 관리자들이 유용한 피드백을 준다면 직원의 학습 내용에 대한 기억력이 장기적으로 유지될 수 있을까? 서비스 기술직 신입 대상의 교육이 잘 이뤄지면 상담 센터로 걸려오는 문의 전화가 감소할 것인가? 손 씻기 교육이 성공적이었다면 감염률이 낮아질 것인가?

몇 년 전 필자는 한 세미나에서 사내 시스템 도움말 페이지에 구글 애널리틱스^{Google Analytics}2를 적용해 직원들이 어느 페이지를 빈번하게 열람하고 어느 페이지를 방문하지 않는지 모니터링한다는 어느 기업의 교육 부서 발표를 접한 적 있다. 이러한 데이터가 도움말 페이지의 효용성에 대한 총체적인 정보를 제공하지는 못하지만, 도움말 페이지의 효과를 이해하는 데 도움이 됐다고 한다.

---

2 구글에서 제공하는 마케팅 플랫폼으로 웹/앱상의 사용자 방문 데이터를 제공 – 옮긴이

질적 면담과 사례 연구

앞서 소개한 방법이 비록 이상적이지만, 현실적으로 적용이 어렵다면 면담과 사례 연구를 해볼 수 있다.

교육이 완료된 후 4~6주 사이 6명 정도 학습자와 면담을 통해 무엇이 효과적이고 무엇이 그렇지 않은지 대화할 수 있는가? 교육 내용을 적용하는 데 어떤 어려움이 있는지 학습자로부터 직접 의견을 듣는 것은 설문조사나 교육 평가 점수를 확인하는 것보다 훨씬 효과적이다.

정형화된 접근법이 필요하다면 로버트 브링커호프$^{Robert\ Brinkerhoff}$가 주창한 성공 사례 기법$^{the\ Success\ Case\ Method}$을 참고하자. 이 기법은 다음과 같은 단계를 따른다.

- 조직에 있어서 학습의 효과는 무엇인지 판단한다.
- 교육이 완료되면 간단한 설문지를 배포하고 누가 교육 자료를 활용하고 누가 활용하지 않는지 바로 확인한다.
- 교육의 효과가 가장 높은 학습자와 효과가 가장 낮은 학습자 각 서너 명과 면담을 진행한다.

교육 참석자의 이메일 주소를 보유하고 있다면 학습자에게 연락을 취해 위 방법대로 후속 평가를 진행할 수 있다. 6명 정도의 학습자의 의견만 취합이 된다 하더라도 이 정보는 매우 중요하다. 브링커호프의 저서 『The Success Case Method』(Berrett-Koehler Pub., 2003)은 이러한 접근법을 어떻게 적용할지 자세히 설명해준다.

요지는 이러한 연구를 통해 수집한 학습자 피드백을 학습 설계에 어떻게 적용시킬까 하는 것이다. 계획한 것이 효과적인지 여부를 어떻게 알 수 있을까? 비효과적인 부분이 있다 하더라도 피드백을 받을 수 있는 체계가 만들어져 있지 않으면 무엇이 효과적인지 판단할 수 없다.

요약

- 전체 교육을 진행하기 전 소수의 학습자에게 학습 내용을 테스트하고 부족한 부분을 보완한다.

- 가능하다면 회상이나 수행에 기반한 평가를 적용한다.
- 설문조사는 유용한 수단이 될 수 있으나 정보를 간소화하고 학습자로 하여금 무엇이 효과적이었고 무엇이 그렇지 않았는지 직접 의견을 작성하게 해주자. 설문조사가 유일한 평가 수단이 되지 않도록 한다.
- 객관식 질문을 사용할 경우 학습자가 학습한 내용을 적용해볼 수 있는 시나리오 기반의 질문을 사용한다.
- 학습자가 스스로 수행해보게 한 후 그에 대한 피드백을 제공한다.
- 동료 평가나 자가 평가는 유용한 피드백 수단이 될 수 있다.
- 체크리스트나 채점기준표를 활용해 피드백의 유용성과 일관성을 높인다.
- 관찰과 면담은 학습 경험 중 무엇이 효과적이었고 무엇이 그렇지 않았는지 피드백을 통해 알려준다.
- 교육 후 조직 내에서 변화가 생겼는지 판단할 수 있는 알림 신호(예: 서비스 센터 전화 상담 수)를 찾아본다.

참고자료

- Brinkerhoff, Robert O. 2003. The Success Case Method: Find Out Quickly What's Working and What's Not. Berrett-Koehler.

- Danziger, Shai, Jonathan Levav and Liora Avnaim-Pesso. "Extraneous Factors in Judicial Decisions." PNAS April 26, 2011. 108 (17).

- New World Kirkpatrick Model. Retrieved October 13, 2015, from www.kirkpatrickpartners.com/OurPhilosophy/TheNewWorldKirkpatrickModel/tabid/303.

- Thalheimer, Will. 2015. "Performance-Focused Smile Sheets: A Radical Rethinking of a Dangerous Art Form." www.SmileSheets.com.

결론

(이 책의 여정을 함께한 고마움을 전한다.)

어린아이들은 타고난 학습자로 호기심과 놀이를 통해 환경에서 정보를 흡수한다.

하지만 나이가 들면서 어느덧 그 방법을 망각하게 되고 학습이란 진지하고 어려운 것이며 노력이 많이 필요하다고 여기게 된다. 학습 디자이너는 학습자의 이런 고정관념을 깨고, 흥미롭고 유익한 학습 환경을 조성해야 한다. 모든 사람이 학습에 성공하도록 강요할 수 없지만, 더 좋은 학습 환경을 제공해 학습자가 그들의 학습 여정을 성공적으로 마무리할 수 있도록 도움을 줄 수 있다.

여러분이 이 책을 끝까지 읽었다는 것은 여러분이 학습자에게 더 나은 교육을 제공하고자 하는 바램을 갖고 있기 때문이었을 것이다. 학습자를 위한 여러분의 이러한 열정에 진심 어린 감사의 마음을 전하고 싶다.

학습 설계자로서 나에게 지대한 영향을 미친 캐시 시에라^{Kathy Sierra}의 말을 인용하며 이 책을 끝맺으려 한다.

> "어떤 영역이든 남보다 뛰어나다는 것은 유쾌하지 않을 수 없다. 남보다 더 많이 알고, 더 많이 할 수 있을 뿐 아니라 남들이 무언가를 더 많이 성취할 수 있도록 돕는 것은 매우 즐거운 일이다."

찾아보기

비주얼 씽킹 & 러닝 디자인 2/e
인간의 학습 유형에 맞춘 정보 설계

발 행 | 2022년 1월 3일

지은이 | 줄리 더크슨
옮긴이 | 한 정 민

펴낸이 | 권 성 준
편집장 | 황 영 주
편 집 | 이 지 은
디자인 | 송 서 연

에이콘출판주식회사
서울특별시 양천구 국회대로 287 (목동)
전화 02-2653-7600, 팩스 02-2653-0433
www.acornpub.co.kr / editor@acornpub.co.kr

책값은 뒤표지에 있습니다.